中華古籍保護計劃

ZHONG HUA GU JI BAO HU JI HUA CHENG GUO

·成 果·

安徽大學圖書館
古籍普查登記目録

全國古籍普查登記目録

國家圖書館出版社
National Library of China Publishing House

圖書在版編目(CIP)數據

安徽大學圖書館古籍普查登記目錄/安徽大學圖書館編. —北京:國家圖書館出版社,
2019.12

(全國古籍普查登記目錄)

ISBN 978 – 7 – 5013 – 6834 – 1

Ⅰ.①安…　Ⅱ.①安…　Ⅲ.①安徽大學—古籍—圖書館目錄　Ⅳ.①Z838

中國版本圖書館 CIP 數據核字(2019)第 180127 號

書　　名　安徽大學圖書館古籍普查登記目錄
著　　者　安徽大學圖書館　編
責任編輯　景　晶

出版發行　國家圖書館出版社(北京市西城區文津街 7 號　100034)
　　　　　(原書目文獻出版社 北京圖書館出版社)
　　　　　010 – 66114536　63802249　nlcpress@ nlc.cn(郵購)
網　　址　http://www.nlcpress.com
排　　版　凡華(北京)文化傳播有限公司
印　　裝　河北三河弘翰印務有限公司
版次印次　2019 年 12 月第 1 版　2019 年 12 月第 1 次印刷

開　　本　787 × 1092(毫米)　1/16
印　　張　15.5
字　　數　340 千字
書　　號　ISBN 978 – 7 – 5013 – 6834 – 1
定　　價　160.00 圓

《全國古籍普查登記目錄》

工作委員會

主　任：周和平

副主任：張永新　詹福瑞　劉小琴　李致忠　張志清

委　員（按姓氏筆畫排序）：

《全國古籍普查登記目録》

序　言

　　全國古籍普查登記工作是"中華古籍保護計劃"的首要任務,是全面開展古籍搶救、保護和利用工作的基礎,也是有史以來第一次由政府組織、參加收藏單位最多的全國性古籍普查登記工作。

　　2007年國務院辦公廳發布《關於進一步加强古籍保護工作的意見》(國辦發[2007]6號),明確了古籍保護工作的首要任務是對全國公共圖書館、博物館和教育、宗教、民族、文物等系統的古籍收藏和保護狀況進行全面普查,建立中華古籍聯合目録和古籍數字資源庫。2011年12月,文化部下發《文化部辦公廳關於加快推進全國古籍普查登記工作的通知》(文辦發[2011]518號),進一步落實了全國古籍普查登記工作。根據文化部2011年518號文件精神,國家古籍保護中心擬訂了《全國古籍普查登記工作方案》,進一步規範了古籍普查登記工作的範圍、内容、原則、步驟、辦法、成果和經費。目前進行的全國古籍普查登記工作的中心任務是通過每部古籍的身份證——"古籍普查登記編號"和相關信息,建立古籍總臺賬,全面瞭解全國古籍存藏情況,開展全國古籍保護的基礎性工作,加强各級政府對古籍的管理、保護和利用。

　　《全國古籍普查登記工作方案》規定了全國古籍普查登記工作的三個主要步驟:一、開展古籍普查登記工作;二、在古籍普查登記基礎上,編纂出版館藏古籍普查登記目録,形成《全國古籍普查登記目録》;三、在古籍普查登記工作基本完成的前提下,由省級古籍保護中心負責編纂出版本省古籍分類聯合目録《中華古籍總目》分省卷,由國家古籍保護中心負責編纂出版《中華古籍總目》統編卷。

　　在黨和政府領導下,在各地區、各有關部門和全社會共同努力下,古籍普查登記工作得以扎實推進。古籍普查已在除臺、港、澳之外的全國各省級行政區域開展,普查内容除漢文古籍外,還包括各少數民族文字古籍,特別是於2010年分別啓動了新疆古籍保護和西藏古籍保護專項,因地制宜,開展古籍普查登記工作;國家古籍保護中心研製的"全國古籍普查登記平臺"已覆蓋到全國各省級古籍保護中心,并進一步研發了"中華古籍索引庫",爲及時展現古籍普查成果提供有力支持;截至目前,已有11375部古籍進入《國家珍貴古籍名録》,浙江、江蘇、山東、河北等省公布了省級《珍貴古籍名録》，古籍分級保護機制初步形成。

《全國古籍普查登記目録》是古籍普查工作的階段性成果，旨在摸清家底，揭示館藏，反映古籍的基本信息。原則上每申報單位獨立成册，館藏量少不能獨立成册者，則在本省範圍内幾個館目合并成册。無論獨立成册還是合并成册，均編製獨立的書名筆畫索引附於書後。著録的必填基本項目有：古籍普查登記編號、索書號、題名卷數、著者（含著作方式）、版本、册數及存缺卷數。其他擴展項目有：分類、批校題跋、版式、裝幀形式、叢書子目、書影、破損狀况等。有條件的收藏單位多著録的一些擴展項目，也反映在《全國古籍普查登記目録》上。目録編排按古籍普查登記編號排序，内在順序給予各古籍收藏單位較大自由度，可按分類排列古籍普查登記編號，也可按排架號、按同書名等排列古籍普查登記編號，以反映各館特色。

此次全國古籍普查登記工作，克服了古籍數量多、普查人員少、普查難度大等各種困難，也得到了全國古籍保護工作者的極大支持。在古籍普查登記過程中，國家古籍保護中心、各省古籍保護中心爲此舉辦了多期古籍普查、古籍鑒定、古籍普查目録審校等培訓班，全國共 1600 餘家單位參加了培訓，爲古籍普查登記工作培養了大量人才。同時在古籍普查登記工作中，也鍛煉了普查員的實踐能力，爲將來古籍保護事業發展奠定了良好的基礎。

《全國古籍普查登記目録》的出版，將摸清我國古籍家底，爲古籍保護和利用工作提供依據，也將是古籍保護長期工作的一個里程碑。

國家古籍保護中心
2013 年 10 月

《全國古籍普查登記目錄》

編纂凡例

一、收録範圍爲我國境内各收藏機構或個人所藏,産生於 1912 年以前,具有文物價值、學術價值和藝術價值的文獻典籍,包括漢文古籍和少數民族文字古籍以及甲骨、簡帛、敦煌遺書、碑帖拓本、古地圖等文獻。其中,部分文獻的收録年限適當延伸。

二、以各收藏機構爲分册依據,篇幅較小者,適當合并出版。

三、一部古籍一條款目,複本亦單獨著録。

四、著録基本要求爲客觀登記、規範描述。

五、著録款目包括古籍普查登記編號、索書號、題名卷數、著者、版本、册數、存缺卷等。古籍普查登記編號的組成方式是:省級行政區劃代碼—單位代碼—古籍普查登記順序號。

六、以古籍普查登記編號順序排序。

《安徽大學圖書館古籍普查登記目録》

編委會

主　　編：儲節旺　彭丹菊　彭少杰

副主編：鄭　玲　路俊英

編　　委：儲節旺　彭丹菊　彭少杰　陶新民　林澤明　黎如芷

　　　　　鄭　玲　路俊英　方　興　劉鳴亞　王　泱　魏　瓊

　　　　　魯　燕　謝　婧　孔令雲

《安徽大學圖書館古籍普查登記目録》

前　言

安徽大學圖書館是全國古籍重點保護單位,對歷史文獻的收藏與整理一直走在省內高校前列,古籍保護工作也歷來是館內事務的中心工作之一。

安徽大學是國家"雙一流"建設高校,安徽省人民政府與教育部共建高校,安徽省屬重點綜合性大學。安徽大學於 1928 年在當時的省會安慶市建校,抗戰期間,被迫西遷,一度流散。1946 年重新復校,爲國立安徽大學。1949 年 12 月遷至蕪湖,幾經調整,又於 1956 年遷建合肥,1958 年全面恢復招生,安徽大學圖書館亦於是年始建。當時館藏基礎十分薄弱,僅有由上海華東師範大學調撥來的古籍數百部。建館後,校領導十分重視古籍文獻資源的聚藏與搜集,從方方面面給予大力支持。

1959 年,圖書館學家童養年先生來校。在他的主持下,安徽大學圖書館多方走訪、采買,至 60 年代中期,古籍藏量增加到 7000 餘部,這對白手起家的安徽大學圖書館來説,已是相當可觀的成績。時光荏苒,在一代又一代圖書館人的孜孜以求下,現如今,安徽大學圖書館的古籍藏量相比建館初期,規模空前,用"插架萬軸"亦不足以形容其藏書之豐。目前,安徽大學圖書館藏綫裝書 10 萬餘册,其中善本 500 餘種7000 餘册,半數符合《中國古籍善本書目》收録標準,屬甲級善本,其他爲《安徽省古籍善本書目》收録範圍,屬乙級善本。善本中最早刻本爲元刻本《纂圖互注南華真經十卷》(有抄配)。館藏明刻本 120 種 1911 册,抄本、稿本 74 種 352 册,日本版綫裝書 67 種 447 册,朝鮮版 2 種 4 册,活字本 14 種 138 册,皖人著述 53 種 1254 册。

安徽大學圖書館對館藏古籍文獻資源的整理從未中斷,在 60 年代,童養年先生就帶領着幾位同事對館藏綫裝書進行清點摸底,先逐册進行財産登記,再把每部書按照他在"中央圖書館"編寫的《古籍綫裝書分類法》進行分類、編目,做成四套書目卡片。後童養年先生結合安徽大學圖書館藏古籍特點,參考了《四庫全書總目》《國學圖書館目録》及《中國叢書綜録》等,制定了《安徽大學圖書館古籍分類法》,該分類法分經、史、子、集、總五大部類。前四部與傳統的四部分類相近,但析目有所不同,總部下分五大類,即一目録、書目,二類書,三雜著雜考,四叢書,五公報、雜志,其下又分出小類二十幾項。這樣類分設目,較爲明晰而便於應用。1977 年,根據周恩來總理"儘快地把全國善本總目編出來"的指示,全國各地陸續啓動編寫《中國古籍善本書目》,童養年先生遂將館藏善本的書目卡片寄往北京,安徽大學圖書館送審的 400張書卡,全部入選。前賢學者們這種篳路藍縷、導夫先路的工作,爲我們晚生後學進行古籍普查打下了堅實的基礎。

黨和國家高度重視古籍保護工作,於 2007 年正式啓動了"中華古籍保護計劃"。古籍普查是古籍搶救、保護與利用的基礎性工作,也是"中華古籍保護計劃"的重中之重。作爲"中華古籍保護計劃"項目的參與單位,安徽大學圖書館因應施策,第一時間完成前期準備工作,開始了長達數年的館藏古籍普查征程。"十一五"期間,古籍工作人員完成 1 萬餘册善本書的普查;"十二五"期間,古籍工作人員又開始了對館藏普通古籍的普查,完成 4 萬餘册普通古籍的普查編號、索書號、題名卷數、著者、版本、册數、存卷等初始資料録入工作,結集成《安徽卷·安徽大學圖書館普查簡明目録》。在這次普查過程中,我們糾正了以往部分古籍版本著録條目的錯誤達 102 種,其中經部 26 種,史部 32 種,子部 11 種,集部 24 種,叢部 9 種。2013 年初,根據國家古籍保護中心和安徽省古籍保護中心的要求,安徽大學圖書館古籍工作人員根據二審三審專家的審核意見修改訂正普查資料,着手編纂《安徽大學圖書館古籍普查登記目録》,内容包括古籍普查登記編號、館藏索書號、題名卷數、著者、版本、册數、存卷等,於 2019 年初編校完成,總計 3511 條,基本摸清了館藏古籍的家底。

在多年古籍普查過程中,我們利用普查成果積極申報《國家珍貴古籍名録》,先後共計有 14 部古籍入選。2013 年 10 月,古籍普查工作人員編寫出版了《安徽大學圖書館古籍善本書録》,係從館藏古籍中遴選出 682 部 10165 册善本及部分珍本纂輯而成。其中經部 111 部 1487 册,史部 140 部 2155 册,子部 139 部 1887 册,集部 269 部 3736 册,叢部 23 部 900 册。2014 年 11 月,安徽大學圖書館又有《六書精藴》六卷、《新鎸通鑑節要》十卷、《孝紀》十六卷《拾遺》一卷、《淮南鴻烈解》二十一卷等 21 部古籍入選《首批安徽省珍貴古籍名録》。

此稿行將付梓之際,回顧一路走來的普查之路,感喟良多。古籍普查,是一項"看似尋常最奇崛,成如容易却艱辛"的工作,但無論何時,我們都秉承顧起潛先生之勉訓:"編纂旨在專事整理,不爲新作;專爲前賢形役,不爲個人張本。"

值此《目録》出版之際,感謝國家古籍保護中心和安徽省古籍保護中心對安徽大學圖書館古籍普查工作的大力支持,感謝國家圖書館出版社爲這本《目録》的出版所付出的心血與辛勞,對此一并致以衷心的謝忱。

古籍普查的過程,也是我們夯實功底、提高學養的過程。普查工作人員認真梳理、細心審訂,儘管如此,金無足赤,我們的工作難免有疏漏、錯訛之處,懇請讀者和專家學者批評指正!

安徽大學圖書館

2019 年 6 月

目　　録

340000－1841－0000001　600063

周易本義十二卷易圖一卷五贊一卷筮儀一卷
　（宋）朱熹撰　清康熙五十三年(1714)內府
仿宋咸淳元年(1265)吳革刻本　四冊

340000－1841－0000002　600064

周易本義十二卷易圖一卷五贊一卷筮儀一卷
　（宋）朱熹撰　清康熙五十三年(1714)內府
仿宋咸淳元年(1265)吳革刻本　二冊

340000－1841－0000003　600006

周易本義十二卷易圖一卷五贊一卷筮儀一卷
　（宋）朱熹撰　（宋）呂祖謙音義　清光緒七
年(1881)江蘇書局刻本　二冊

340000－1841－0000004　600008

周易本義十二卷五贊一卷筮儀一卷　（宋）朱
熹撰　（宋）呂祖謙音義　清光緒十三年
(1887)淮南書局刻本　一冊

340000－1841－0000005　600002

周易本義十二卷易圖一卷五贊一卷筮儀一卷
　（宋）朱熹撰　（宋）呂祖謙音義　清光緒十
九年(1893)江南書局刻本　二冊

340000－1841－0000006　600003

周易本義十二卷易圖一卷五贊一卷筮儀一卷
　（宋）朱熹撰　（宋）呂祖謙音義　清光緒十
九年(1893)江南書局刻本　二冊

340000－1841－0000007　600004

周易本義十二卷易圖一卷五贊一卷筮儀一卷
　（宋）朱熹撰　（宋）呂祖謙音義　清光緒十
九年(1893)江南書局刻本　二冊

340000－1841－0000008　600005

周易本義十二卷易圖一卷五贊一卷筮儀一卷
　（宋）朱熹撰　（宋）呂祖謙音義　清光緒十
九年(1893)江南書局刻本　二冊

340000－1841－0000009　600007

讀易匯參十五卷首一卷　（清）和瑛撰　清道
光二十三年(1843)刻本　十六冊

340000－1841－0000010　600009

易漢學八卷　（清）惠棟撰　清朱師晦抄本

二冊

340000－1841－0000011　600012

周易辨真三卷　（清）貞一子校　清中和堂刻
本　三冊

340000－1841－0000012　600017

周易集義六卷　（清）王肇鼎撰　清光緒二十
四年(1898)刻本　六冊

340000－1841－0000013　600018

周易集義六卷　（清）王肇鼎撰　清光緒二十
四年(1898)刻本　六冊

340000－1841－0000014　600019

周易集解十七卷　（唐）李鼎祚集解　清嘉慶
二十三年(1818)木瀆周氏刻本　四冊

340000－1841－0000015　600025

周易程傳八卷　（宋）程頤撰　清光緒九年
(1883)刻本　三冊

340000－1841－0000016　600028

周易十卷　（三國魏）王弼注　（晉）韓康伯注
**　周易略例**　（三國魏）王弼撰　清光緒二年
(1876)江南書局刻仿宋相臺五經本　三冊

340000－1841－0000017　600029

易林補遺四卷　（明）張世寶撰　清初綠蔭堂
刻本　四冊

340000－1841－0000018　600030

易林補遺四卷　（明）張世寶撰　清初綠蔭堂
刻本　四冊

340000－1841－0000019　600031

易林補遺四卷　（明）張世寶撰　清乾隆三十
七年(1772)金閶綠蔭堂刻本　四冊

340000－1841－0000020　600034

御纂周易折中二十二卷首一卷　（清）李光地
等撰　清同治六年(1867)刻本　十冊

340000－1841－0000021　600035

御纂周易折中二十二卷首一卷　（清）李光地
等撰　清同治六年(1867)刻本　六冊

340000－1841－0000022　600036

九年(1903)東洲刻湘綺樓全書本　四冊

340000－1841－0000044　600600
尚書要義二十卷　(宋)魏了翁撰　清光緒十年(1884)江蘇書局刻本　六冊

340000－1841－0000045　600602
詩經補箋二十卷　(漢)鄭玄箋　(清)王闓運補箋　清光緒三十二年(1906)衡陽東洲刻本　八冊

340000－1841－0000046　600603
詩說二卷附詩經拾遺一卷　(清)王照圓撰　清光緒八年(1882)東路廳署刻本　三冊

340000－1841－0000047　600604
詩經八卷　(宋)朱熹集傳　清光緒七年(1881)金陵書局刻本　四冊

340000－1841－0000048　600605
毛詩稽古編三十卷附考一卷　(清)陳啟源撰　(清)費雲倬輯　清嘉慶十八年(1813)刻本　八冊

340000－1841－0000049　600607
釋毛詩音四卷　(清)陳奐撰　清咸豐元年(1851)漱芳齋刻本　二冊

340000－1841－0000050　600608
毛詩說一卷　(清)陳奐撰　清道光二十七年(1847)愛日軒刻本　一冊

340000－1841－0000051　600609
毛詩古音考四卷附讀詩拙言一卷　(明)陳第撰　(明)焦竑訂正　(清)徐時作重訂　清光緒六年(1880)武昌張氏刻本　四冊

340000－1841－0000052　600611
詩毛氏傳疏三十卷　(清)陳奐撰　清道光二十七年(1847)陳氏掃葉山莊刻本　十冊

340000－1841－0000053　600612
詩毛氏傳疏三十卷　(清)陳奐撰　清道光二十七年(1847)陳氏掃葉山莊刻本　十冊

340000－1841－0000054　600616
欽定詩經傳說匯纂二十一卷首二卷詩序二卷　(清)王鴻緒等撰　清同治七年(1868)馬新貽刻本　十六冊

340000－1841－0000055　600617
欽定詩經傳說匯纂二十一卷首二卷詩序二卷　(清)王鴻緒等撰　清同治七年(1868)馬新貽刻本　十六冊

340000－1841－0000056　600618
欽定詩經傳說匯纂二十一卷首二卷詩序二卷　(清)王鴻緒等纂　清同治七年(1868)馬新貽刻本　十六冊

340000－1841－0000057　600619
欽定詩經傳說匯纂二十一卷首二卷詩序二卷　(清)王鴻緒等撰　清同治七年(1868)馬新貽刻本　十六冊

340000－1841－0000058　600620
欽定詩經傳說匯纂二十一卷首二卷詩序二卷　(清)王鴻緒等撰　清同治七年(1868)馬新貽刻本　二冊　存二卷(詩序二卷)

340000－1841－0000059　600622
詩經八卷　(宋)朱熹集傳　清宣統三年(1911)刻本　四冊

340000－1841－0000060　600624
慎詒堂詩經八卷　(宋)朱熹集傳　清康熙裕美堂刻本　四冊

340000－1841－0000061　600626
詩經八卷　(宋)朱熹集傳　清同治二年(1863)刻本　一冊

340000－1841－0000062　600627
詩經八卷　(宋)朱熹集傳　清光緒醉六堂刻本　四冊

340000－1841－0000063　600628
毛詩二十卷附考證　(漢)鄭玄箋　清乾隆四十八年(1783)武英殿刻本　六冊

340000－1841－0000064　600629
詩經不分卷　(漢)鄭玄箋　明刻本　一冊

340000－1841－0000065　600632
毛詩注疏三十卷　(漢)鄭玄箋　(唐)陸德明音義　(唐)孔穎達疏　清乾隆三十八年(1773)

刻本　十冊　存十一卷(十九至二十九)

340000－1841－0000066　600633

毛詩後箋三十卷　(清)胡承珙撰　清光緒七年(1881)蛟川澏園方氏刻本　十冊　存十六卷(一至十六)

340000－1841－0000067　600634

韓詩外傳十卷　(漢)韓嬰著　清光緒三年(1877)崇文書局刻本　一冊

340000－1841－0000068　600635

毛詩補正二十五卷　(清)龍起濤撰　清光緒二十五年(1899)刻鶡軒刻本　三冊　存六卷(二十至二十五)

340000－1841－0000069　600636

御纂詩義折中二十卷　(清)傅恒等撰　清道光刻本　十冊

340000－1841－0000070　600640

欽定儀禮義疏四十八卷首一卷　(清)允禄等撰　清尊經閣刻本　三十二冊

340000－1841－0000071　600641

欽定儀禮義疏四十八卷首二卷　(清)允禄等撰　清光緒浙江書局刻本　二十八冊

340000－1841－0000072　600642

欽定儀禮義疏四十八卷首二卷　(清)允禄等撰　清光緒浙江書局刻本　二十八冊

340000－1841－0000073　600643

欽定儀禮義疏四十八卷首二卷　(清)允禄等撰　清光緒十九年(1893)淑芳閣刻本　二十四冊

340000－1841－0000074　600644

欽定儀禮義疏四十八卷首二卷　(清)允禄等撰　清光緒十四年(1888)刻本　二十八冊

340000－1841－0000075　600645

欽定儀禮義疏四十八卷首二卷　(清)允禄等撰　清光緒十四年(1888)刻本　二十八冊

340000－1841－0000076　600648

儀禮鄭氏注十七卷　(漢)鄭玄注　清嘉慶十九年(1814)影刻宋嚴州本　二冊

340000－1841－0000077　600649

儀禮鄭注句讀十七卷附監本正誤一卷石本誤字一卷　(漢)鄭玄注　(清)張爾岐句讀　清同治七年(1868)金陵書局刻十三經讀本本　四冊

340000－1841－0000078　600653－1

儀禮鄭注句讀十七卷附監本正誤一卷石本誤字一卷　(漢)鄭玄注　(清)張爾岐句讀　清同治十一年(1872)山東書局刻十三經讀本附校刊記本　六冊

340000－1841－0000079　600659

儀禮鄭注句讀十七卷附監本正誤一卷石本誤字一卷　(漢)鄭玄注　(清)張爾岐句讀　清同治七年(1868)金陵書局刻十三經讀本本　四冊

340000－1841－0000080　600650

儀禮經傳通解三十七卷　(宋)朱熹撰　清康熙八年(1669)刻本　十冊

340000－1841－0000081　600651

儀禮經傳通解續二十九卷　(宋)黃幹撰　清乾隆刻本　八冊

340000－1841－0000082　600652

儀禮疏五十卷　(唐)賈公彥撰　清道光十年(1830)刻本　十二冊

340000－1841－0000083　600653－2

儀禮彙說十七卷　(清)焦以恕撰　清乾隆三十七年(1772)研雨齋刻本　四冊

340000－1841－0000084　600654

儀禮正義四十卷　(清)胡培翬撰　(清)楊大堉補　清道光二十九年(1849)胡氏木犀香館刻蘇州湯晉苑局印本　二十冊

340000－1841－0000085　600655

儀禮正義四十卷　(清)胡培翬撰　(清)楊大堉補　清道光二十九年(1849)胡氏木犀香館刻蘇州湯晉苑局印本　二十冊

340000－1841－0000086　600656

儀禮要義五十卷　(宋)魏了翁撰　清光緒十

年(1884)江蘇書局刻五經要義本　十二冊

340000－1841－0000087　600657

儀禮節略十七卷圖三卷　（清）朱軾撰　清康熙五十八年(1719)浙江自修齋刻本　十冊

340000－1841－0000088　600658

儀禮要義五十卷　（宋）魏了翁撰　清光緒十年(1884)江蘇書局刻五經要義本　十二冊

340000－1841－0000089　600660

儀禮十七卷　（清）納蘭成德校　清同治巴陵鍾謙鈞刻本　二冊

340000－1841－0000090　600661

蔡子洪範皇極名數注釋九卷首二卷　（清）張兆鹿註釋　（清）張運禮校　清光緒二十三年(1897)金陵張氏詒經室滄洲刻本　十冊

340000－1841－0000091　600662

禹貢會箋十二卷圖一卷　（清）徐文靖撰　清乾隆十八年(1753)志寧堂刻本　三冊

340000－1841－0000092　600663

增訂夏書禹貢注讀　（清）徐鹿苹續輯　（清）謝潤卿校　清光緒四年(1878)上洋集成堂刻本　一冊

340000－1841－0000093　600664

洪範匯成不分卷　（宋）蔡沈撰　（清）劉召材補　清雍正十二年(1734)信斯堂刻本　四冊

340000－1841－0000094　600665

融堂書解二十卷　（宋）錢時撰　清乾隆三十九年(1774)武英殿木活字印本　五冊

340000－1841－0000095　600666

欽定書經圖說五十卷首一卷　（清）孫家鼐等纂輯　（清）詹秀林等繪　清光緒三十一年(1905)石印本　十六冊

340000－1841－0000096　600667

欽定書經圖說五十卷首一卷　（清）孫家鼐等纂輯　（清）詹秀林等繪　清光緒三十一年(1905)石印本　十六冊

340000－1841－0000097　600669

周禮鄭注六卷　（漢）鄭玄注　（唐）陸德明音義　清嘉慶十一年(1806)金陵李光明莊刻本　六冊

340000－1841－0000098　600670

周禮鄭注六卷　（漢）鄭玄注　（唐）陸德明音義　清嘉慶十一年(1806)刻本　六冊

340000－1841－0000099　600671

周禮十二卷　（漢）鄭玄注　（唐）陸德明音義　清末刻本　六冊

340000－1841－0000100　600672

周禮正義八十六卷　（清）孫詒讓撰　清光緒三十一年(1905)鉛印本　十二冊

340000－1841－0000101　600673

周禮政要二卷　（清）孫詒讓著　清光緒二十八年(1902)普通學堂刻本　二冊

340000－1841－0000102　600674

周禮鄭注六卷　（漢）鄭玄注　（唐）陸德明音義　清宣統元年(1909)學部圖書局石印本　六冊

340000－1841－0000103　600675

周官精義十二卷　（清）連斗山撰　清乾隆四十一年(1776)金陵李士果刻本　六冊

340000－1841－0000104　600676

周官箋六卷　（漢）鄭玄注　（清）王闓運箋　清光緒二十二年(1896)東洲講舍刻本　六冊

340000－1841－0000105　600677

周官恆解六卷　（清）劉沅輯注　清光緒三十一年(1905)刻本　六冊

340000－1841－0000106　600678

欽定周官義疏四十八卷首一卷　（清）鄂爾泰　（清）張廷玉等纂修　清光緒十九年(1893)漱芳閣重校刻本　二十二冊

340000－1841－0000107　600679

欽定周官義疏四十八卷首一卷　（清）張廷玉等纂修　清同治七年(1868)李瀚章摹刻本　二十四冊

340000－1841－0000108　600680

欽定周官義疏四十八卷首一卷　（清）鄂爾泰

（清）張廷玉等纂修　清同治七年(1868)李瀚章摹刻本　二十四冊

340000－1841－0000109　600681

欽定禮記義疏八十二卷首一卷　（清）允祿等撰　清光緒十九年(1893)湖南漱芳閣刻本　二十八冊

340000－1841－0000110　600682

欽定禮記義疏八十二卷首一卷　（清）允祿等撰　清同治刻本　三十二冊

340000－1841－0000111　600683

欽定禮記義疏八十二卷首一卷　（清）允祿等撰　清尊經閣刻本　六十四冊

340000－1841－0000112　600684

欽定禮記義疏八十二卷首一卷　（清）允祿等撰　清光緒十四年(1888)刻本　十五冊　存二十八卷(一至二、十六至四十一)

340000－1841－0000113　600685

禮書綱目八十五卷首三卷　（清）江永撰　清光緒二十一年(1895)廣州廣雅書局刻民國九年(1920)番禺徐紹棨重印廣雅書局叢書本　二十冊

340000－1841－0000114　600686

禮記章句十卷禮記或問五卷　（清）汪烜撰　清同治十三年(1874)常郡曲水書局木活字印安徽獻書本　十冊

340000－1841－0000115　600687

禮記或問五卷　（清）汪烜撰　清同治十三年(1874)曲水書局刻本　五冊

340000－1841－0000116　600689

禮書一百五十卷　（宋）陳祥道撰　清光緒二年至三年(1876－1877)廣州菊坡精舍刻本　二十冊

340000－1841－0000117　600690

樂書二百卷　（宋）陳暘撰　（清）林宇沖校　清光緒二年(1876)廣州菊坡精舍刻本　二十冊

340000－1841－0000118　600691

禮書綱目八十五卷首四卷　（清）江永撰（清）俞鎮璣　（清）戴揚休　（清）俞肇綸編校　清嘉慶十五年(1810)鏤恩堂刻本　三十二冊

340000－1841－0000119　600692

禮書通故五十卷　（清）黃以周撰　清光緒十九年(1893)董氏試館刻本　三十二冊

340000－1841－0000120　600695

禮記訓纂四十九卷　（清）朱彬輯　清宣統元年(1909)學部圖書局石印朱氏原刻本　十冊

340000－1841－0000121　600696

禮記恒解四十九卷　（清）劉沅輯注　清光緒三十一年(1905)豫誠堂刻本　十冊

340000－1841－0000122　600697

禮記恒解四十九卷　（清）劉沅輯注　清道光八年(1828)豫誠堂刻本　十冊

340000－1841－0000123　600698

禮記要義三十三卷　（宋）魏了翁撰　清光緒十二年(1886)江蘇書局刻歸安姚氏咫進齋影宋鈔本　八冊

340000－1841－0000124　600701

禮記注疏六十三卷附校勘記六十三卷　（漢）鄭玄注　（唐）孔穎達疏　（唐）陸德明音義（清）阮元校勘　清同治十一年(1872)刻本　二十二冊　存九十二卷(禮記注疏一至二十九、四十二至五十二、五十八至六十三,校勘記一至二十九、四十二至五十二、五十八至六十三)

340000－1841－0000125　600702

禮經釋例十三卷首一卷　（清）凌廷堪撰　清嘉慶十四年(1809)儀征阮常生文選樓揚州刻本　六冊

340000－1841－0000126　600705

禮記集說十卷　（元）陳澔撰　清光緒十九年(1893)江南書局刻本　十冊

340000－1841－0000127　600706

禮記集解六十一卷尚書顧命解一卷　（清）孫

希旦集解 （清）沙邦佑校 清咸豐十年(1860)浙江瑞安孫氏盤谷草堂刻本 二十三冊

340000－1841－0000128 600707

禮記箋四十六卷 （漢）鄭玄注 （清）王闓運箋 清光緒二十二年(1896)東洲講舍刻湘綺樓全書本 十冊

340000－1841－0000129 600708

禮記箋四十六卷 （漢）鄭玄注 （清）王闓運箋 清光緒二十二年(1896)東洲講舍刻湘綺樓全書本 十冊

340000－1841－0000130 600709

禮經箋十七卷 （漢）鄭玄注 （清）王闓運箋 清光緒二十二年(1896)東洲講舍刻湘綺樓全書本 六冊

340000－1841－0000131 600712

大戴禮記十三卷 （漢）戴德撰 清康熙五十七年(1718)高安朱軾浙署自修齋刻本 二冊

340000－1841－0000132 600713

大戴禮記補注十三卷序錄一卷 （清）孔廣森撰 清同治十三年(1874)淮南書局刻本 四冊

340000－1841－0000133 600714

大戴禮記十三卷 （漢）戴德撰 清宣統三年至民國二年(1911－1913)貴池劉氏玉海堂刻玉海堂影宋元本叢書本 二冊

340000－1841－0000134 600715

文公家禮儀節八卷 （宋）朱熹撰 （明）丘濬輯 （明）楊廷筠訂 清咸豐五年(1855)本堂刻本 四冊

340000－1841－0000135 600720

儀禮石經校勘記四卷 （清）阮元撰 清乾隆六十年(1795)七錄書閣刻本 三冊

340000－1841－0000136 600721

儀禮私箋八卷 （清）鄭珍撰 （清）鄭知同校 清同治五年(1866)唐鄂生刻本 二冊

340000－1841－0000137 600722

儀禮私箋八卷 （清）鄭珍撰 （清）鄭知同校 清同治五年(1866)成山唐氏刻本 一冊 存三卷(六至八)

340000－1841－0000138 600723

儀禮圖六卷 （清）張惠言撰 清同治九年(1870)崇文書局刻本 三冊

340000－1841－0000139 600724

儀禮集釋三十卷 （宋）李如圭撰 （清）陶福恒校訂 清道光至咸豐大梁書院刻同治七年(1868)王儒行印本 十一冊

340000－1841－0000140 600725

儀禮釋官一卷 （宋）李如圭撰 （清）陶福恒校訂 清嘉慶武英殿刻本 一冊

340000－1841－0000141 600726

儀禮釋官九卷首一卷 （清）胡匡衷著 清同治八年(1869)研六閣刻本 四冊

340000－1841－0000142 600727

儀禮先易六卷首一卷 （清）呂仁傑撰 （清）立均壽參校 清道光二十六年(1846)江村師敔書屋刻本 三冊

340000－1841－0000143 600729

春秋宗朱辨義十二卷首一卷 （清）張自超著 清光緒七年(1881)刻本 八冊

340000－1841－0000144 600730

春秋恒解八卷附錄餘傳一卷 （清）劉沅輯注 清光緒三十一年(1905)豫誠堂刻槐軒全書本 八冊

340000－1841－0000145 600731

萬充宗先生經學五書十八卷附錄一卷 （清）萬斯大撰 清乾隆萬福刻本 四冊 存十五卷(禮記偶箋一至二、儀禮商一至二、學春秋隨筆一至十,附錄一卷)

340000－1841－0000146 600732

春秋辨疑四卷 （宋）蕭楚撰 春秋辨疑校勘記一卷 （清）周自得校正 清光緒二十年(1894)增刻本 一冊

340000－1841－0000147 600733

春秋大事表五十卷春秋輿圖一卷附錄一卷
（清）顧棟高輯　（清）吳光裕等參訂　清同治
十二年(1873)山東尚志堂刻本　二十冊

340000－1841－0000148　600734
春秋例表三十八篇　（清）廖震等編次　清光
緒三十四年(1908)刻本　二冊

340000－1841－0000149　600735
春秋指掌三十卷前二卷附二卷　（清）儲欣
（清）蔣景祁撰輯　（清）楊大鶴等參閱
（清）蔣運昌　（清）儲芝參校　清康熙二十七
年(1688)天藜閣刻本　八冊

340000－1841－0000150　600737
欽定春秋傳說彙纂三十八卷首二卷　（清）王
掞等撰　清康熙六十年(1721)內府刻本　二
十四冊

340000－1841－0000151　600738
欽定春秋傳說彙纂三十八卷首二卷　（清）王
掞總裁　（清）張廷玉等校對　清同治十年
(1871)湖北崇文書局刻本　二十冊

340000－1841－0000152　600739
欽定春秋傳說彙纂三十八卷首二卷　（清）王
掞撰　清同治九年(1870)刻本　二十冊

340000－1841－0000153　600741
春秋左傳五十卷綱目一卷圖說一卷提要一卷
（晉）杜預註　（宋）林堯叟釋　（唐）陸德
明音義　（明）鍾惺　（明）孫鑛　（明）韓範
評點　清光緒二十三年(1897)上海文瑞樓刻
本　十六冊

340000－1841－0000154　600742
春秋左傳五十卷綱目一卷圖說一卷提要一卷
（晉）杜預註　（宋）林堯叟釋　（唐）陸德
明音義　（明）鍾惺　（明）孫鑛　（明）韓範
評點　清光緒二十三年(1897)上海文瑞樓刻
本　八冊

340000－1841－0000155　600743
春秋左傳杜注補輯三十卷首一卷　（晉）杜預
注　（清）姚培謙撰　清光緒九年(1883)江南
書局刻十三經讀本本　十冊

340000－1841－0000156　600744
春秋左傳杜注補輯三十卷首一卷　（晉）杜預
注　（清）姚培謙撰　清光緒九年(1883)江南
書局刻十三經讀本本　四冊

340000－1841－0000157　600745
春秋左傳三十卷　（晉）杜預注　清鉛印本
二冊

340000－1841－0000158　600746
欽定春秋左傳讀本三十卷　（清）英和編修
（清）黃鉞編修　（清）程恩澤　（清）祁寯藻
纂輯　（清）許乃普　（清）田嵩年校勘　清同
治八年(1869)江蘇書局刻本　十冊

340000－1841－0000159　600748
讀左補義五十卷首一卷　（清）姜炳璋輯　清
刻本　十五冊

340000－1841－0000160　600749
杜注春秋左傳三十卷春秋年表一卷春秋名號
歸一圖二卷　（三國蜀）馮繼先撰　（晉）杜預
注　（宋）岳珂刊補　清光緒三年(1877)永康
胡氏退補齋刻本　十二冊

340000－1841－0000161　600750
左傳事緯十二卷字釋一卷　（清）馬驌撰
（清）潘霨校　清光緒四年(1878)蘇州潘氏敏
德堂刻本　十冊

340000－1841－0000162　600751
左傳事緯十二卷字釋一卷　（清）馬驌撰
（清）潘霨校訂　清光緒四年(1878)蘇州潘氏
敏德堂刻本　十二冊

340000－1841－0000163　600752
春秋左傳杜林五十卷　（晉）杜預注　（宋）林
堯叟注　（唐）陸德明音義　（明）鍾惺
（明）孫鑛　（明）韓範批點　清道光善成堂刻
本　六冊　存二十四卷(二十七至五十)

340000－1841－0000164　600753
春秋左傳五十卷綱目一卷圖說一卷提要一卷
（晉）杜預註　（宋）林堯叟釋　（唐）陸德
明音義　（明）鍾惺　（明）孫鑛　（明）韓範
評點　清光緒十二年(1886)文淵堂刻本　十

四册

340000 – 1841 – 0000165　600754

春秋三十卷　（晉）杜預注　（宋）胡安國傳
（宋）林堯叟音註　清乾隆七年（1742）怡府明
善堂刻本　七册　存二十八卷（三至三十）

340000 – 1841 – 0000166　600756

春秋左傳三十卷　（晉）杜預注　（宋）林堯叟
附注　（唐）陸德明音義　（清）馮李驊集釋
清刻本　十册　存二十五卷（六至三十）

340000 – 1841 – 0000167　600757

左傳紀事本末五十三卷　（清）高士奇撰　清
光緒二十六年（1900）廣州廣雅書局刻本　十
二册

340000 – 1841 – 0000168　600758

左轉紀事本末五十三卷　（清）高士奇撰　清
同治十二年（1873）江西書局刻本　十二册

340000 – 1841 – 0000169　600759

春秋左傳綱目句解六卷　（清）韓葵重訂　清
光緒十六年至十九年（1890 – 1893）儀征阮氏
文瑞樓揚州刻本　四册

340000 – 1841 – 0000170　600762

東萊博議四卷　（宋）呂祖謙撰　（清）馮芳鄂
初校　（清）桂文熾　（清）沈東銘覆校　**增補**
虛字注釋一卷　（清）馮泰松點定　清光緒二
十八年（1902）天章書局石印本　四册

340000 – 1841 – 0000171　600764

東萊博議四卷　（宋）呂祖謙撰　（清）張文炳
　（清）張明德點評　**虛字注釋一卷**　（清）馮
泰松點定　清道光二十四年（1844）海陵懷德
堂刻本　四册

340000 – 1841 – 0000172　600765

東萊左氏博議二十五卷　（宋）呂祖謙撰
（清）瞿世瑛　（清）瞿傳鼎校　**虛字注釋備考**
一卷　（清）馮泰松點定　清道光十九年
（1839）錢塘瞿氏清吟閣刻本　四册

340000 – 1841 – 0000173　600767

欽定春秋傳說彙纂三十八卷首二卷　（清）王

掞等撰　清同治九年（1870）浙江書局刻御纂
七經本　二十册

340000 – 1841 – 0000174　600770

春秋比事參義十六卷　（清）桂含章輯　清光
緒八年（1882）石埭桂氏務本堂刻本　十六册

340000 – 1841 – 0000175　600771

春秋測義三十五卷　（清）強汝詢學　清光緒
十五年（1889）流芳閣刻本　六册

340000 – 1841 – 0000176　600772

春秋董氏學八卷附傳一卷　（清）康有為撰
清光緒十九年（1893）刻萬木草堂叢書本
六册

340000 – 1841 – 0000177　600773

春秋左氏傳賈服註輯述二十卷　（清）李貽德
輯　清同治五年（1866）朱蘭刻本　六册

340000 – 1841 – 0000178　600774

春秋繁露十七卷附錄一卷　（漢）董仲舒撰
（清）盧文弨校訂　清光緒八年（1882）淮南書
局刻本　二册

340000 – 1841 – 0000179　600775

董子春秋繁露十七卷附錄一卷　（漢）董仲舒
撰　（清）董慎行校　清光緒二年（1876）浙江
書局刻二十二子本　二册

340000 – 1841 – 0000180　600776

董子春秋繁露十七卷　（漢）董仲舒撰　清光
緒二十三年（1897）圖書集成書局據盧氏抱經
堂斠印鉛印本　一册

340000 – 1841 – 0000181　600777

董子春秋繁露十七卷附錄一卷　（漢）董仲舒
撰　（清）董慎行校　清光緒二年（1876）浙江
書局刻二十二子本　二册

340000 – 1841 – 0000182　600778

春秋公羊傳箋十一卷　（漢）何休箋　（清）王
闓運箋　清光緒三十四年（1908）刻湘綺樓全
書本　六册

340000 – 1841 – 0000183　600779

春秋公羊傳十一卷　（漢）何休解詁　（唐）陸

德明音義 （清）丁寶楨等校 **校刊記一卷**
清同治十一年(1872)山東書局刻十三經讀本
附校刊記本 四冊

340000－1841－0000184 600780

春秋公羊經傳解詁十二卷 （漢）何休撰
（清）汪喜孫 （清）劉逢録校 **重刊宋紹熙公**
羊傳注附音本校記一卷 清道光四年(1824)
揚州汪氏問禮堂刻本 二冊

340000－1841－0000185 600781

讀禮通考一百二十卷 （清）徐乾學撰 清光
緒七年(1881)江蘇書局刻本 三十二冊

340000－1841－0000186 600782

五禮通考二百六十二卷首四卷 （清）秦蕙田
輯 （清）方觀承訂 （清）吳鼎校 （清）宋
宗元校 清光緒六年(1880)江蘇書局刻本
一百冊

340000－1841－0000187 600783

孟子正義三十卷 （清）焦循撰 清嘉慶至道
光江都焦氏雕菰樓刻本 十冊

340000－1841－0000188 600786

論語最豁集四卷 （清）劉珍輯 清天津文成
堂刻本 二冊

340000－1841－0000189 600787

論語古注集箋十卷附論語考一卷論語敘一卷
（清）潘維城撰 清光緒七年(1881)江蘇書
局刻本 六冊

340000－1841－0000190 600789

論語訓二卷 （清）王闓運撰 清光緒二十九
年(1903)東洲講舍刻湘綺樓全書本 二冊

340000－1841－0000191 600790

朱子論語集注訓詁考二卷 （清）潘衍桐撰
清光緒十七年(1891)浙江書局刻本 一冊

340000－1841－0000192 600792

存漢錄一卷 （明）高斗樞撰 **論語孔注辨偽**
兩卷 （清）沈濤撰 清光緒會稽趙氏刻本
一冊

340000－1841－0000193 600793

論語十卷 （宋）朱熹集注 清同治五年
(1866)金陵書局刻十三經讀本本 二冊

340000－1841－0000194 600793

論語集注十卷 （宋）朱熹集注 清道光至咸
豐刻本 二冊

340000－1841－0000195 600794

論語意原四卷 （宋）鄭汝諧撰 清乾隆四十
六年(1781)武英殿木活字印本 一冊

340000－1841－0000196 600796

孟子七卷 （宋）朱熹集注 清道光至咸豐刻
本 三冊

340000－1841－0000197 600797

孟子七卷 （宋）朱熹集注 清刻大字本
三冊

340000－1841－0000198 600798

孟子七卷 （宋）朱熹集注 清同治五年
(1866)金陵書局刻十三經讀本本 二冊

340000－1841－0000199 600813

四書集注十九卷 （宋）朱熹撰 清光緒二十
年(1894)金陵書局刻本 三冊 存九卷(大
學一卷、中庸·卷、論語一至五、孟子六至七)

340000－1841－0000200 600816

四書章句本義匯參不分卷 （清）王步青輯
（清）王士鰲編 （清）王維甸 （清）王乃昀
校勘 （清）許時庚重校 清光緒十二年
(1886)鉛印本 一冊

340000－1841－0000201 600820

增補四書羽儀旁訓不分卷 （清）周冕 （清）
劉儆逸纂修 清光緒十六年(1890)成文信刻
本 六冊

340000－1841－0000202 600821

增補四書精繡圖像人物備考十二卷 （明）薛
應旂輯 （明）陳仁錫增訂 清乾隆五十三年
(1788)三多齋刻本 六冊

340000－1841－0000203 600822

日講四書解義二十六卷 （清）喇沙里編
（清）陳廷敬編 清光緒十八年(1892)刻本

十六冊

340000－1841－0000204　600823

四書章句集注二十六卷　（宋）朱熹撰　（清）吳志忠校　**四書章句附考四卷**　（清）吳志忠輯　**四書章句集注定本辨一卷**　（清）吳英撰　**四書家塾讀本句讀一卷**　（清）吳英撰　清光緒七年(1881)淮南書局刻本　七冊

340000－1841－0000205　600824

四書補注備旨十卷　（清）鄧林撰　（清）杜定基增訂　（清）祁文友重校　清末金陵李光明莊刻本　六冊

340000－1841－0000206　600825

四書章句集注二十六卷　（宋）朱熹著　**四書章句附考四卷**　（清）吳志忠輯　**四書章句集注定本辨一卷**　（清）吳英撰　**四書家塾讀本句讀一卷**　（清）吳英撰　清嘉慶十六年(1811)刻本　七冊

340000－1841－0000207　600827

松陽講義十二卷　（清）陸隴其撰　清同治十年(1871)洪氏公善堂刻洪氏唐石經館叢書本　四冊

340000－1841－0000208　600830

四書經注詳讀十九卷　（宋）朱熹著　清光緒二年(1876)潛署刻本　六冊

340000－1841－0000209　600831

四書恒解十卷　（清）劉沅輯注　清光緒十年(1884)豫誠堂刻槐軒全書本　十冊

340000－1841－0000210　600832

四書集注十九卷　（宋）朱熹章句　清光緒八年(1882)金陵書局刻本　六冊

340000－1841－0000211　600834

四書章句集注十九卷　（宋）朱熹撰　清光緒三年(1877)江蘇書局刻本　六冊

340000－1841－0000212　600835

四書集注十九卷　（宋）朱熹撰　清末金陵李光明莊刻本　四冊　存九卷(大學一卷、中庸一卷、孟子七卷)

340000－1841－0000213　600836

四書反身錄八卷　（清）李顒撰　清道光十一年(1831)浙江書局刻本　四冊

340000－1841－0000214　600838

四書典故辨正二十卷附錄一卷　（清）周柄中撰　清敬儀堂刻本　四冊

340000－1841－0000215　600841

春秋公羊經傳解詁十二卷　（漢）何休撰　**重刊宋紹熙公羊傳注附音本校記一卷**　（清）魏彥撰　清道光四年(1824)揚州汪氏問禮堂據宋紹興本景刊校記金陵書局同治二年(1863)刻十三經讀本本　四冊

340000－1841－0000216　600844

春秋穀梁傳十二卷　（晉）范寧集解　（唐）陸德明音義　清光緒二十一年(1895)金陵書局刻本　二冊

340000－1841－0000217　600845

春秋穀梁傳十二卷　（晉）范寧集解　（唐）陸德明音義　清同治十一年(1872)山東書局刻十三經讀本附校刊記本　四冊

340000－1841－0000218　600846

春秋穀梁傳十二卷　（晉）范寧集解　（唐）陸德明音義　清光緒十二年(1886)湖北官書處刻本　四冊

340000－1841－0000219　600848

穀梁申義一卷　（清）王闓運著　清光緒十七年(1891)刻本　一冊

340000－1841－0000220　600849

穀梁傳選不分卷　（清）儲欣評　（清）儲芝參述　（清）周恭壽　（清）周廷菜重校　清光緒九年(1883)靜遠堂刻本　一冊

340000－1841－0000221　600858

孝經集注述疏一卷附讀書堂答問一卷　（清）簡朝亮撰　清光緒至民國讀書堂刻本　二冊

340000－1841－0000222　600859

爾雅圖音注三卷　（晉）郭璞注　清光緒二十一年(1895)上海積山書局石印本　二冊

340000 – 1841 – 0000223　600860

爾雅圖音注三卷　（晉）郭璞注　清光緒二十
三年(1897)上海慎記書莊石印本　二冊

340000 – 1841 – 0000224　600868

爾雅注疏十一卷　（晉）郭璞注　（唐）陸德明
音義　（宋）邢昺疏　清乾隆四年(1739)刻本
四冊

340000 – 1841 – 0000225　600869

爾雅郭注佚存補訂二十卷　（清）王樹枏撰
清光緒十八年(1892)資陽文莫室刻陶廬叢刻
本　六冊

340000 – 1841 – 0000226　600870

爾雅郭注義疏二十卷　（清）郝懿行撰　（清）
阮聯蓀　（清）阮聯薇校　清同治四年(1865)
郝聯薇刻郝氏遺書本　八冊

340000 – 1841 – 0000227　600871

爾雅郭注義疏二十卷　（清）郝懿行撰　（清）
阮聯蓀　（清）阮聯薇校　清同治四年(1865)
郝聯薇刻郝氏遺書本(胡珽題跋)　八冊

340000 – 1841 – 0000228　600873

爾雅集解十九卷　（清）王闓運撰　清光緒二
十九年(1903)東洲刻本　四冊

340000 – 1841 – 0000229　600875

爾雅翼三十二卷首一卷　（宋）羅愿撰　（元）
洪焱祖釋　（明）羅朗重訂　清光緒十年
(1884)刻洪氏晦木齋叢書本　六冊

340000 – 1841 – 0000230　600876

爾雅便讀便摹二卷　（清）周樸園撰　清嘉慶
九年(1804)饒城大雅堂刻本　二冊

340000 – 1841 – 0000231　600879

尚書異義四卷尚書故訓別綠一卷　（清）朱彬
撰　（清）陳彝校訂　清光緒十二年(1886)寶
應藍格抄本　四冊

340000 – 1841 – 0000232　600880

拾雅二十卷　（清）夏味堂撰　（清）夏齋林
（清）夏雲林校　清嘉慶二十四年(1819)刻本
十冊

340000 – 1841 – 0000233　600881 – 84

五雅全書三十七卷　（明）郎奎金輯　清嘉慶
九年(1804)刻本　六冊

340000 – 1841 – 0000234　600885

小爾雅疏八卷　（清）王煦撰　（清）徐幹校
清光緒十一年(1885)邵武徐氏刻邵武徐氏叢
書本　二冊

340000 – 1841 – 0000235　600886

廣續方言四卷　（清）程先甲輯　（清）程先科
校　清宣統二年(1910)浙江湖州千一齋刻千
一齋全書本　一冊　存二卷(一至二)

340000 – 1841 – 0000236　600888

埤雅二十卷　（宋）陸佃撰　（明）顧棫校　清
刻本　二冊

340000 – 1841 – 0000237　600889

疊雅十三卷附雙名錄一卷　（清）史夢蘭撰
清同治四年(1865)刻止園叢書本　四冊

340000 – 1841 – 0000238　600890

廣雅補疏四卷　（清）王樹枏撰　清光緒十六
年(1890)青神刻陶廬叢刻本　一冊

340000 – 1841 – 0000239　600892

**釋名疏證補八卷補遺一卷補附一卷續釋名一
卷**　（漢）劉熙撰　王先謙撰集　清光緒二十
二年(1896)刻本　三冊

340000 – 1841 – 0000240　600893

釋名疏證八卷續釋名一卷補遺一卷　（漢）劉
熙撰　清乾隆五十五年(1790)畢氏靈岩山館
刻經訓堂叢書本　二冊

340000 – 1841 – 0000241　600896

群經字詁七十二卷　（清）段諤廷撰　（清）黃
本驥編訂　清道光二十九年(1849)長沙楊氏
瀏陽門刻本　十八冊

340000 – 1841 – 0000242　600897

韻詁五卷附韻詁補遺一卷　（清）方浚頤輯
清光緒四年(1878)淮南書局刻本　六冊

340000 – 1841 – 0000243　600898

六書例解一卷附六書襍說一卷八分書辨一卷

六書辨通五卷補一卷續補一卷　（清）楊錫觀
撰　清乾隆五十一年（1786）馮浩補修本
六冊

340000－1841－0000244　600899

千文六書統要二卷　（明）胡正言編　清康熙
二年（1663）十竹齋刻本　八冊

340000－1841－0000245　600900

六書精蘊六卷　（明）魏校撰　（明）魏大順校
正　（明）吳官音釋　**音釋舉要一卷**　（明）吳
官撰　明嘉靖十九年（1540）魏希明刻本
六冊

340000－1841－0000246　600901

四書直講三十一卷　（清）易上興編　清光緒
三十一年（1905）蜀東真率堂刻本　二十二冊

340000－1841－0000247　600907

四書典林三十卷　（清）江永撰　清光緒二十
二年（1896）慎記書局石印本　三冊

340000－1841－0000248　600909

新訂四書補注備旨十卷　（清）鄧林撰　（清）
杜定基增訂　清影印本　四冊　存四卷（上
孟一至二、下孟三至四）

340000－1841－0000249　600910

說文解字十五卷　（漢）許慎撰　（宋）徐鉉等
校　清乾隆三十八年（1773）朱氏椒華吟舫刻
本　六冊

340000－1841－0000250　600917

說文解字十五卷　（漢）許慎撰　（宋）徐鉉等
校　清嘉慶九年（1804）五松書屋仿宋刻本
四冊

340000－1841－0000251　600920

說文解字句讀三十卷　（清）王筠撰　（清）李
滋然　（清）孫玉山校　清光緒八年（1882）四
川尊經書局刻本　二十冊

340000－1841－0000252　600921

說文解字句讀三十卷附補正三十卷　（清）王
筠撰　清同治四年（1865）刻本　十六冊

340000－1841－0000253　600924

說文解字注三十卷附六書音韻表二卷　（清）
段玉裁撰　清嘉慶二十年（1815）經韻樓刻本
十六冊

340000－1841－0000254　600926

說文解字斠詮十四卷　（清）錢坫學　清嘉慶
十二年（1807）吉金樂石齋刻本　十四冊

340000－1841－0000255　600927

說文解字義證五十卷　（清）桂馥撰　清同治
九年（1870）湖北崇文書局刻本　十六冊　存
二十一卷（一至二十一）

340000－1841－0000256　600928

說文解字群經正字二十八卷　（清）邵瑛撰
清嘉慶二十一年（1816）桂隱書屋刻本　八冊

340000－1841－0000257　600929

說文解字繫傳四十卷　（五代）徐鍇撰　**說文
解字繫傳校勘記三卷**　（清）祁寯藻撰　清光
緒元年（1875）川東姚覲元據道光十九年
（1839）影宋本刻本　八冊

340000－1841－0000258　600931

說文解字注三十卷附六書音韻表二卷　（清）
段玉裁撰　清同治六年（1867）蘇州保息局補
刻本　十五冊

340000－1841－0000259　600941

說文引經考異十六卷　（清）柳榮宗撰　清咸
豐二年（1852）刻本　二冊

340000－1841－0000260　600942

說文引經考異十六卷　（清）柳榮宗撰　清咸
豐二年（1852）刻本　四冊

340000－1841－0000261　600943

說文引經證例二十四卷　（清）承培元撰
（清）吳翊寅　（清）何翰章等校　清光緒二十
一年（1895）廣州廣雅書局刻廣雅叢書刻本
六冊

340000－1841－0000262　600945

說文通訓定聲十八卷柬韻一卷　（清）朱駿聲
紀錄　（清）朱鏡蓉參訂　**說雅十九篇**　（清）
朱駿聲紀錄　**古今韻準一卷**　（清）朱駿聲訂

行述一卷 （清）朱孔彰述 清同治九年(1870)臨嘯閣刻本 十八冊

340000－1841－0000263 600946

說文通訓定聲柬韻一卷 （清）朱駿聲紀錄 （清）朱鏡蓉參訂 說雅十九篇 （清）朱駿聲紀錄 古今韻準一卷 （清）朱駿聲訂 行述一卷 （清）朱孔彰述 清道光臨嘯閣刻本 二十四冊

340000－1841－0000264 600947

說文辨字正俗八卷 （清）李富孫撰 清嘉慶至道光李氏校經廎刻本 四冊

340000－1841－0000265 600948

說文釋例二十卷 （清）王筠撰 清道光十七年(1837)刻本 十冊

340000－1841－0000266 600949

說文辨疑一卷 （清）顧廣圻撰 清光緒三年(1877)湖北崇文書局刻雷氏八種附刻本 一冊

340000－1841－0000267 600950

說文辨疑一卷條記一卷 （清）顧廣圻撰 清光緒三年(1877)湖北崇文書局刻本 一冊

340000－1841－0000268 600951

說文逸字辨證二卷 （清）李楨撰 清宣統元年(1909)思賢書局刻本 二冊

340000－1841－0000269 600952

說文解字注匡謬八卷 （清）徐承慶撰 清光緒九年(1883)歸安思進齋姚氏刻本 四冊

340000－1841－0000270 600955

朱氏群書六種二十五卷 （清）朱駿聲撰 清光緒八年(1882)臨嘯閣刻本 六冊

340000－1841－0000271 600956

說文凝錦錄一卷 （清）萬光泰撰 清嘉慶二年(1797)澤經堂刻閏竹居叢書本 一冊

340000－1841－0000272 600958

說文二徐箋異十四卷 （清）田吳炤撰 清宣統石印本 二冊

340000－1841－0000273 600968

倉頡篇校證三卷附補遺一卷 （清）孫星衍纂 （清）梁章鉅撰 清光緒五年(1879)刻本 二冊

340000－1841－0000274 600969

班馬字類五卷 （宋）婁機撰 明刻本 四冊

340000－1841－0000275 600970

漢隸分韻五卷 （宋）馬居易撰 （清）鍾浩摹寫 增輯一卷 （清）鍾浩撰 清乾隆四十六年(1781)吳興鍾氏衍慶堂摹刻本 二冊

340000－1841－0000276 600971

隸法彙纂十卷附字總錄一卷 （清）項懷述編 清乾隆五十一年(1786)小酉山房刻本 四冊

340000－1841－0000277 600972

字學三書 （清）楊霈輯 清道光二十一年(1841)十芝堂刻本 六冊

340000－1841－0000278 600974

增廣字學舉隅四卷 （清）鐵珊輯 （清）凌振家閱 （清）王寶鏞書 清同治十三年(1874)蘭州郡署刻本 四冊

340000－1841－0000279 600976

經典釋文三十卷 （唐）陸德明撰 （清）高學耀初校 （清）譚宗浚覆校 （清）廖廷相再校 清同治十年(1871)粵秀山文瀾閣刻本 十二冊

340000－1841－0000280 600977

隸辨八卷 （清）顧藹吉撰 清乾隆八年(1743)黃晟刻本 八冊

340000－1841－0000281 600978

倉頡篇三卷 （清）孫星衍撰 續本一卷 （清）任大椿撰 （清）諸可寶編錄 補本二卷 （清）陶方琦撰 （清）諸可寶編錄 清光緒十六年(1890)南京江蘇書局刻本 二冊

340000－1841－0000282 600982

漢隸辨體四卷 （清）尹彭壽撰 清光緒二十一年(1895)山東濟南尚志堂刻本 四冊

340000－1841－0000283 600983

小學鉤沈十九卷 （清）任大椿學 （清）王念孫校勘 清光緒十年(1884)龍氏刻本 二冊

340000－1841－0000284 600985

漢隸異同十二卷 （清）甘揚聲輯 （清）錢侍宸錄 清道光十一年(1831)勤約堂刻本 二冊

340000－1841－0000285 600986

隸辨八卷 （清）顧藹吉撰 清乾隆八年(1743)玉淵堂刻本 八冊

340000－1841－0000286 600997

文字蒙求廣義四卷 （清）王筠撰 （清）蒯光典撰 清光緒二十七年(1901)南京江楚書局刻本 五冊

340000－1841－0000287 600998

簡字譜錄不分卷 勞乃宣撰 清光緒金陵刻本 四冊

340000－1841－0000288 600999

汗簡箋正七卷書目箋正一卷目錄一卷 （宋）郭忠恕撰 （清）鄭珍箋正 （清）徐紹棨彙編 清光緒十五年(1889)廣雅書局刻民國九年(1920)番禺徐紹棨彙編重印廣雅書局叢書本 四冊

340000－1841－0000289 601025

古經解匯函二十三種一百三十卷附小學匯函十四種一百五十三卷 （清）鍾謙鈞輯 清同治十二年(1873)廣州粵東書局刻本 三十四冊

340000－1841－0000290 601433

小學考五十卷 （清）謝啟昆撰 清光緒十四年(1888)浙江書局刻本 十二冊

340000－1841－0000291 601602

隸韻十卷附碑目一卷考證一卷 （宋）劉球纂 清嘉慶十五年(1810)秦恩復摹刻宋拓本 十二冊

340000－1841－0000292 601604

周易程傳八卷 （宋）程頤撰 清同治五年(1866)金陵書局刻十三經讀本本 三冊

340000－1841－0000293 601605

御纂周易折中二十二卷首一卷 （清）李光地等撰 清康熙五十四年(1715)刻本 十三冊

340000－1841－0000294 601606

周易本義十二卷 （宋）朱熹撰 清同治七年(1868)湖北崇文書局刻本 二冊

340000－1841－0000295 601607

附釋音尚書注疏二十卷 （漢）孔安國傳 （唐）陸德明音義 （唐）孔穎達撰 附校勘記二十卷 （清）阮元撰 （清）盧宣旬摘錄 清嘉慶二十年(1815)南昌府學刻重刊宋本十三經注疏附校勘記本 九冊

340000－1841－0000296 601608

書經集傳六卷 （宋）蔡沈撰 清同治七年(1868)崇文書局刻本 四冊

340000－1841－0000297 601609

書經集傳六卷首一卷末一卷 （宋）蔡沈撰 清同治五年(1866)金陵書局刻十三經讀本本 四冊

340000－1841－0000298 601610

書經集傳六卷首一卷末一卷 （宋）蔡沈撰 清光緒七年(1881)金陵書局刻十三經讀本本 四冊

340000－1841－0000299 601612

詩經音訓不分卷 （清）楊國楨撰 清道光十年(1830)大粱書院刻本 一冊

340000－1841－0000300 601614

書經音訓不分卷 （清）楊國楨撰 清光緒三年(1877)湖北崇文書局刻本 一冊

340000－1841－0000301 601615

周官精義十二卷 （清）連斗山編 清嘉慶元年(1796)金閶書業堂刻本 六冊

340000－1841－0000302 601616

周禮鄭注十二卷 （漢）鄭玄注 （唐）陸德明音義 清光緒五年(1879)經綸元記刻本 六冊

340000－1841－0000303 601617

周禮音訓不分卷　（清）楊國楨輯　清光緒三年(1877)湖北崇文書局刻本　二冊

340000－1841－0000304　601618
周禮音訓不分卷　（清）楊國楨撰　清道光刻本　二冊

340000－1841－0000305　601619
周禮音訓不分卷　（清）楊國楨輯　清光緒三年(1877)湖北崇文書局刻本　二冊

340000－1841－0000306　601620
周禮音訓不分卷　（清）楊國楨輯　清光緒三年(1877)湖北崇文書局刻本　二冊

340000－1841－0000307　601621
周禮政要四卷　（清）孫詒讓著　清光緒二十八年(1902)普通學堂石印本　二冊

340000－1841－0000308　601622
儀禮注疏校勘記十七卷　（清）阮元撰　清同治十年(1871)湖南尊經閣刻本　四冊

340000－1841－0000309　601623
禮記注疏六十三卷　（漢）鄭玄注　（唐）孔穎達疏　清乾隆至咸豐刻本　二十三冊

340000－1841－0000310　601624
禮記集說十卷　（元）陳澔撰　清同治七年(1868)湖北崇文書局刻本　十冊

340000－1841－0000311　601625
禮記增訂旁訓六卷　（元）陳澔撰　清光緒十三年(1887)汲古山房刻本　六冊

340000－1841－0000312　601626
禮記音訓不分卷　（清）楊國楨輯　清光緒三年(1877)湖北崇文書局刻本　四冊

340000－1841－0000313　601627
寄傲山房塾課纂輯禮記全文備旨十一卷　(清)鄒聖脈撰　清乾隆二十九年(1764)務本堂刻本　六冊

340000－1841－0000314　601628
禮記集說十卷　（元）陳澔撰　清同治五年(1866)金陵書局刻十三經讀本本　十冊

340000－1841－0000315　601629
春秋增訂旁訓四卷　（清）徐立綱撰　清康熙匠門書屋刻五經旁訓本　二冊

340000－1841－0000316　601630
寄傲山房塾課纂輯春秋備旨十二卷　（清）鄒聖脈撰　（清）鄒可庭編次　清乾隆二十三年(1758)務本堂刻本　六冊

340000－1841－0000317　601631
寄傲山房塾課纂輯春秋備旨十二卷　（清）鄒聖脈撰　（清）鄒可庭編次　清乾隆二十三年(1758)大文堂刻本　四冊

340000－1841－0000318　601632
左傳選十四卷　（清）儲欣評述　（清）徐永　（清）董南紀　（清）儲掌文校訂　（清）儲芝參述　清道光二十五年(1845)姑蘇綠蔭堂刻本　四冊

340000－1841－0000319　601633
新訂批注左傳快讀十八卷首一卷　（清）李紹崧選訂　（清）馮天閑　（清）陸浩評述　(清)李履道等校字　清嘉慶青雲樓刻本　十六冊

340000－1841－0000320　601634
欽定春秋傳說彙纂三十八卷首二卷　（清）王掞等撰　（清）張廷玉　（清）蔣廷錫　（清）魏廷珍校　清同治九年(1870)刻本　十八冊

340000－1841－0000321　601635
春秋左傳音訓附輯說不分卷　（清）楊國楨輯　清道光刻本　八冊

340000－1841－0000322　601636
春秋左傳音訓附輯說不分卷　（清）楊國楨輯　清道光刻本　八冊

340000－1841－0000323　601637
春秋左傳音訓附輯說不分卷　（清）楊國楨輯　清道光刻本　八冊

340000－1841－0000324　601638
春秋穀梁傳音訓不分卷　（清）楊國楨輯　清末刻本　二冊

340000－1841－0000325　601639

春秋穀梁傳十二卷　（晉）范寧集解　清同治七年(1868)金陵書局刻十三經讀本本　二冊

340000－1841－0000326　601640

春秋穀梁傳音訓不分卷　（清）楊國楨輯　清刻本　二冊

340000－1841－0000327　601641

春秋穀梁注疏二十卷附校勘記二十卷　（晉）范寧集解　（唐）楊士勛疏　（唐）陸德明音義　（清）阮元撰校勘記　清同治十年(1871)湖南長沙尊經閣刻本　五冊

340000－1841－0000328　601642

春秋穀梁傳十二卷　（晉）范寧集解　（唐）陸德明音義　清光緒十二年(1886)湖北官書處刻本　四冊

340000－1841－0000329　601643

春秋公羊傳音訓不分卷　（清）楊國楨輯　清末刻本　二冊

340000－1841－0000330　601644

春秋公羊傳音訓不分卷　（清）楊國楨輯　清末刻本　二冊

340000－1841－0000331　601645

春秋穀梁傳音訓一卷　（清）楊國楨輯　清末刻本　二冊

340000－1841－0000332　601646

春秋左傳注疏六十卷　（晉）杜預注　（唐）陸德明音義　（唐）孔穎達疏　清同治十年(1871)湖南長沙尊經閣刻本　十八冊

340000－1841－0000333　601647

春秋左傳注疏校勘記六十卷　（清）阮元撰　清同治十年(1871)湖南尊經閣刻本　六冊

340000－1841－0000334　601648

春秋公羊注疏二十八卷　（漢）何休撰　（唐）陸德明音義　（唐）徐彥疏　**校勘記二十八卷**　（清）阮元撰　清同治十年(1871)湖南尊經閣刻本　十冊

340000－1841－0000335　601650

四書經注集證十九卷　（清）吳昌宗撰　清嘉慶二十二年(1817)江都汪氏刻本　二十四冊

340000－1841－0000336　601651

孝經注疏九卷正義一卷音義一卷　（唐）玄宗李隆基注　（宋）邢昺疏　（唐）陸德明音義　**孝經注疏校勘記九卷**　（清）阮元撰　**論語注疏解經二十卷正義一卷音義一卷**　（北魏）何晏集解　（宋）邢昺疏　（唐）陸德明音義　**論語注疏校勘記二十卷**　（清）阮元撰　清同治十年(1871)湖南尊經閣刻十三經注疏附校勘記本　六冊　存四十八卷(孝經注疏一至九、正義一、音義一,孝經注疏校勘記一至九,論語注疏解經六至二十、正義一、音義一,論語注疏校勘記十至二十)

340000－1841－0000337　601653

孟子注疏解經十四卷　（漢）趙岐注　（宋）孫奭疏　**孟子音義二卷**　（宋）孫奭撰　**孟子注疏校勘記十四卷**　（清）阮元撰　清同治十年(1871)湖南尊經閣刻十三經注疏附校勘記本　八冊

340000－1841－0000338　601659

孟子注疏十四卷附校勘記　（漢）趙岐注　（清）阮元審定　（清）盧宣旬校　清嘉慶二十年(1815)南昌府學刻重刊宋本十三經注疏附校勘記本　八冊

340000－1841－0000339　601660

四書述要十九卷　（清）楊玉緒等撰　清道光二十一年(1841)大文堂刻本　六冊

340000－1841－0000340　601661

銅板四書合講十九卷附人物考四卷　（宋）朱熹集注　清同治九年(1870)海陵軒刻本　六冊

340000－1841－0000341　601662

新訂四書補註備旨十卷　（清）鄧林著　（清）祁文友重校　（清）杜定基增訂　（清）杜煜編次　清乾隆四十四年(1779)至嘉慶間芸香閣刻本　六冊

340000－1841－0000342　601663

四書合纂大成不分卷　（清）沈祖燕輯　清光緒十九年（1893）上海鴻寶齋石印本　十冊

340000－1841－0000343　601664

四書味根錄三十八卷　（清）金澂輯　清光緒十五年（1889）上海鴻寶齋石印本　六冊

340000－1841－0000344　601665

合纂四書大全審問錄二十九卷　（清）胡備五（清）胡聖基訂　清雍正八年（1730）振秀堂刻本　十冊

340000－1841－0000345　601666

鄉黨圖考十卷首一卷　（清）江永著　清乾隆五十二年（1787）致和堂刻本　四冊

340000－1841－0000346　601666－1

鄉黨圖考十卷　（清）江永撰　清乾隆五十二年（1787）刻本　五冊

340000－1841－0000347　601667

佩文韻府拾遺一百六卷　（清）張廷玉等校勘（清）汪灝等纂修　清光緒十二年（1886）上海同文書局石印本　八冊

340000－1841－0000348　601729

高原蒙求不分卷　（清）徐朝俊等纂　清嘉慶二十年（1815）刻本　二冊

340000－1841－0000349　601730

尚書注疏十九卷　（漢）孔安國傳　（唐）陸德明音義　（唐）孔穎達疏　（清）鍾謙鈞校　清同治十年（1871）刻本　九冊

340000－1841－0000350　601731

毛詩注疏三十卷　（漢）鄭玄箋　（唐）陸德明音義　（唐）孔穎達疏　清同治十年（1871）刻本　十九冊

340000－1841－0000351　601732

周禮注疏四十二卷　（漢）鄭玄注　（唐）陸德明音義　（唐）賈公彥疏　（清）鍾謙鈞校　清同治十年（1871）刻本　十六冊

340000－1841－0000352　601733

禮記注疏六十三卷　（漢）鄭玄注　（唐）陸德明音義　（唐）孔穎達疏　（清）鍾謙鈞校　清

同治十年（1871）刻本　二十三冊　存五十九卷（一至五、八至十一、十四至六十三）

340000－1841－0000353　601734

儀禮注疏十七卷　（漢）鄭玄注　（唐）陸德明音義　（唐）賈公彥疏　（清）鍾謙鈞校　清同治十年（1871）刻本　十三冊

340000－1841－0000354　601735

春秋公羊傳注疏二十八卷　（漢）何休撰（唐）陸德明音義　（清）鍾謙鈞校　清同治十年（1871）刻本　十五冊

340000－1841－0000355　601736

春秋左傳注疏六十卷首一卷末一卷　（晉）杜預撰　（唐）陸德明音義　清同治十年（1871）湖南巴陵鍾謙鈞刻本　二十七冊

340000－1841－0000356　601737

論語注疏二十卷附考證　（北魏）何晏集解（宋）邢昺疏　（唐）陸德明音義　（清）鍾謙鈞校　清同治十年（1871）刻武英殿十三經注疏附考證本　四冊

340000－1841－0000357　601738

孟子註疏十四卷附考證　（漢）趙歧注　（宋）孫奭音義並疏　（清）鍾謙鈞校　清同治十年（1871）刻武英殿十三經注疏附考證本　九冊

340000－1841－0000358　601739

孝經注疏九卷附考證　（唐）玄宗李隆基注（宋）邢昺疏　（唐）陸德明音義　（清）鍾謙鈞校　清同治十年（1871）廣東書局刻重刊宋本十三經注疏附校勘記本　二冊

340000－1841－0000359　601740

康熙字典十二集三十六卷總目一卷檢字一卷辨似一卷等韻一卷備考一卷補遺一卷　（清）張玉書等編　清道光七年（1827）刻本　二十八冊

340000－1841－0000360　601742

四書典制類聯音註三十三卷　（清）閻其淵輯　清嘉慶元年（1796）刻本　四冊

340000－1841－0000361　601745

御纂七經二百九十四卷 （清）李光地等撰
清同治至光緒煥文書局石印本 二十五冊
存二百三十六卷（欽定書經傳說彙纂二十四
卷，欽定春秋傳說彙纂四十卷，欽定周官義疏
四十九卷，欽定儀禮義疏五十卷，欽定禮記義
疏一至七十二、首一卷）

340000－1841－0000362 601747
銅板五經備旨九十六卷 （清）鄒聖脈輯 清
乾隆二十八年(1763)紫文閣刻本 二十四冊

340000－1841－0000363 601749
爾雅注疏十一卷 （晉）郭璞注 （宋）邢昺疏
明崇禎元年(1628)古虞毛氏刻本 四冊

340000－1841－0000364 601784
爾雅注疏十一卷 （晉）郭璞注 （宋）邢昺疏
爾雅音義二卷 （唐）陸德明撰 爾雅注疏
校勘記十卷 （清）阮元撰 清同治十年
(1871)湖南長沙尊經閣刻本 六冊

340000－1841－0000365 601849
論孟發隱二卷 （清）楊文會注 清同治至宣
統金陵刻經處刻本 一冊

340000－1841－0000366 601850
夏小正四卷 （清）王貞篯 （清）汪昌言
(清)汪昌蓮校 清同治十一年(1872)百本書
齋刻本 一冊

340000－1841－0000367 601908
皇朝五經彙解二百七十卷 題(清)抉經心室
主人纂 清光緒十四年(1888)上海鴻文書局
石印本 二十九冊 存二百四十三卷(一至
一百十七、一百四十五至二百七十)

340000－1841－0000368 602211
古籀餘論三卷 （清）孫詒讓撰 （清）張揚校
訂 （清）陳準覆校 清光緒二十九年(1903)
籀經樓刻本 二冊

340000－1841－0000369 602213
說文古籀補十四卷附說文古籀補附錄一卷
(清)吳大澂撰 清光緒二十一年(1895)刻本
四冊

340000－1841－0000370 602215
說文解字十五卷 （漢）許慎撰 （清）徐鉉校
清嘉慶十二年(1807)藤花榭刻本 四冊

340000－1841－0000371 602216
雷刻四種二十一卷 （清）雷浚撰 清光緒十
年(1884)吳縣雷氏刻本 六冊

340000－1841－0000372 602217
苗氏說文四種四十六卷 （清）苗夔撰 清道
光至咸豐壽陽祁氏漢磚亭刻本 八冊

340000－1841－0000373 602218
汲古閣說文訂一卷 （清）段玉裁撰 清同治
十一年(1872)湖北崇文書局刻本 一冊

340000－1841－0000374 602220
說文解字繫傳四十卷附錄一卷 （五代）徐鍇
撰 清乾隆四十七年(1782)新安古歙汪啟淑
刻本 八冊

340000－1841－0000375 602222
說文學稿本十四卷首一卷許氏說文部首原目
六卷末二卷 （漢）許慎撰 （宋）徐鉉校 清
陽湖蔣銘鏞抄本 十七冊

340000－1841－0000376 602223
經籍纂詁一百六卷首一卷附補遺一百六卷
(清)阮元撰 清光緒六年(1880)淮南書局刻
本 四十四冊

340000－1841－0000377 602226
說文通訓定聲十八卷柬韻一卷 （清）朱駿聲
紀錄 （清）朱鏡蓉參訂 說雅十九篇 （清）
朱駿聲紀錄 古今韻準一卷 （清）朱駿聲訂
行述一卷 （清）朱孔彰述 清同治九年
(1870)臨嘯閣刻本 二十冊

340000－1841－0000378 602227
說文通訓定聲十八卷柬韻一卷 （清）朱駿聲
紀錄 （清）朱鏡蓉參訂 說雅十九篇 （清）
朱駿聲紀錄 古今韻準一卷 （清）朱駿聲訂
行述一卷 （清）朱孔彰述 清同治九年
(1870)臨嘯閣刻本 十四冊

340000－1841－0000379 602228

說文辨字正俗八卷　（清）李富孫撰　清嘉慶
二十三年(1818)李氏校經廎刻本　二冊

340000－1841－0000380　602229
說文解字十五卷　（漢）許慎撰　（宋）徐鉉校
定　清道光六年(1826)刻本　十冊

340000－1841－0000381　602230
說文解字十五卷　（漢）許慎撰　（宋）徐鉉校
定　清道光六年(1826)刻本　十冊

340000－1841－0000382　602231
說文聲系十四卷　（清）姚文田撰　清嘉慶九
年(1804)刻本　二冊

340000－1841－0000383　602232
說文聲讀表七卷　（清）苗夔撰　（清）楊調元
校勘　清同治至光緒山東福山王氏刻天壤閣
叢書本　七冊

340000－1841－0000384　602233
許學叢書六十三卷　（清）張炳翔輯　清光緒
長洲張氏儀鄭廬刻本　二十四冊

340000－1841－0000385　602234
說文解字句讀三十卷　（清）王筠撰　（清）孫
玊山校　（清）鄭晉泰校　清咸豐九年(1859)
刻本　十四冊　存二十二卷(九至三十)

340000－1841－0000386　602235
說文新附考六卷續考一卷　（清）鈕樹玉撰
清同治十三年(1874)湖北崇文書局刻本
一冊

340000－1841－0000387　602236
說文新附考六卷續考一卷　（清）鈕樹玉撰
清同治十三年(1874)湖北崇文書局刻本
一冊

340000－1841－0000388　602238
說文校議十五卷　（清）姚文田撰　（清）嚴可
均撰　清同治十三年(1874)歸安姚氏刻本
一冊

340000－1841－0000389　602239
說文發疑六卷　（清）張行孚撰　清光緒九年
(1883)常熟鮑氏刻後知不足齋叢書本　一冊

340000－1841－0000390　602242
御纂周易折中二十二卷　（清）李光地等撰
清康熙五十四年(1715)刻本　十六冊

340000－1841－0000391　602243
欽定詩經傳說彙纂二十一卷首二卷詩序二卷
　（清）王鴻緒等纂　清雍正五年(1727)大字
刻本　十六冊

340000－1841－0000392　602244
周禮輯義十二卷　（清）姜兆錫輯　清雍正九
年(1731)姜氏寅清樓刻九經補注本　六冊

340000－1841－0000393　602245
欽定周官義疏四十八卷首一卷　（清）鄂爾泰
　（清）張廷玉等纂修　清乾隆十九年(1754)
武英殿刻本　三十二冊

340000－1841－0000394　602246
欽定周官義疏四十八卷首一卷　（清）鄂爾泰
　（清）張廷玉等纂修　清同治七年(1868)李
瀚章刻本　二十四冊

340000－1841－0000395　602247
重刊宋本十三經注疏附校勘記三百四十七卷
　（唐）孔穎達疏　清同治十年(1871)廣東書
局刻本　一百二十冊

340000－1841－0000396　602248
十三經注疏四百十六卷　（唐）孔穎達疏
(唐)陸德明音義　附校勘記四百二十卷
(清)阮元撰　（清）盧宣旬摘錄　清光緒十三
年(1887)上海脈望仙館石印本　十冊

340000－1841－0000397　602249
十三經注疏四百十六卷　（唐）孔穎達疏
(唐)陸德明音義　附校勘記四百二十卷
(清)阮元撰　（清）盧宣旬摘錄　清光緒十三
年(1887)上海脈望仙館石印本　三十二冊

340000－1841－0000398　602250
十三經注疏四百十六卷　（唐）孔穎達疏
(唐)陸德明音義　附校勘記四百二十卷
(清)阮元撰　（清）盧宣旬摘錄　清光緒十三
年(1887)上海脈望仙館石印本　三十二冊

340000－1841－0000399　602251

十三經注疏四百十六卷　（唐）孔穎達疏
（唐）陸德明音義　附校勘記四百二十卷
（清）阮元撰　（清）盧宣旬摘錄　清光緒十三
年(1887)上海脈望仙館石印本　三十二冊

340000－1841－0000400　602252

十三經注疏四百十六卷　（唐）孔穎達疏
（唐）陸德明音義　附校勘記四百二十卷
（清）阮元撰　（清）盧宣旬摘錄　清光緒十三
年(1887)上海脈望仙館石印本　三十二冊

340000－1841－0000401　602253

十三經注疏四百十六卷　（唐）孔穎達疏
（唐）陸德明音義　附校勘記四百二十卷
（清）阮元撰　（清）盧宣旬摘錄　清光緒十三
年(1887)上海脈望仙館石印本　三十二冊

340000－1841－0000402　602254

十三經注疏四百十六卷　（唐）孔穎達疏
（唐）陸德明音義　附校勘記四百二十卷
（清）阮元撰　（清）盧宣旬摘錄　清光緒十三
年(1887)上海脈望仙館石印本　三十二冊

340000－1841－0000403　602256

五經文府不分卷　（清）同文書局選編　清光
緒十四年(1888)同文書局石印本　十九冊

340000－1841－0000404　602258

雪樵經解三十卷附錄三卷　（清）馮世瀛輯
清光緒八年(1882)刻本　三十二冊

340000－1841－0000405　602260

經籍纂詁一百六卷首一卷附補遺一百六卷
（清）阮元撰　清光緒六年(1880)淮南書局刻
本　四十八冊

340000－1841－0000406　602261

汗簡七卷　（宋）郭忠恕撰　清康熙四十二年
(1703)汪立名一隅草堂刻本　三冊

340000－1841－0000407　602262

汗簡七卷目錄一卷　（宋）郭忠恕撰　（清）鄭
珍箋　（清）徐紹棨彙編　清光緒十五年
(1889)廣東廣雅書局刻民國九年(1920)番禺
徐紹棨彙編重印廣雅書局叢書本　四冊

340000－1841－0000408　602263

汗簡箋正七卷書目箋正一卷目錄一卷　（宋）
郭忠恕撰　（清）鄭珍箋正　（清）徐紹棨彙編
清光緒十五年(1889)廣東廣雅書局刻民國
九年(1920)番禺徐紹棨彙編重印廣雅書局叢
書本　四冊

340000－1841－0000409　602264

汗簡七卷　（宋）郭忠恕撰　清康熙四十二年
(1703)汪立名一隅草堂刻本　三冊

340000－1841－0000410　602265

字典考證三十六卷　（清）奕繪等編　清光緒
二年(1876)湖北崇文書局刻本　六冊

340000－1841－0000411　602266

康熙字典四十二卷　（清）張玉書等編　清康
熙五十五年(1716)武英殿刻本　四十冊

340000－1841－0000412　602268

類篇十五卷　（宋）司馬光撰　清康熙四十五
年(1706)揚州使院刻本　十四冊

340000－1841－0000413　602269

六書通十卷　（清）畢宏述篆訂　（清）閔章
（清）程昌煒校　清光緒十九年(1893)上海校
經山房石印本　五冊

340000－1841－0000414　602276

六書分類十二卷辨疑一卷　（清）傅世垚撰
清康熙四十四年(1705)聽松閣刻本　十三冊

340000－1841－0000415　602277

康熙字典十二集三十六卷總目一卷檢字一卷
辨似一卷等韻一卷備考一卷補遺一卷　（清）
張玉書等編　清道光元年(1821)湖北崇文書
局刻本　四十冊

340000－1841－0000416　602278

六書通十卷　（清）畢宏述篆訂　（清）閔章
（清）程昌煒校　清乾隆六十年(1795)刻本
五冊

340000－1841－0000417　602279

六書分類十二卷首一卷　（清）傅世垚撰　清
乾隆五十四年(1789)維隅堂刻本　十三冊

340000－1841－0000418　602280

六書分類十二卷辨疑一卷　（清）傅世垚撰
清嘉慶元年(1796)聽松閣刻本　十四冊

340000－1841－0000419　602281

六書正譌五卷　（元）周伯琦撰　（明）胡正言
訂篆　明崇禎七年(1634)胡正言十竹齋刻本
五冊

340000－1841－0000420　602290

說文解字音均表十七卷首一卷　（清）江沅著
清光緒十四年(1888)江陰南菁書院刻本
十冊

340000－1841－0000421　602291

音韻正譌四卷　（明）孫耀輯　（明）吳思本訂
明崇禎十七年(1644)掃葉山房刻本　二冊

340000－1841－0000422　602292

音韻正譌四卷　（明）孫耀輯　（明）吳思本考
訂　明崇禎十七年(1644)刻本　一冊

340000－1841－0000423　602296

說文分韻易知錄五卷筆畫表一卷說文重文標
目五卷　（清）許巽行撰　清光緒五年(1879)
杭州任有容齋刻本　十冊

340000－1841－0000424　602297

續復古編四卷　（元）曹本撰　清光緒十三年
(1887)歸安姚氏咫進齋刻邃雅堂全書本
四冊

340000－1841－0000425　602299

十三經字音釋略五卷　（清）周德瑛集注　清
道光二十六年(1846)江西南昌一心堂刻本
六冊

340000－1841－0000426　602300

聽古廬聲學十書四卷　（清）時庸勱撰　清光
緒十八年(1892)河南星使北臺刻本　四冊

340000－1841－0000427　602301

六書系韻二十四卷首一卷檢字二卷　（清）李
貞編輯　清光緒十六年(1890)刻本　二十
六冊

340000－1841－0000428　602304

音韻闡微十八卷韻譜一卷　（清）李光地等編
纂　清光緒七年(1881)淮南書局刻本　五冊

340000－1841－0000429　602305

增廣英字指南六卷　（清）楊勛撰　清光緒二
十五年(1899)上海商務印書館鉛印本　六冊

340000－1841－0000430　602306

英字指南六卷　（清）楊勛撰　清光緒五年
(1879)求志草堂石印本　六冊

340000－1841－0000431　602318

聽古廬聲學十書四卷　（清）時庸勱撰　清光
緒十八年(1892)河南星使行臺刻本　四冊

340000－1841－0000432　602329

御纂七經二百九十四卷　（清）李光地等纂
清光緒十四年(1888)上海鴻文書局石印本
二十四冊

340000－1841－0000433　602330

御纂七經二百九十四卷　（清）李光地等撰
清光緒十四年(1888)上海鴻文書局石印本
二十四冊

340000－1841－0000434　602331

書集傳六卷　（宋）蔡沈撰　清光緒二十五年
(1899)常州刻本　四冊

340000－1841－0000435　602332

學詩堂經解二十卷　（清）李宗棠纂輯　清宣
統三年(1911)鉛印本　八冊

340000－1841－0000436　602333

五經圖十二卷　（明）盧謙繪　（清）楊恢基訂
正　（明）王圻編　清雍正二年(1724)金陵刻
本　六冊

340000－1841－0000437　602335

篆文六經四書六十三卷　（清）李光地總閱
（清）張照　（清）薄海奉校　清康熙內府刻本
十六冊

340000－1841－0000438　602336

欽定書經傳說彙纂二十一卷首二卷書序一卷
（清）王頊齡等撰　清雍正八年(1730)內府
刻本　十六冊

340000－1841－0000439　602337

欽定春秋傳說彙纂三十八卷首二卷　（清）王
掞等撰　清康熙六十年（1721）仿武英殿刻本
二十冊

340000－1841－0000440　602338

禮記集說十卷　（元）陳澔撰　清光緒十九年
（1893）浙江書局刻本　十冊

340000－1841－0000441　602341

稽古日鈔八卷　（清）張玉川　（清）郁澄齋等
編　清乾隆二十九年（1764）秋曉山房刻本
四冊

340000－1841－0000442　602346

十一經音訓二十六卷　（清）楊國楨撰　清光
緒三年（1877）湖北崇文書局刻本　二十六冊

340000－1841－0000443　602347

四書左國輯要二卷　（清）周龍官輯　（清）王
楫校　清乾隆二十三年（1758）刻本　二冊

340000－1841－0000444　602348

七經孟子考文併補遺二百卷　（日本）山井鼎
輯　（日本）物觀補遺　（日本）石之清　（日
本）平義質　（日本）木晟校　清嘉慶二年
（1797）儀徵阮氏小瑯嬛僊館刻本　二十冊

340000－1841－0000445　602349

六經圖考不分卷　（宋）楊甲撰　（宋）毛邦翰
補　清康熙六十一年（1722）禮耕堂刻本
六冊

340000－1841－0000446　602351

**十三經客難五十五卷黃淮安瀾編二卷經學策
一卷史學策一卷畏齋文集四卷**　（清）龔元玠
撰　（清）龔世暹　（清）龔世昕　（清）黎立
基校　清嘉慶二十三年至道光二十六年
（1818－1846）江西刻本　二十二冊

340000－1841－0000447　602352

古微書三十六卷　（明）孫瑴撰　清嘉慶十七
年（1812）禹航陳世望對山問月樓刻本　六冊

340000－1841－0000448　602353

相臺書塾刊正九經三傳沿革例一卷　（宋）岳

珂撰　清光緒三年（1877）湖北崇文書局刻本
一冊

340000－1841－0000449　602354

經學通論五卷　（清）皮錫瑞撰　清光緒三十
三年（1907）思賢書局刻本　五冊

340000－1841－0000450　602355

經學文鈔十五卷首三卷　（清）梁鼎芬撰集
（清）曹元弼校補　清宣統江蘇存古學堂木活
字印本　二十三冊

340000－1841－0000451　602356

經典釋文三十卷　（唐）陸德明撰　清同治刻
本　十五冊

340000－1841－0000452　602387

四經精華三十卷　（清）薛嘉穎撰　清道光至
同治姑蘇步月樓刻本　十八冊

340000－1841－0000453　602388

十一經初學讀本一百六卷　（清）萬廷蘭編
清光緒二年（1876）四川學院衙門刻本　二
十冊

340000－1841－0000454　602390

十三經注疏二百四十五卷附校勘記　（清）阮
元撰　清嘉慶十三年（1808）揚州阮氏文選樓
刻本　四十八冊

340000－1841－0000455　602393

新鐫經苑二十五種二百五十一卷　（清）錢儀
吉輯　（清）張日晸　（清）蕭時馥校　清同治
七年（1868）刻本　七十七冊

340000－1841－0000456　602420

重刊宋本十三經注疏附校勘記　（清）阮元撰
（清）盧宣旬摘錄　清嘉慶二十年（1815）南
昌府學刻重刊宋本十三經注疏附校勘記本
一百冊　存五百八十二卷（周易兼義七至八、
校勘記七至八，尚書注疏一至二十、校勘記一
至二十，毛詩注疏一至七十、校勘記一至七
十，儀禮注疏一至五十、校勘記一至五十，禮
記注疏一至六十三、校勘記一至六十三，春秋
左傳注疏一至六十、校勘記一至六十，春秋穀
梁注疏五至二十、校勘記五至二十，爾雅注疏

一至十、校勘記一至十）

340000 - 1841 - 0000457　602421

御定仿宋相臺岳氏本五經九十六卷附考證
(宋)岳珂編　清嘉慶二年(1797)刻本　四十冊

340000 - 1841 - 0000458　602424

通志堂經解一百三十九種一千八百十一卷
(清)納蘭成德輯　清康熙十九年(1680)通志堂刻大字本　四百九十五冊

340000 - 1841 - 0000459　602425

皇清經解一千四百八卷　(清)嚴傑輯　清光緒十二年(1886)上海點石齋石印本　二十四冊　存一百九十卷(一至一百九十)

340000 - 1841 - 0000460　602426

皇清經解一千四百八卷　(清)嚴傑輯　清光緒十三年(1887)上海書局石印本　六十四冊

340000 - 1841 - 0000461　602427

皇清經解續編一千四百三十卷　王先謙輯　清光緒十五年(1889)上海蜚英書局石印本　三十二冊

340000 - 1841 - 0000462　602428

皇清經解續編一千四百三十卷　王先謙輯　清光緒十五年(1889)上海蜚英書局石印本　二十七冊　存一百八十四卷(一至七十六、八十七至一百四十三、一百五十九至二百九)

340000 - 1841 - 0000463　602429

皇清經解續編一千四百三十卷　王先謙輯　清光緒十四年(1888)江陰南菁書院刻本　九冊　存三十八卷(一百五十九至一百六十四、一千二百七十七至一千三百八)

340000 - 1841 - 0000464　602430

皇清經解續編一千四百八卷首一卷　(清)嚴傑輯　清道光九年(1829)廣東學海堂刻咸豐十年(1860)補刻本　三百二十冊

340000 - 1841 - 0000465　602431

古經解匯函二十三種一百三十卷附小學匯函十四種一百五十三卷　(清)鍾謙鈞輯　清同

治十二年(1873)廣州粵東書局刻本　一百三冊

340000 - 1841 - 0000466　602432

小學匯函一百五十三卷　(清)鍾謙鈞輯　清同治十二年(1873)廣州粵東書局刻本　三十三冊　存一百三卷(一至一百三)

340000 - 1841 - 0000467　602433

古經解匯函二十三種一百三十卷附小學匯函十四種一百五十三卷　(清)鍾謙鈞等輯　清光緒十五年(1889)湖南書局刻本　六十四冊

340000 - 1841 - 0000468　602434

古經解匯函二十三種一百三十卷附小學匯函十四種一百五十三卷　(清)鍾謙鈞等輯　清同治十二年(1873)廣州粵東書局刻本　三十冊

340000 - 1841 - 0000469　602435

古經解匯函二十三種一百三十卷附小學匯函十四種一百五十三卷　(清)鍾謙鈞輯　清同治十二年(1873)廣州粵東書局刻本　八十冊

340000 - 1841 - 0000470　602447

古音諧八卷首一卷　(清)姚文田輯　清道光二十五年(1845)歸安姚氏刻邃雅堂全書本　六冊

340000 - 1841 - 0000471　602448

說文韻譜校五卷　(清)王筠撰　(清)姚覲元校　清光緒九年(1883)歸安姚氏咫進齋刻咫進齋叢書本　四冊

340000 - 1841 - 0000472　602449

切音捷訣一卷幼學切音便讀一卷　(清)酈珩輯　清光緒六年(1880)諸暨撫古堂刻本　一冊

340000 - 1841 - 0000473　602452

韻府古篆彙選五卷　(清)陳策輯　清康熙三十六年(1697)柳枝軒刻本　五冊

340000 - 1841 - 0000474　602453

說文聲訂二十八卷　(清)苗夔撰　清道光二十一年(1841)壽陽祁氏漢專亭刻苗氏說文四

種本　二冊

340000 – 1841 – 0000475　602454

韻辨附文五卷　（清）沈兆霖撰　清同治十二年(1873)東川書院刻本　五冊

340000 – 1841 – 0000476　602456

理董軒增廣金石韻府五卷附玉篇字略　（明）朱時望編纂　（清）尚葵廣輯　（清）李根校正　（清）張鳳藻增訂　（清）周亮工鑒定　清咸豐七年(1857)巴郡理董軒張氏刻本　五冊

340000 – 1841 – 0000477　602462

音學五書三十八卷　（清）顧炎武撰　清光緒十一年(1885)四明觀稼樓刻本　十二冊

340000 – 1841 – 0000478　602463

小學類編三十六卷　（清）李祖望輯　清咸豐元年至二年(1851 – 1852)江都李氏半畝園刻本　八冊

340000 – 1841 – 0000479　602467

李氏音鑑六卷　（清）李汝珍撰　清光緒十四年(1888)埽業山房刻本　四冊

340000 – 1841 – 0000480　602468

李氏音鑑六卷　（清）李汝珍撰　清同治七年(1868)木樨山房刻本　四冊

340000 – 1841 – 0000481　602470

佩文韻篆六卷　（清）張家慶輯　（清）陸堯春校　清嘉慶二年(1797)澤經堂刻本　四冊

340000 – 1841 – 0000482　602474

聲類四卷　（清）錢大昕撰　清道光五年(1825)刻本　四冊

340000 – 1841 – 0000483　602475

經傳釋詞十卷　（清）王引之撰　清道光二十七年(1847)掃垢山民刻本　二冊

340000 – 1841 – 0000484　602478

字課圖說四卷附檢字一卷類字一卷刊誤一卷　（清）劉樹屏輯　（清）吳子城繪畫　清光緒二十七年(1901)上海澄衷蒙學堂石印本　八冊

340000 – 1841 – 0000485　602479

名原二卷　（清）孫詒讓著　清刻本　一冊

340000 – 1841 – 0000486　602480

篆書大字說文十四卷　（清）何嗣焜手鈔　清光緒八年(1882)武進何嗣焜保陽手抄本　四冊

340000 – 1841 – 0000487　602482

楷法溯源十四卷目錄一卷　（清）潘存輯　（清）楊守敬編　（清）饒敦秩等校　清光緒三年至四年(1877 – 1878)刻本　十四冊

340000 – 1841 – 0000488　602483

隸篇十五卷續十五卷再續十五卷　（清）翟雲升輯　清道光十七年(1837)刻本　十冊

340000 – 1841 – 0000489　602484

五方元音二卷　（清）樊騰鳳撰　（清）年希堯補　清光緒八年(1882)上海掃葉山房刻本　二冊

340000 – 1841 – 0000490　602490

古籀拾遺三卷附宋政和禮器考一卷　（清）孫詒讓撰　清光緒十四年(1888)溫州周璪刻本　二冊

340000 – 1841 – 0000491　602492

唐寫本唐韻不分卷　（唐）孫愐訂正　清光緒三十四年(1908)上海國粹學報館影印本　一冊

340000 – 1841 – 0000492　602493

唐寫本唐韻不分卷　（唐）孫愐訂正　清光緒三十四年(1908)上海國粹學報館影印本　一冊

340000 – 1841 – 0000493　602494

草韻彙編二十六卷　（清）陶南望輯　（清）侯昌言　（清）葉達　（清）葉錦校　清乾隆十九年(1754)南邨草堂刻本　十冊

340000 – 1841 – 0000494　602496

附釋文互注禮部韻略五卷　（□）□□撰　清光緒二年(1876)歸安姚覲元川東館舍刻姚氏叢刻本　五冊

340000 – 1841 – 0000495　602497

詩韻釋音五卷 （清）陳錦輯 （清）錢文蔚校
清光緒十三年(1887)橘蔭軒刻本 二冊

340000－1841－0000496 602499
集韻十卷 （宋）丁度等撰 清嘉慶十九年
(1814)刻本 十冊

340000－1841－0000497 602623
十一經音訓二十六卷 （清）楊國楨纂 清道
光十一年(1831)大梁書院刻本 二十六冊

340000－1841－0000498 602624
繆篆分韻五卷補一卷 （清）桂馥編 清嘉慶
元年(1796)山東曲阜刻本 五冊

340000－1841－0000499 602625
大廣益會玉篇三十卷 （南朝梁）顧野王撰
（唐）孫強增字 清康熙四十三年(1704)澤存
堂刻本 三冊

340000－1841－0000500 602626
大廣益會玉篇三十卷 （南朝梁）顧野王撰
（唐）孫強增字 大宋重修廣韻五卷 （唐）陸
法言撰 （唐）長孫訥言箋注 （唐）劉臻等撰
集 （唐）關亮等增字 玉篇校刊記一卷廣韻
校刊記一卷 （清）鄧顯鶴撰 清道光三十年
(1850)新化鄧氏邵州東山精舍摹刻本 三冊

340000－1841－0000501 602627
經韻集字析解二卷附拾遺一卷附編一卷補遺
一卷 （清）熊守謙參訂 （清）彭良敞集注
（清）彭邦培校錄 （清）彭邦進 （清）彭慶
恬校對 清道光二年(1822)天津分司署刻本
二冊

340000－1841－0000502 602628
釋名四卷 （漢）劉熙著 清乾隆至嘉慶刻本
一冊

340000－1841－0000503 602629
大宋重修廣韻五卷 （宋）陳彭年等撰 清康
熙四十三年(1704)澤存堂刻本 五冊

340000－1841－0000504 602630
古今韻略五卷 （清）邵長蘅纂 （清）宋至校
清康熙三十五年(1696)刻本 五冊

340000－1841－0000505 602632
庚癸原音兩卷 （清）繆闓撰 （清）繆曾恩
（清）繆建恩校 清同治五年(1866)蕪湖繆氏
刻本 一冊

340000－1841－0000506 602633
唐寫本唐韻不分卷 （唐）孫愐訂正 清光緒
三十四年(1908)上海國粹學報館影印本
一冊

340000－1841－0000507 602634
漢隸字源五卷碑目一卷 （宋）婁機撰 清光
緒三年(1877)川東官舍刻本 六冊

340000－1841－0000508 602639
字林七卷首一卷 （晉）呂忱撰 （清）任大椿
改逸 （清）任兆麟補正 （清）曾釗校增 清
嘉慶二十四年(1819)曾氏面城樓刻本 二冊

340000－1841－0000509 602643
復古編二卷校正一卷附錄一卷 （宋）張有撰
安陸集一卷 （宋）張先撰 清乾隆四十六
年(1781)安邑葛鳴陽刻本 六冊

340000－1841－0000510 602645
隸辨八卷 （清）顧藹吉撰 清乾隆八年
(1743)黃晟刻本 十冊

340000－1841－0000511 602647
漢學諧聲二十四卷附說文補考一卷又考一卷
（清）戚學標撰 清嘉慶刻本 八冊

340000－1841－0000512 602652
詩經繹參四卷 （清）鄧翔巢撰 清同治六年
(1867)廣州林記書莊刻本 三冊 存三卷
(一至三)

340000－1841－0000513 602653
詩經繹參四卷 （清）鄧翔巢撰 清同治六年
(1867)孔氏刻本 一冊 存一卷(一)

340000－1841－0000514 602654
詩經繹參四卷 （清）鄧翔巢撰 清同治六年
(1867)孔氏刻本 四冊

340000－1841－0000515 602655
詩經繹參四卷 （清）鄧翔巢撰 清同治六年

(1867)孔氏刻本　　四冊

340000－1841－0000516　602657
禮記子思子言鄭注補正四卷　（清）簡朝亮撰
清末廣東順德讀書堂刻本　　四冊

340000－1841－0000517　602660
佩文韻府一百六卷　（清）張玉書等彙閱
（清）蔡升元等纂修兼校勘　（清）孫致彌等纂
修　（清）汪士鋐等校勘　（清）鄭為龍等校錄
　（清）趙昌等監造　**韻府拾遺一百六卷**
（清）張廷玉等校勘　（清）汪灝等纂修　清光
緒十八年(1892)上海同文書局石印本　五十
八冊　缺四卷(佩文韻府一至四)

340000－1841－0000518　602661
讀書堂答問一卷　（清）簡朝亮撰　（清）張子
沂輯　清光緒至民國刻本　　二冊

340000－1841－0000519　602662
論語集注補正述疏十卷讀書堂答問一卷
（宋）朱熹集注　（清）簡朝亮述疏　清光緒至
民國刻本　　十七冊

340000－1841－0000520　602663
經典釋文三十卷　（唐）陸德明撰　（清）高學
耀初校　（清）譚宗浚覆校　（清）廖廷相再覆
校　清同治十年(1871)粵秀山文瀾閣刻本
十二冊

340000－1841－0000521　602814
摭古遺文五卷增一卷　（明）李登輯　（明）姚
履旋增修　清宣統三年(1911)手抄本　　二冊

340000－1841－0000522　602829
周官指掌五卷　（清）莊有可著　清道光九年
(1829)刻本　一冊　存二卷(一至二)

340000－1841－0000523　602949
毛詩通考三十卷鄉賢錄一卷　（清）林伯桐撰
　（清）林世懋　（清）金錫齡校　清道光二十
四年(1844)修本堂叢書林氏刻本　　二冊

340000－1841－0000524　602950
毛詩識小三十卷　（清）林伯桐撰　（清）林世
懋　（清）金錫齡校　清道光二十四年(1844)

林世懋刻修本堂叢書本　　二冊

340000－1841－0000525　602972
毛詩傳箋通釋三十二卷　（清）馬瑞辰撰　清
光緒十四年(1888)廣雅書局刻本　　十二冊

340000－1841－0000526　603682
春秋大事表五十卷春秋輿圖一卷附錄一卷
（清）顧棟高輯　（清）吳光裕等參訂　清同治
十二年(1873)山東尚志堂刻本　　二十冊

340000－1841－0000527　604069
易經詮義十五卷　（清）汪烜集　（清）李承超
重訂　清同治十二年(1873)常郡曲水書局木
活字安徽獻書本　　十五冊

340000－1841－0000528　604312
洪武正韻十六卷　（明）樂韶鳳　（明）宋濂撰
　明刻本　　五冊

340000－1841－0000529　604317
**古今韻會舉要三十卷附禮部韻略七音三十六
母通考一卷**　（元）黃公紹編輯　（元）熊忠舉
要　清光緒九年(1883)淮南書局刻本　　十冊

340000－1841－0000530　604318
**古今韻會舉要三十卷附禮部韻略七音三十六
母通考一卷**　（元）黃公紹編輯　（元）熊忠舉
要　明初復刻元陳宋本　　十冊

340000－1841－0000531　604319
**古今韻會舉要三十卷附禮部韻略七音三十六
母通考一卷**　（元）黃公紹編輯　（元）熊忠舉
要　明刻本　　十冊

340000－1841－0000532　604371
白虎通德論四卷　（漢）班固撰　（明）郎壁金
考訂　明天啟六年(1626)堂策檻刻本　　二冊

340000－1841－0000533　604381
重刊詳校篇海五卷　（明）趙呂輯　（明）李登
編　明萬曆三十六年(1608)自刻本　　十冊

340000－1841－0000534　604382
**大明成化丁亥重刊改併五音類聚四聲篇十五
卷**　（金）韓道昭編　明成化七年(1471)金臺
大隆福來釋文儒纂刻本　　八冊

340000－1841－0000535　604383

禮記集注三十卷　（明）徐師曾撰　清康熙五十八年(1719)徐鈊重修本　十冊

340000－1841－0000536　604397

詩外傳十卷　（漢）韓嬰撰　明嘉靖吳郡沈辨之野竹齋刻本（卷三至四、韓嬰小傳為抄配）四冊

340000－1841－0000537　604771

帝王經世圖譜十六卷附錄一卷　（宋）唐仲友撰　（清）胡鳳丹校梓　清同治十二年(1873)胡氏退補齋刻金華叢書本　六冊

340000－1841－0000538　604836

尚書後案三十卷尚書後辨附　（清）王鳴盛撰　清乾隆四十五年(1780)禮堂刻本　八冊

340000－1841－0000539　604852

鐘鼎字源五卷　（清）汪立名編　清康熙五十五年(1716)汪立名一隅草堂刻本　四冊

340000－1841－0000540　604853

鐘鼎字源五卷　（清）汪立名編　清康熙五十五年(1716)汪立名一隅草堂刻本　二冊

340000－1841－0000541　605022

識字略二卷　（清）宋宗元撰　清乾隆三十三年(1768)綱師園刻本　六冊

340000－1841－0000542　605091

古經解匯函二十三種一百三十卷附小學匯函十四種一百五十三卷　（清）鍾謙鈞輯　清同治十二年(1873)廣州粵東書局刻本　三十五冊

340000－1841－0000543　605655

明堂陰陽夏小正經傳考釋十卷　（清）莊述祖撰　（清）劉翊宸校　夏時等列說一卷　（清）莊毓鋐校　清光緒九年(1883)刻本　四冊

340000－1841－0000544　605662

呂涇野經說二十一卷　（明）呂柟撰　（明）李錫齡校　清光緒二十二年(1896)刻本　四冊　存十卷（春秋說志一至五、禮問鄭一至二、毛詩說序四至六）

340000－1841－0000545　605729

選雅二十卷　（清）程先甲述　清光緒二十八年(1902)浙江湖州千一齋刻本　四冊

340000－1841－0000546　605730

選雅二十卷　（清）程先甲述　清光緒二十八年(1902)程氏千一齋刻本　四冊

340000－1841－0000547　605748

證俗文十九卷　（清）郝懿行撰　清光緒十年(1884)東路廳署刻郝氏遺書本　六冊

340000－1841－0000548　605754

十三經注疏三百四十二卷　（唐）孔穎達疏　清光緒四年(1878)淮南書局刻本　一百冊

340000－1841－0000549　606138

恭簡公志樂二十卷　（明）韓邦奇撰　清嘉慶十一年(1806)關中裕德堂刻本　十二冊

340000－1841－0000550　606147

詩集傳名物抄八卷　（元）許謙撰　（清）胡鳳丹校梓　清同治八年(1869)胡氏退補齋刻本　八冊

340000－1841－0000551　606303－1

爾雅匡名二十卷　（清）嚴元照撰　（清）黃士陵　（清）吳翊寅校　清光緒十六年(1890)廣雅書局刻民國九年(1920)番禺徐紹棨重印廣雅書局叢書本　四冊

340000－1841－0000552　606303－2

爾雅補注殘本一卷　（清）劉玉麐撰　清光緒十四年(1888)廣雅書局刻民國九年(1920)番禺徐紹棨重印廣雅書局叢書本　一冊

340000－1841－0000553　606504

馬氏文通十卷　（清）馬建忠撰　清光緒二十八年(1902)上海文林書局石印本　八冊

340000－1841－0000554　606578

御纂七經二百九十四卷　（清）李光地等纂　清同治浙江書局刻本　一百三十一冊　存二百六十六卷（一至五十四、八十三至二百九十四）

340000－1841－0000555　606593

東萊博議四卷　(宋)呂祖謙撰　(清)馮芳鄂初校　(清)桂文燦　(清)沈東銘覆校　**增補虛字注釋一卷**　(清)馮泰松點定　清光緒二十二年(1896)安定貴記書局刻本　四冊

340000－1841－0000556　606594

東萊先生左氏博議二十五卷　(宋)呂祖謙撰　(清)瞿世瑛校　(清)瞿傳鼎覆校　**虛字注釋備考六卷**　(清)張文炳點定　清光緒十四年(1888)雲陽義秀書屋刻本　四冊　存十八卷(一至二、七至十、十五至二十五,備考六)

340000－1841－0000557　606597

東萊博議四卷　(宋)呂祖謙撰　(清)馮芳鄂初校　(清)桂文燦　(清)沈東銘覆校　**增補虛字注釋一卷**　(清)馮泰松點定　清光緒三十年(1904)上海書局石印本　四冊

340000－1841－0000558　606710

楚辭葉韻考四卷　(清)徐天璋考　(清)沈世德校　**附釐正前韻**　清宣統三年(1911)抄本　四冊

340000－1841－0000559　606721

說文解字韻譜十卷　(五代)徐鍇著　清同治三年(1864)江蘇吳縣馮桂芬縮摹篆文刻本　二冊

340000－1841－0000560　606760

春秋四傳三十八卷綱領一卷諸國興廢說一卷提要一卷列國東坡圖說一卷春秋二十國年表二十卷　(宋)胡安國等撰　(明)孫燦句讀　明崇禎四年(1631)孫火景刻本　七冊

340000－1841－0000561　606798

詳注東萊先生左氏博議二十五卷　(宋)呂祖謙撰　明刻本　八冊

340000－1841－0000562　606887

爾雅注疏十一卷附考證　(晉)郭璞注　(唐)陸德明音義　(宋)邢昺疏　(清)鍾謙鈞校　清同治十年(1871)刻本　五冊

340000－1841－0000563　606891

佩文韻府一百六卷　(清)張玉書等彙閱　(清)蔡升元等纂修兼校勘　(清)孫致彌等纂修　(清)汪士鋐等校勘　(清)鄭為龍等校錄　(清)趙昌等監造　**韻府拾遺一百六卷**　(清)張廷玉等校勘　(清)汪灝等纂修　清光緒十八年(1892)上海鴻寶齋石印本　一百冊

340000－1841－0000564　606930

尚書離句六卷　(清)錢在培輯　清道光刻本　二冊

340000－1841－0000565　606933

雷刻四種　(清)雷浚撰　清光緒十年(1884)吳縣雷氏刻本　六冊

340000－1841－0000566　606953

新學偽經考十四卷　(清)康有為撰　清光緒十七年(1891)廣州康氏萬木草堂刻蟄雲雷齋叢書本　七冊

340000－1841－0000567　606995

草字彙十卷　(清)石梁編　(清)楊逸題　清末石印本　五冊

340000－1841－0000568　607147

重訂四書易簡錄十八卷　(清)劉葆采輯　(清)鄭魚門　(清)周片石鑒定　(清)黃日高重訂　(清)黃顯章校　清咸豐二年(1852)刻本　十六冊

340000－1841－0000569　607148

四書集注十九卷　(宋)朱熹撰　清覆明刻本　五冊

340000－1841－0000570　607149

四書凝道錄十九卷　(清)劉紹攽撰　清光緒二十年(1894)文在堂刻本　十八冊

340000－1841－0000571　607150

四書集注闡微直解二十七卷附四書說約合參　(明)張居正撰　(清)顧夢麟輯　清康熙八旗經正書院刻本　十二冊

340000－1841－0000572　607151

讀四書叢說四卷　(元)許謙撰　清刻本　六冊

340000－1841－0000573　607152

欽定同文韻統六卷　(清)章嘉等纂修　(清)

允禄等監纂　清宣統二年(1910)理藩部刻本
　五冊

340000－1841－0000574　607153
廣續方言四卷　(清)程先甲輯　(清)程先科
校　清光緒二十三年(1897)木活字印本
二冊

340000－1841－0000575　607154
四音釋義十二卷　(清)鄭長庚輯　清嘉慶二
十五年(1820)安康張鵬扮刻本　六冊

340000－1841－0000576　607155
四書補注備旨十卷　(清)鄧林撰　清光緒十
五年(1889)刻本　六冊

340000－1841－0000577　607158
毛詩故訓傳鄭箋三十卷　(漢)鄭玄箋　清同
治十一年(1872)五雲堂刻本　四冊

340000－1841－0000578　607159
毛詩名物圖說九卷　(清)徐鼎輯　清乾隆三
十六年(1771)刻本　四冊

340000－1841－0000579　607341
四書集疏附正二十二卷附論語緒言一卷
(清)張秉直撰　清道光十五年(1835)刻本
十冊

340000－1841－0000580　607342
論語筆解二卷　(唐)韓愈　(唐)李翱注
(清)馮佐勛　(清)廖廷相校　清光緒十四年
(1888)上海蜚英館石印本　一冊

340000－1841－0000581　607343
論語集解義疏十卷　(北朝魏)何晏集解
(南朝梁)皇侃義疏　(清)黎永椿　(清)陳
慶修校　清乾隆至道光新安長塘鮑氏知不足
齋刻本　四冊

340000－1841－0000582　607344
經字正蒙八卷　(清)李文沂著　清光緒十一
年(1885)羊城翰苑樓刻本　八冊

340000－1841－0000583　607367
春秋左傳杜注三十卷首一卷　(清)姚培謙學
　清同治五年(1866)金陵書局刻十三經讀本

本　八冊

340000－1841－0000584　607369
毛詩傳箋通釋三十二卷　(清)馬瑞辰撰　清
光緒十四年(1888)廣雅書局刻廣雅書局叢書
本　十二冊

340000－1841－0000585　607375
隸韻十卷附碑目一卷考證一卷　(宋)劉球撰
　清嘉慶十四年(1809)刻本　六冊

340000－1841－0000586　607377
鄭氏佚書七十九卷　(漢)鄭玄撰　(清)袁鈞
輯　清光緒十四年(1888)浙江書局刻本
十冊

340000－1841－0000587　607415
寫定尚書不分卷　(清)吳汝綸校訂　清光緒
十八年(1892)吳氏家塾石印本　一冊

340000－1841－0000588　607493
十三經客難五十五卷黃淮安瀾編二卷經學策
一卷史學策一卷畏齋文集四卷　(清)龔元玠
撰　(清)龔世暹　(清)龔世昕　(清)黎立
基校　清嘉慶二十三年至道光二十六年
(1818－1846)江西刻本　二十一冊

340000－1841－0000589　607731
說文辨字正俗八卷　(清)李富孫撰　清嘉慶
至道光李氏校經廎刻本　四冊

340000－1841－0000590　607736
愚一錄十二卷　(清)鄭獻甫撰　(清)周干臣
校　清光緒二年(1876)刻本　四冊

340000－1841－0000591　607740
左傳義法舉要一卷方氏左傳點評二卷　(清)
方苞口授　(清)王兆符　(清)程崟傳述　清
光緒十九年(1893)金匱廉氏刻本　三冊

340000－1841－0000592　607749
邇言六卷　(清)錢大昭撰　清光緒四年
(1878)葛氏嘯園刻玉雨堂叢書本　二冊

340000－1841－0000593　607885
釋名疏證補八卷補遺一卷補附一卷續釋名一
卷　(漢)劉熙撰　王先謙撰集　清光緒二十

二年(1896)刻本　四冊

340000－1841－0000594　607961

孟子正義三十卷　(清)焦循撰　清道光江都焦氏雕菰樓刻本　十二冊

340000－1841－0000595　607963

周禮注疏刪翼三十卷　(明)王志長輯　明崇禎十二年(1639)刻本　十五冊　存二十九卷(一、三至三十)

340000－1841－0000596　607965

左傳事緯十二卷　(清)馬驌編論　(清)潘㮣校訂　清光緒四年(1878)敏德堂刻本　十二冊

340000－1841－0000597　607970

禮記集說十卷　(元)陳澔集　清李光明莊刻本　十冊

340000－1841－0000598　608055

春秋穀梁注疏二十卷首一卷　(晉)范寧集解　(唐)陸德明音義　(唐)楊士勛疏　清同治十年(1871)刻本　九冊

340000－1841－0000599　608092

書傳補商十七卷　(清)戴鈞衡撰　清咸豐刻本　六冊

340000－1841－0000600　608150

檀弓辯誣三卷　(清)夏炘撰　清同治六年(1867)景紫堂刻景紫堂全書本　一冊

340000－1841－0000601　608153

書說二卷　(清)郝懿行撰　清光緒八年(1882)刻本　二冊

340000－1841－0000602　608156

毛詩故訓傳定本三十卷　(清)段玉裁撰　清道光四年(1824)刻本　二冊

340000－1841－0000603　608168－1

四書續談內編二卷補一卷外編二卷補一卷　(清)戚學標輯　清嘉慶二十四年(1819)四明清照樓刻本　二冊

340000－1841－0000604　608168－2

四書偶談內編一卷外編一卷　(清)戚學標輯

(清)張羽麒　(清)黃孟甫　(清)高恒培校　清嘉慶六年(1801)中涉縣署刻戚鶴泉所著書本　二冊

340000－1841－0000605　608169

屈宋古音義三卷　(明)陳第撰　清乾隆三十二年(1767)武昌張氏刻本　二冊

340000－1841－0000606　608174

詩經札記不分卷　(清)孟楚抄　清芬熏館紅格抄本　二冊

340000－1841－0000607　608254

董子春秋繁露十七卷附錄一卷　(漢)董仲舒撰　(清)董慎行校　清光緒二年(1876)浙江書局刻二十二子本　二冊

340000－1841－0000608　608269

標孟七卷　(清)汪有光評　(清)汪有聲校(清)汪能承編　清光緒十三年(1887)刻本二冊

340000－1841－0000609　608274

簡字叢錄一卷　勞乃宣撰　清光緒三十二年(1906)金陵鉅齋所學刻本　一冊

340000－1841－0000610　608288

說文外編十五卷補遺一卷　(清)雷浚撰(清)雷文聰校　(清)雷文耽校　**劉氏碎金一卷**　(清)劉禧延撰　清光緒二年(1876)吳縣雷氏刻雷刻八種本　四冊

340000－1841－0000611　608330

精校新增繪圖幼學故事瓊林四卷　(明)程登吉撰　(清)鄒聖脈增補注釋　清光緒二十六年(1900)上海文新書局石印本　一冊

340000－1841－0000612　608375

廣續方言四卷　(清)程先甲輯　(清)程先科校　清光緒二十三年(1897)木活字印本二冊

340000－1841－0000613　608455

聯經四卷　(清)李學禮輯　清乾隆五十五年(1790)補過堂刻本　四冊

340000－1841－0000614　608462

易經增注十卷附易考一卷 （明）張鏡心撰
清康熙六年(1667)雲隱堂刻本　四冊

340000－1841－0000615　608464

四書典林三十卷 （清）江永撰　清嘉慶九年
(1804)鋤經齋刻本　十二冊

340000－1841－0000616　608599

四書釋地一卷續一卷三續一卷附孟子生卒年
月考一卷 （清）閻若璩撰　清乾隆五十二年
(1787)東浯王氏眷西堂刻本　二冊

340000－1841－0000617　608604

尚書古文疏證八卷附朱子古文書疑一卷
（清）閻若璩撰　（清）閻詠輯　清嘉慶元年
(1796)天津吳人驥刻本　八冊

340000－1841－0000618　608617

養蒙鍼度五卷 （清）潘子聲撰　（清）孫蒼壁
（清）陳樹芝　（清）李光國校　清光緒元年
(1875)京都寶文堂刻本　二冊

340000－1841－0000619　608618

皇清經解一百九十卷 （清）嚴傑輯　清光緒
十四年(1888)上海點石齋石印本　二十四冊

340000－1841－0000620　608630

新訂四書補注備旨十卷 （清）鄧林撰　（清）
杜定基增訂　清乾隆二十七年(1762)務本堂
刻本　六冊

340000－1841－0000621　608661

東萊先生左氏博議二十五卷 （宋）呂祖謙撰
（清）瞿世瑛校　（清）瞿傳鼎覆校　**虛字注**
釋備考六卷 （清）張文炳點定　清光緒十四
年(1888)雲陽義秀書屋刻本　六冊

340000－1841－0000622　608664

臨文便覽不分卷 （清）張蓀輯　清光緒二年
(1876)京都松竹齋刻本　二冊

340000－1841－0000623　608683

群經識小八卷 （清）李惇撰　清道光六年
(1826)安愚堂刻本　四冊

340000－1841－0000624　608684

尚書古文疏證八卷附朱子古文書疑一卷

（清）閻若璩撰　（清）朱續晫梓　（清）閻詠
輯　清乾隆十年(1745)眷西堂刻同治六年
(1867)汪氏振綺堂補刻本　八冊

340000－1841－0000625　608688

四書反身錄八卷 （清）李顒撰　清道光十一
年(1831)浙江書局刻本　四冊

340000－1841－0000626　608719

詩集傳八卷 （宋）朱熹撰　清乾隆至嘉慶善
成堂慎詒堂刻本　四冊

340000－1841－0000627　608720

如西所刻諸名家評點春秋綱目左傳句解匯雋
六卷 （明）鍾惺等述評　（清）韓葵重訂　清
咸豐七年(1857)泰山堂刻本　六冊

340000－1841－0000628　608732

周易象理指掌六卷 （清）王登撰　清道光二
十三年(1843)刻本　六冊

340000－1841－0000629　608739

論語古注集箋十卷附論語考一卷論語敘一卷
（清）潘維城撰　清光緒七年(1881)江蘇書
局刻本　六冊

340000－1841－0000630　608757

說文解字十五卷 （漢）許慎撰　（宋）徐鉉等
校　清初汲古閣校刻北宋本　六冊

340000－1841－0000631　608772

周易傳注七卷周易筮考一卷 （清）李塨撰
清同治八年(1869)刻本　四冊

340000－1841－0000632　608775

四書摭餘說七卷 （清）曹之升輯　清嘉慶三
年(1798)蕭山曹氏家塾刻本　四冊

340000－1841－0000633　608794

經苑二十五種 （清）錢儀吉輯　（清）張日晟
校刊　清同治七年(1868)石印本　七十六冊

340000－1841－0000634　608811

御纂七經二百九十四卷 （清）李光地等纂
清同治十年(1871)湖北崇文書局刻本　一百
七十冊

340000－1841－0000635　608813

皇清經解續編一千四百三十卷　王先謙輯
清光緒十五年(1889)上海蜚英書局石印本
三十二冊

340000－1841－0000636　608819

經義雜記三十卷附敘錄一卷　(清)臧琳撰
(清)臧鏞堂編　清嘉慶四年(1799)武進臧氏
拜經堂刻本　六冊

340000－1841－0000637　608831

春秋公羊經何氏釋例十卷　(漢)何休撰
(清)汪喜孫　(清)劉逢錄校　清光緒二十七
年(1901)廣州太清樓刻本　四冊

340000－1841－0000638　608832

白虎通二卷　(漢)班固纂　(清)汪士漢校
清康熙七年(1668)刻本　一冊

340000－1841－0000639　608838

論語經正錄二十卷　(清)王肇晉撰　(清)王
用誥述　**先府君年譜一卷**　(清)王孝箴
(清)王孝銘　(清)王孝來述　(清)宋蔭桐
填諱　清光緒二十年(1894)刻本　十一冊

340000－1841－0000640　608841

學庸心解兩卷　(清)袁家泰撰　清光緒四年
(1878)春暉山房刻本　一冊

340000－1841－0000641　608842

周易四卷周易卦歌一卷周易一卷筮儀一卷
(宋)朱熹撰　清宣統元年(1909)刻本　四冊

340000－1841－0000642　608845

易纂言十二卷首一卷　(元)吳澄撰　清康熙
十九年(1680)通志堂刻本　二冊

340000－1841－0000643　608846

四書注疏　(漢)鄭玄注　(唐)孔穎達疏　清
嘉慶二十四年(1819)長洲彭氏刻本　六冊

340000－1841－0000644　608878

春秋左傳十六卷首一卷附錄經傳一卷　(晉)
杜預注　清刻本　二十冊

340000－1841－0000645　608879

經說十卷　(清)錢大昭編　**經典文字考異三
卷**　(清)錢大昕編　清乾隆三十九年(1774)

朱休度表弟抄本　二冊

340000－1841－0000646　608880

養蒙鍼度五卷　(清)潘子聲輯　(清)孫蒼璧
　(清)陳樹芝　(清)李光國校　清光緒元年
(1875)京都寶文堂刻本　二冊

340000－1841－0000647　608946

詩經融注大全體要八卷附十五國風詩經地理
之圖一卷　(清)高朝瓔定　(清)沈世楷輯
(清)陳子錫校　清光緒二十五年(1899)文成
堂刻本　四冊

340000－1841－0000648　608968

詩地理考六卷　(宋)王應麟撰　清光緒九年
(1883)浙江書局刻本　一冊

340000－1841－0000649　609075

說文通訓定聲十八卷柬韻一卷　(清)朱駿聲
紀錄　(清)朱鏡蓉參訂　**說雅十九篇**　(清)
朱駿聲紀錄　**古今韻準一卷**　(清)朱駿聲訂
　清刻本　五冊　存六卷(說文通訓定聲一
至六)

340000－1841－0000650　609107

許氏說文解字雙聲疊韻譜　(清)鄧廷楨撰
清光緒九年(1883)同文書局縮印本　一冊

340000－1841－0000651　609125

增補虛字註釋一卷　(清)馮泰松點定　清刻
本　一冊

340000－1841－0000652　607705

海國圖志一百卷　(清)魏源撰　**續集二十五
卷首一卷**　(英國)麥高爾撰　(美國)林樂知
　(清)瞿昂來註　清光緒二十四年(1898)文
賢閣石印本　十冊

340000－1841－0000653　601000

洪氏晦木齋叢書　(清)洪汝奎輯　(清)洪壽
鳳　(清)洪美鑒校　(清)陸損之書　清同治
至宣統洪氏晦木齋摹刻本　八冊　存四十九
卷(隸釋一至二十七、隸續一至二十一、汪本
隸續刊誤一卷)

340000－1841－0000654　601301

彙刻書目二十卷 （清）顧修等編 清光緒十二年(1886)上海福瀛書局刻本 二十冊

340000－1841－0000655 601302

匯刻書目合編 （清）顧修編 清同治九年(1870)群玉齋刻本 十冊

340000－1841－0000656 601303

鐵琴銅劍樓藏書目錄二十四卷 （清）瞿鏞編 清光緒二十四年(1898)常熟瞿氏罟里家塾刻本 十冊

340000－1841－0000657 601305

龍游鳳梧書院藏書目不分卷 （清）張炤編 清光緒二十五年(1899)刻本 一冊

340000－1841－0000658 601312

聊城楊氏海源閣藏書目不分卷 （清）楊紹和編 清光緒十四年(1888)元和江氏師許室刻本 一冊

340000－1841－0000659 601313

江刻書目三種不分卷 （清）江標輯 清光緒二十三年(1897)振新書社刻本 四冊

340000－1841－0000660 601328

杭州藝文志十卷 （□）□□編 清光緒三十四年(1908)長沙刻本 四冊

340000－1841－0000661 601340

天一閣書目十一卷碑目一卷 （清）范懋柱編 清嘉慶十三年(1808)揚州阮氏文選樓刻本 十冊

340000－1841－0000662 601346

楹書偶錄續編九卷 （清）楊紹和撰 清光緒二十年(1894)楊氏海源閣刻本 八冊

340000－1841－0000663 601347

士禮居藏書題跋記六卷 （清）黃丕烈撰 清光緒八年(1882)刻本 四冊

340000－1841－0000664 601348

愛日精廬藏書志三十六卷 （清）張金吾撰 清道光六年(1826)昭文張氏刻本 十二冊

340000－1841－0000665 601371

昭德先生郡齋讀書志二十卷 （宋）晁公武撰

昭德先生郡齋讀書志附志二卷 （宋）姚應績編 清光緒十年(1884)長沙王氏刻本 十冊

340000－1841－0000666 601391

國朝未刊遺書志略一卷 （清）朱記榮輯 清光緒十八年(1892)觀自得齋刻本 一冊

340000－1841－0000667 601393

平津館鑒藏書籍記三卷補遺一卷續編一卷 （清）孫星衍撰 清道光二十年(1840)刻本 二冊

340000－1841－0000668 601395

補晉書經籍志四卷 （清）吳士鑒編 清光緒二十一年(1895)刻本 一冊

340000－1841－0000669 601412

欽定天祿琳瑯書目十卷 （清）于敏中等編 清光緒十年(1884)長沙王氏刻本 十冊

340000－1841－0000670 601463

欽定四庫全書總目二百卷 （清）紀昀等撰 清同治七年(1868)廣東書局刻本 一百八冊

340000－1841－0000671 601490

尚友錄初集二十二卷 （明）廖用賢編 （明）張伯輯 尚友錄續集二十二卷 錢梨時 錢秋農重校 清光緒二十九年(1903)江左書林石印本 七冊

340000－1841－0000672 601492

史姓韻編六十四卷 （清）汪輝祖輯 清乾隆五十五年(1790)雙節堂刻本 十六冊

340000－1841－0000673 601495

國朝先正事略六十卷 （清）李元度撰 清同治五年(1866)循陔草堂刻本 二十四冊

340000－1841－0000674 601496

國朝先正事略六十卷 （清）李元度撰 清同治五年(1866)循陔草堂刻本 二十冊

340000－1841－0000675 601503

欽定歷代職官表七十二卷 （清）紀昀等纂 清光緒二十二年(1896)廣雅書局刻本 二十四冊

340000－1841－0000676　601504

**聖廟祀典圖考五卷古聖賢像傳略十六卷吳郡
名賢圖傳贊二十卷**　（清）顧沅輯　（清）孔繼
堯摹繪　清道光六年至十年（1826－1830）長
州顧氏刻本　二十冊

340000－1841－0000677　601505

兩浙金石志十八卷　（清）阮元編　清光緒十
六年（1890）浙江書局刻本　十二冊

340000－1841－0000678　601512

文獻廣正存錄十卷　（清）錢林輯　（清）王藻
原編　清咸豐八年（1858）有嘉樹軒刻本　十
二冊

340000－1841－0000679　601668

三通考輯要二十四卷　（清）湯壽潛輯　清光
緒二十五年（1899）上海圖書集成局鉛印本
十冊

340000－1841－0000680　601669

三通考輯要二十四卷　（清）湯壽潛輯　清光
緒二十五年（1899）上海圖書集成局鉛印本
二十冊

340000－1841－0000681　601670

三通考輯要二十四卷　（清）湯壽潛輯　清光
緒二十五年（1899）上海圖書集成局鉛印本
十冊

340000－1841－0000682　601671

皇朝通志一百二十六卷　（清）曹仁虎等撰
清光緒二十七年（1901）上海圖書集成局鉛印
九通本　十二冊

340000－1841－0000683　601672

三通考輯要二十四卷　（清）湯壽潛輯　清光
緒二十五年（1899）上海圖書集成局鉛印本
十冊

340000－1841－0000684　601673

皇朝通典一百卷　（清）曹仁虎等撰　清光緒
二十七年（1901）上海圖書集成局鉛印九通本
十冊

340000－1841－0000685　601674

欽定續通典一百五十卷　（清）曹仁虎等撰
（清）紀昀　（清）陸錫熊校　清光緒二十七年
（1901）上海圖書集成局鉛印本　十二冊

340000－1841－0000686　601675

續資治通鑑二百二十卷　（清）畢沅撰　清嘉
慶六年（1801）刻本　六十四冊

340000－1841－0000687　601677

泰西新政彙編十八卷　（清）宦成編　清光緒
二十四年（1898）上海博文書局石印本　十冊

340000－1841－0000688　601678

時務通考三十一卷　（清）王奇英編　清光緒
二十三年（1897）上海點石齋石印本　二十冊

340000－1841－0000689　601681

二十四史論贊七十八卷　（清）陳六微輯　清
光緒二十八年（1902）文淵山房石印本　十
二冊

340000－1841－0000690　601682

重訂王鳳洲先生綱鑑會纂四十六卷　（明）王
世貞纂　（明）陳仁錫訂　（元）呂一經校　清
光緒二十九年（1903）鴻寶齋書局石印本　十
二冊

340000－1841－0000691　601683

古今史論大觀前編十五卷後編十七卷　（清）
雷瑨編　清光緒二十七年（1901）硯耕山莊石
印本　十一冊

340000－1841－0000692　601684

前後漢書精華錄六卷附蜀漢精華錄　（清）高
嵓編　清光緒二十五年（1899）上海江左書林
石印本　六冊

340000－1841－0000693　601685

歷代名臣言行錄三十四卷　（清）朱桓輯　清
同治四年（1865）寶仁堂刻本　三十冊

340000－1841－0000694　601686

後漢書一百卷　（南朝宋）范曄撰　（唐）章懷
太子李賢注　**續漢書志三十卷**　（晉）司馬彪
撰　（南朝梁）劉昭注補　清同治八年（1869）
金陵書局刻本　十四冊

340000－1841－0000695　601686

泰西新史攬要二十四卷　（清）蔡爾康　（英國）李提摩太譯著　清光緒二十四年(1898)鉛印本　七冊

340000－1841－0000696　601687

史記一百三十卷首一卷　（漢）司馬遷撰　（南朝宋）裴駰集解　（唐）司馬貞索隱　（唐）張守節正義　（清）陳子龍　（清）徐孚遠測議　清道光十四年(1834)三元堂刻本　三十冊

340000－1841－0000697　601688

前漢書一百卷　（漢）班固撰　（唐）顏師古注　清同治八年(1869)金陵書局刻本　十六冊

340000－1841－0000698　601689

三國志六十五卷　（晉）陳壽撰　清同治九年(1870)金陵書局刻本　八冊

340000－1841－0000699　601691

練兵實紀十五卷　（明）戚繼光撰　清光緒京都琉璃廠鉛印本　六冊

340000－1841－0000700　601693

劉印渠先生南中手札不分卷　（清）歐陽浦編　清光緒二十九年(1903)刻本　一冊

340000－1841－0000701　601697

廿一史約編八卷　（清）鄭元慶撰　清康熙三十六年(1697)魚記亭刻本　八冊

340000－1841－0000702　601698

讀史筆記十二卷　（清）吳烜撰　清咸豐六年(1856)刻本　四冊

340000－1841－0000703　601699

讀史兵略四十六卷　（清）胡林翼撰　清咸豐十一年(1861)武昌節署刻本　十六冊

340000－1841－0000704　601700

國朝先正事略六十卷　（清）李元度撰　清同治五年(1866)循陔草堂鉛印本　十冊

340000－1841－0000705　601701

續漢書八志三十卷　（南朝梁）劉昭撰　清光緒十三年(1887)金陵書局刻本　二冊

340000－1841－0000706　601703

節本泰西新史攬要八卷　（英國）馬懇西撰　（清）蔡爾康譯述　（清）周慶雲節錄　清光緒二十七年(1901)夢坡室刻本　二冊

340000－1841－0000707　601704

五代史七十四卷　（宋）歐陽修撰　（宋）徐無黨注　清同治十一年(1872)湖北崇文書局刻本　八冊

340000－1841－0000708　601705

兩漢刊誤補遺十卷　（宋）吳仁傑撰　清同治七年(1868)金陵書局刻本　二冊

340000－1841－0000709　601707

綱鑑總論二卷　（□）□□撰　清光緒二十八年(1902)江西黃景清書局刻本　二冊

340000－1841－0000710　601708

史記菁華錄四卷　（漢）司馬遷撰　（清）姚祖恩輯　清同治十二年(1873)宏道堂刻本　四冊

340000－1841－0000711　601709

御批歷代通鑑輯覽一百二十卷　（清）楊述曾撰　清光緒二十年(1894)湖南澹雅書局刻本　六十冊

340000－1841－0000712　601710

廣元遺山年譜二卷　（清）李光廷編　清同治五年(1866)刻本　二冊

340000－1841－0000713　601711

孔孟志略三卷　（明）張承燮纂　清光緒二十七年(1901)東聽雨堂刻本　三冊

340000－1841－0000714　601713

國朝學案小識十四卷　（清）唐鑒撰　清光緒十年(1884)刻本　十二冊

340000－1841－0000715　601720

天下郡國利病書一百二十卷　（清）顧炎武輯　清光緒刻本　十四冊

340000－1841－0000716　601722

皇朝通志一百二十六卷　（清）曹仁虎等撰　清光緒二十七年(1901)上海圖書集成局鉛印

九通本　八冊

340000－1841－0000717　601727

丙午考察東瀛警察筆記四卷　（清）舒鴻儀撰　清光緒三十二年(1906)上海樂群圖書局石印本　一冊

340000－1841－0000718　601728

歷代綱鑑總論二卷　（□）□□撰　清光緒二十七年(1901)上海煥文書局石印本　二冊

340000－1841－0000719　601741

御批歷代通鑑輯覽一百二十卷　（清）楊述曾輯　清同治十年(1871)刻本　二十四冊

340000－1841－0000720　601743

御批歷代通鑑輯覽一百二十卷　（清）楊述曾纂　清光緒八年(1882)上海書局石印本　十七冊

340000－1841－0000721　601744

通鑑批論考索一百二十卷　（清）睿靈修館編　清光緒二十九年(1903)瀘江鴻寶齋石印本　三十一冊

340000－1841－0000722　601746

增廣古今人物論三十六卷續編十二卷　（明）鄭元直撰　清光緒二十八年(1902)富文書局石印本　八冊

340000－1841－0000723　601750

御批歷代通鑑輯覽一百二十卷　（清）楊述曾纂修　清同治十三年(1874)輔德書局刻本　六十四冊

340000－1841－0000724　601787

重訂王鳳洲先生綱鑑會纂四十六卷　（明）王世貞纂　（明）陳仁錫訂　（明）呂一經校　清光緒二十五年(1899)上海萃文齋石印本　十冊

340000－1841－0000725　601843

旌孝錄不分卷　（清）姚熾之輯　清光緒三十二年(1906)刻本　一冊

340000－1841－0000726　601848

祖孫鄉賢二汪先生行錄不分卷　（明）無名氏撰　明崇禎十二年(1639)徽州刻本　一冊

340000－1841－0000727　601851

紹熙雲間志三卷　（清）朱端常纂　清光緒二十年(1894)刻本　二冊

340000－1841－0000728　601856

貴池縣沿革表一卷　劉士珩撰　清光緒二十八年(1902)黃岡陶子麟刻本　一冊

340000－1841－0000729　601869

黃岡縣志二十四卷　（清）戴昌言　（清）洪良品等纂　清光緒八年(1882)刻本　十二冊

340000－1841－0000730　601870

虎丘山志十卷　（清）顧湄撰　清宣統三年(1911)刻本　一冊

340000－1841－0000731　601874

嘉定赤城志四十卷　（宋）陳耆卿撰　清嘉慶二十三年(1818)臨海宋氏刻本　五冊

340000－1841－0000732　601875

西湖志纂十二卷首一卷　（清）梁詩正纂　清乾隆二十年(1755)賜經堂刻本　五冊

340000－1841－0000733　601881

西藏小識四卷　（清）單毓年著　清光緒三十四年(1908)手抄本　四冊

340000－1841－0000734　601883

天下山河兩戒考十四卷圖一卷　（清）徐文靖注　清雍正元年(1723)刻本　六冊

340000－1841－0000735　601884

讀史方輿紀要一百三十卷　（清）顧祖禹輯著　（清）彭元瑞校定　清敷文閣刻錦里龍萬育鑾堂印本　三十一冊　存七十七卷(五十四至一百三十)

340000－1841－0000736　601885

讀史方輿紀要一百三十卷　（清）顧祖禹撰　清光緒二十七年(1901)刻本　十六冊

340000－1841－0000737　601886

輿地經勝二百卷　（宋）王象之撰　清咸豐五年(1855)南海伍氏刻本　十冊

340000－1841－0000738　601887

補三國疆域志二卷　（清）洪亮吉撰　清光緒四年（1878）授經堂刻本　二冊

340000－1841－0000739　601888

東晉疆域志四卷　（清）洪亮吉撰　清光緒四年（1878）授經堂刻本　二冊

340000－1841－0000740　601889

十六國疆域志十六卷　（清）洪亮吉編　清光緒四年（1878）授經堂刻本　四冊

340000－1841－0000741　601891

日本國志四十卷　（清）黃遵憲編　清光緒二十四年（1898）上海圖書集成印書局鉛印本　八冊

340000－1841－0000742　601893

景德鎮陶錄十卷　（清）藍浦撰　（清）鄭廷桂輯　清光緒十七年（1891）刻本　四冊

340000－1841－0000743　601894

左文襄公奏疏初編三十八卷續編七十六卷三編六卷　（清）左宗棠撰　清光緒十六年（1890）上海圖書集成局鉛印本　二十冊

340000－1841－0000744　601895

李肅毅伯奏議二十卷　（清）李鴻章撰　清光緒二十五年（1899）上海鴻文書局石印本　二十冊

340000－1841－0000745　601896

淮軍平捻記十二卷　（清）周世澄撰　清光緒三年（1877）上海機器印書局鉛印本　二冊

340000－1841－0000746　601897

李文忠公朋僚函稿二十四卷　（清）李鴻章撰　（清）吳汝綸編輯　清光緒二十八年（1902）蓮池書社鉛印本　十二冊

340000－1841－0000747　601898

李文忠公函稿（海軍）四卷　（清）李鴻章撰　（清）吳汝綸編輯　清光緒二十八年（1902）蓮池書社鉛印本　二冊

340000－1841－0000748　601903

通志略五十一卷　（宋）鄭樵撰　（清）汪啟淑

校　清乾隆七年（1742）汪啟淑大中堂刻本　十六冊

340000－1841－0000749　601905

律例便覽八卷處分則例六卷　（清）蔡雲峰（清）蔡研農撰　清同治十一年（1872）刻本　六冊

340000－1841－0000750　601910

歷代史論十六卷　（明）張溥撰　清光緒五年（1879）刻本　三冊

340000－1841－0000751　601911

王船山經史論八種七十三卷　（清）王夫之撰　清光緒二十五年（1899）公記書莊石印本　七冊

340000－1841－0000752　601912

新編分類史論大成十九卷　（清）行素生編　清光緒二十八年（1902）上海醉六堂石印本　十九冊

340000－1841－0000753　601913

欽定大清會典一百卷　（清）吳樹梅　（清）張百熙等纂　清光緒二十五年（1899）石印本　三十三冊

340000－1841－0000754　601914

欽定大清會典事例一千二百二十卷　（清）崑岡等纂修　清光緒二十五年（1899）石印本　三百七十二冊

340000－1841－0000755　601914

人表考九卷　（清）梁玉繩撰　清光緒十三年（1887）廣雅書局刻本　四冊

340000－1841－0000756　601915

欽定大清會典圖二百七十卷　（清）吳樹梅（清）張百熙等纂　清光緒二十五年（1899）石印本　七十四冊

340000－1841－0000757　601923

大清律例增修統纂集成四十卷　（清）姚潤纂（清）胡璋增修　清同治十二年（1873）刻本　六冊

340000－1841－0000758　602438

史記一百三十卷附考證 （漢）司馬遷撰
（南朝宋）裴駰集解 （唐）司馬貞索隱
（唐）張守節正義 清光緒三十四年(1908)上
海中國圖書集成局排印二十四史本 十六冊

340000－1841－0000759 602440

史記一百三十卷 （漢）司馬遷撰 （南朝宋）
裴駰集解 （唐）張守節正義 索隱二卷
（唐）司馬貞撰 清光緒四年(1878)金陵書局
刻二十四史本 十六冊

340000－1841－0000760 602451

欽定大清會典一百卷 （清）吳樹梅等纂 清
宣統元年(1909)南洋官書局石印本 十二冊

340000－1841－0000761 602452－1

欽定大清會典一百卷 （清）崑岡等纂修 清
光緒三十四年(1908)上海商務印書館石印本
十冊

340000－1841－0000762 602453－1

欽定大清會典一百卷首一卷 （清）吳樹梅纂
修 清光緒二十五年(1899)京師官書局石印
本 二十四冊

340000－1841－0000763 602454

欽定大清會典一百卷 （清）文保 （清）顧汝
修等纂 清光緒十九年(1893)上海圖書集成
印書局鉛印本 八冊

340000－1841－0000764 602456

欽定大清會典事例一千二百二十卷 （清）崑
岡等纂修 清光緒三十四年(1908)上海商務
印書館石印本 一百五十冊

340000－1841－0000765 602457

欽定大清會典事例一千二百二十卷 （清）崑
岡等纂修 清宣統元年(1909)上海商務印書
館石印本 一百七十二冊

340000－1841－0000766 602458

大清律例彙輯便覽四十卷督捕則例附纂二卷
（清）湖北讞局彙輯 清同治十一年(1872)
湖北讞局刻本 二十六冊

340000－1841－0000767 602459

欽定大清會典事例一千二百二十卷 （清）崑
岡等纂修 清刻本 一百六十二冊 存一千
四十四卷(一百七十七至一千二百二十)

340000－1841－0000768 602460

欽定大清會典一百卷事例一千二百二十卷圖
二百七十卷 （清）吳樹梅纂修 清光緒二十
五年(1899)外交部石印本 十三冊

340000－1841－0000769 602503

空山堂史記評注十二卷 （清）牛運震撰 清
乾隆五十六年(1791)空山堂刻本 八冊

340000－1841－0000770 602505

史記索隱三十卷 （唐）司馬貞撰 明末毛氏
汲古閣刻本 二冊

340000－1841－0000771 602508

前漢書一百卷 （漢）班固撰 （唐）顏師古注
清同治十二年(1873)嶺東使署刻本 二十
三冊

340000－1841－0000772 602510

漢書一百二十卷 （漢）班固撰 （唐）顏師古
注 清光緒二十九年(1903)五洲同文局石印
本 十六冊 存六十八卷(一至二十、二十八
至七十五)

340000－1841－0000773 602513

校漢書八表八卷 （清）夏燮撰 （清）孫誠楨
校勘 清光緒十六年(1890)江城公所刻本
六冊

340000－1841－0000774 602514

前漢書一百卷 （漢）班固撰 （唐）顏師古注
清光緒十三年(1887)金陵書局刻本 十
六冊

340000－1841－0000775 602514－1

漢書補注一百卷 王先謙撰 清光緒二十六
年(1900)長沙王氏刻本 三十二冊

340000－1841－0000776 602517

漢書一百二十卷 （漢）班固撰 清光緒二十
九年(1903)上海點石齋石印本 八冊

340000－1841－0000777 602518

後漢書一百卷 （南朝宋）范曄撰 （唐）章懷太子李賢注 續漢書志三十卷 （晉）司馬彪續 （南朝梁）劉昭注補 清同治八年(1869)金陵書局刻二十四史本 十六冊

340000－1841－0000778 602519

後漢書一百二十卷 （南朝宋）范曄撰 （唐）章懷太子李賢注 清光緒十三年(1887)金陵書局刻二十四史本 十六冊

340000－1841－0000779 602522

後漢書一百二十卷附考證 （南朝宋）范曄撰 （唐）章懷太子李賢注 清光緒二十九年(1903)五洲同文局石印二十四史本 二十八冊

340000－1841－0000780 602526

後漢書補注續一卷 （清）侯康撰 （清）史悠咸初校 （清）陶濬宣複校 清光緒十七年(1891)廣東廣雅書局刻廣雅書局叢書本 一冊

340000－1841－0000781 602527

續後漢書四十二卷 （宋）蕭常撰 清道光二十一年(1841)刻本 八冊

340000－1841－0000782 602528

續後漢書九十卷 （元）郝經撰 續後漢書札記四卷 （清）郁松年撰 清道光二十一年(1841)刻本 三十二冊

340000－1841－0000783 602529

欽定後漢書一百二十卷 （南朝宋）范曄撰 清光緒三十一年(1905)上海久敬齋石印本 八冊

340000－1841－0000784 602531

三國志六十五卷 （晉）陳壽撰 清光緒三十一年(1905)上海久敬齋石印本 四冊

340000－1841－0000785 602533

三國志六十五卷 （晉）陳壽撰 清同治九年(1870)金陵書局刻二十四史本 八冊

340000－1841－0000786 602534

三國志六十五卷 （晉）陳壽撰 清毛氏汲古閣刻本 九冊

340000－1841－0000787 602538

三國志旁證三十卷 （清）梁章鉅撰 清光緒十五年(1889)廣雅書局刻本 六冊

340000－1841－0000788 602539

晉書一百三十卷 （唐）太宗李世民撰 （唐）房玄齡撰 音義三卷 （唐）何超撰 清同治十年(1871)金陵書局刻二十四史本 二十冊

340000－1841－0000789 602540

南史八十卷 （唐）李延壽撰 清同治十一年(1872)金陵書局刻二十四史本 十二冊

340000－1841－0000790 602541

宋書一百卷 （南朝梁）沈約撰 清同治十一年(1872)金陵書局刻二十四史本 十六冊

340000－1841－0000791 602542

南齊書五十九卷 （南朝梁）蕭子顯撰 清光緒二十九年(1903)五洲同文局石印本 八冊

340000－1841－0000792 602543

梁書五十六卷 （唐）姚思廉撰 清光緒二十九年(1903)五洲同文局石印本 八冊

340000－1841－0000793 602544

梁書五十六卷 （唐）姚思廉撰 清同治十三年(1874)金陵書局仿汲古閣刻本 六冊

340000－1841－0000794 602545

南齊書五十九卷 （南朝梁）蕭子顯撰 清同治十三年(1874)金陵書局刻二十四史本 六冊

340000－1841－0000795 602546

陳書三十六卷 （唐）姚思廉撰 清同治十一年(1872)金陵書局刻二十四史本 四冊

340000－1841－0000796 602547

晉書一百三十卷 （唐）太宗李世民撰 （唐）房玄齡撰 明崇禎元年至十七年(1628-1644)毛氏汲古閣刻清順治增刻本 二十二冊

340000－1841－0000797 602548

北史一百卷 （唐）李延壽撰 清同治十二年

(1873)金陵書局刻本　二十冊

340000－1841－0000798　602549

北史一百卷　(唐)李延壽撰　清同治十一年(1872)金陵書局刻二十四史本　二十冊

340000－1841－0000799　602550

魏書一百十四卷　(北齊)魏收撰　清同治十一年(1872)金陵書局刻二十四史本　二十冊

340000－1841－0000800　602551

北齊書五十卷　(唐)李百藥撰　清同治十三年(1874)金陵書局刻二十四史本　四冊

340000－1841－0000801　602552

周書五十卷　(唐)令狐德棻等撰　清同治十三年(1874)金陵書局刻二十四史本　四冊

340000－1841－0000802　602553

周書五十卷　(唐)令狐德棻撰　清光緒二十九年(1903)五洲同文局石印本　八冊

340000－1841－0000803　602554

隋書八十五卷　(唐)魏徵　(唐)長孫無忌等撰　清同治十年(1871)淮南書局刻本　十二冊

340000－1841－0000804　602555

舊唐書二百卷　(五代)劉昫撰　清同治十一年(1872)浙江書局刻光緒五年(1879)湖北書局彙印二十四史本　四十冊

340000－1841－0000805　602556

新唐書二百二十五卷　(宋)歐陽修　(宋)宋祁撰　清同治十二年(1873)浙江書局刻光緒五年(1879)湖北書局彙印二十四史本　四十冊

340000－1841－0000806　602557

唐書合鈔二百六十卷　(清)沈炳震輯　清雍正十一年(1733)刻本　七十三冊

340000－1841－0000807　602558

五代史記七十四卷　(宋)歐陽修撰　(宋)徐無黨注　明歐陽徽雜刻本　十冊

340000－1841－0000808　602559

五代史記七十四卷　(宋)歐陽修撰　(宋)徐

無黨注　清同治十一年(1872)湖北崇文書局刻本　八冊

340000－1841－0000809　602560

五代史記注七十四卷　(宋)歐陽修撰　(宋)徐無黨　(清)彭元瑞注　清道光八年(1828)雲笙書屋刻本　四十冊

340000－1841－0000810　602562

五代史記注七十四卷　(宋)歐陽修撰　(宋)徐無黨　(清)彭元瑞注　清道光八年(1828)雲笙書屋刻本　四十冊

340000－1841－0000811　602582

五代史記纂誤候補六卷　(清)吳光耀撰　清光緒十四年(1888)江夏吳氏刻本　六冊

340000－1841－0000812　602583

南宋書六十五卷　(明)錢士升撰　清嘉慶二年(1797)刻本　十二冊

340000－1841－0000813　602584

宋史四百九十六卷　(元)脫脫等撰　清光緒元年(1875)浙江書局刻二十四史本　一百冊

340000－1841－0000814　602587

遼史一百十六卷附考證　(元)托克托等撰　清同治十二年(1873)南京江蘇書局刻二十四史本　十二冊

340000－1841－0000815　602588

遼史一百十六卷附考證　(元)托克托等撰　清同治十二年(1873)南京江蘇書局刻二十四史本　十二冊

340000－1841－0000816　602589

遼史一百十六卷附考證　(元)托克托等撰　清同治十二年(1873)南京江蘇書局刻二十四史本　十二冊

340000－1841－0000817　602590

遼史拾遺二十四卷　(清)厲鶚撰　清光緒三年(1877)南京江蘇書局刻五年(1879)湖北書局彙印二十四史本　八冊

340000－1841－0000818　602591

遼史拾遺補五卷　(清)楊復吉撰　清光緒三

年(1877)南京江蘇書局刻五年(1879)湖北書局彙印二十四史本　二冊

340000－1841－0000819　602592

遼史拾遺補五卷　（清）楊復吉撰　清光緒三年(1877)南京江蘇書局刻五年(1879)湖北書局彙印二十四史本　二冊

340000－1841－0000820　602594

金史一百三十五卷附考證　（元）脫脫等修　清同治十三年(1874)江蘇書局刻二十四史本　二十冊

340000－1841－0000821　602595

金史一百三十五卷附考證　（元）脫脫等修　清同治十三年(1874)江蘇書局刻二十四史本　二十冊

340000－1841－0000822　602596

欽定金史語解十二卷　（清）高宗弘曆撰　清光緒四年(1878)江蘇書局刻本　二冊

340000－1841－0000823　602597

欽定遼史語解十卷　（清）高宗弘曆撰　清光緒四年(1878)江蘇書局刻本　二冊

340000－1841－0000824　602598

元書一百二卷　（清）曾廉撰　清宣統三年(1911)層漪堂刻本　二十冊

340000－1841－0000825　602599

元書一百二卷　（清）曾廉撰　清宣統三年(1911)層漪堂刻本　二十冊

340000－1841－0000826　602600

元書一百二卷　（清）曾廉撰　清宣統三年(1911)層漪堂刻本　二十冊

340000－1841－0000827　602602

元史二百十卷　（明）宋濂　（明）王禕等撰　清同治十三年(1874)江蘇書局刻光緒五年(1879)湖北書局彙印二十四史本　四十冊

340000－1841－0000828　602605

元史類編四十二卷　（清）邵遠平撰　清乾隆六十年(1795)蘇州東山掃葉山房刻本　十冊

340000－1841－0000829　602606

元史氏族表三卷　（清）錢大昕補纂　清嘉慶十一年(1806)江蘇書局刻本　二冊

340000－1841－0000830　602607

元史語解二十四卷　（清）高宗弘曆撰　清光緒四年(1878)江蘇書局刻本　六冊

340000－1841－0000831　602608

明史三百三十二卷目錄四卷　（清）張廷玉撰　清江南省城致和書堂刻本　一百十三冊

340000－1841－0000832　602612

硃批諭旨三百六十卷　（清）世宗胤禛批　清雍正十年至乾隆三年(1732－1738)清內府刻朱墨套印本　一百十二冊

340000－1841－0000833　602615

通鑑紀事本末二百三十九卷　（宋）袁樞編輯　（宋）張溥論正　清光緒十三年(1887)廣雅書局彙刻紀事本末彙刻本　四十八冊

340000－1841－0000834　602616

御批資治通鑑綱目全書一百九卷　（宋）朱熹撰　清康熙四十六年(1707)內府刻本　八十三冊

340000－1841－0000835　602617

晉記六十八卷首一卷　（清）郭倫撰　清乾隆五十一年(1786)有斐堂刻本　十冊

340000－1841－0000836　602618

宋史紀事本末一百九卷　（明）馮琦撰　（明）陳邦瞻增訂　清光緒十四年(1888)廣雅書局彙刻紀事本末彙刻本　十六冊

340000－1841－0000837　602620

尚史七十卷　（清）李鍇撰　清乾隆三十八年(1773)悅道樓刻本　三十冊

340000－1841－0000838　602673

資治通鑑二百九十四卷　（宋）司馬光撰　（元）胡三省注　資治通鑑釋文辨誤十二卷　（元）胡三省撰　清同治八年(1869)江蘇書局仿元本資治通鑑彙刻本　一百冊

340000－1841－0000839　602674

資治通鑑二百九十四卷　（宋）司馬光撰

(元)胡三省注　**資治通鑑釋文辨誤十二卷**
(元)胡三省撰　清同治八年(1869)江蘇書局
仿元本資治通鑑彙刻本　一百冊

340000－1841－0000840　602674
漢書補注一百卷　王先謙撰　清光緒二十六
年(1900)長沙王氏刻本　三十二冊

340000－1841－0000841　602675
資治通鑑二百九十四卷　(宋)司馬光撰
(元)胡三省注　**資治通鑑釋文辨誤十二卷**
(元)胡三省撰　清同治八年(1869)江蘇書局
仿元本資治通鑑彙刻本　一百冊

340000－1841－0000842　602676
通鑑箋注七十二卷圖一卷　(明)王世貞纂
(明)汪明際評　(明)鍾人傑箋注　明崇禎刻
本　四十八冊

340000－1841－0000843　602677
資治通鑑外紀十卷目錄五卷　(宋)劉恕撰
清同治石墩塾室刻本　六冊

340000－1841－0000844　602678
資治通鑑外紀十卷目錄五卷　(宋)劉恕編
(清)胡克家注補　清同治十年(1871)江蘇書
局刻資治通鑑彙刻本　十冊

340000－1841－0000845　602679
資治通鑑釋文三十卷　(宋)史炤撰　清光緒
五年(1879)吳興陸氏十萬卷樓刻本　六冊

340000－1841－0000846　602680
通鑑目錄三十卷　(宋)司馬光撰　清同治八
年(1869)江蘇書局仿宋刻本　十冊

340000－1841－0000847　602681
通鑑目錄三十卷　(宋)司馬光撰　清同治八
年(1869)江蘇書局刻本　十冊

340000－1841－0000848　602682
資治通鑑目錄三十卷　(宋)司馬光撰　清同
治八年(1869)江蘇書局仿宋刻資治通鑑彙刻
本　十冊

340000－1841－0000849　602683
綱鑑正史約三十六卷　(明)顧錫疇編　(清)

陳宏謀增訂　清同治八年(1869)浙江書局刻
本　二十冊

340000－1841－0000850　602684
通鑑紀事本末二百三十九卷　(宋)袁樞編輯
(宋)張溥論正　清光緒十三年(1887)廣雅
書局彙刻紀事本末彙刻本　四十八冊

340000－1841－0000851　602685
御批歷代通鑑輯覽一百二十卷　(清)楊述曾
輯　清同治十年(1871)浙江書局刻本　四十
八冊

340000－1841－0000852　602686
續資治通鑑二百二十卷　(清)畢沅撰　清光
緒二十五年(1899)上海蜚英館石印本　三
十冊

340000－1841－0000853　602687
續資治通鑑二百二十卷　(清)畢沅撰　清光
緒二十五年(1899)上海蜚英館石印本　三
十冊

340000－1841－0000854　602690
綱鑑統一三十九卷歷朝捷錄二卷　(明)馮夢
龍　(明)顧充撰　明崇禎十七年(1644)舒瀛
溪刻本　二十冊

340000－1841－0000855　602690
綱鑑統一三十九卷歷朝捷錄二卷　(明)馮夢
龍　(明)顧充撰　明崇禎十七年(1644)舒瀛
溪刻本　二十冊

340000－1841－0000856　602690
綱鑑統一三十九卷歷朝捷錄二卷　(明)馮夢
龍　(明)顧充撰　明崇禎十七年(1644)舒瀛
溪刻本　二十冊

340000－1841－0000857　602691
御批歷代通鑑輯覽一百二十卷　(清)傅恒撰
清乾隆三十二年(1767)刻本　五十九冊

340000－1841－0000858　602692
御批歷代通鑑輯覽一百二十卷　(清)楊述曾
等纂　清光緒五年(1879)刻本　五十六冊

340000－1841－0000859　602696

讀通鑑論三十一卷宋論十五卷春秋世論五卷續春秋左氏傳博議二卷 （清）王夫之撰 清光緒二十六年（1900）湖南益友書局刻本 十六冊

340000－1841－0000860 602697

御批歷代通鑑輯覽一百二十卷 （清）楊述曾纂修 清光緒三十年（1904）上海通元書局石印本 十八冊

340000－1841－0000861 602699

綱鑑玉衡七十二卷 （宋）劉恕外紀 （宋）金履祥前編 （明）劉孔敬匯編 明崇禎十年（1637）夢松軒刻本 二十冊

340000－1841－0000862 602700

綱鑑世史類編三十九卷首一卷 （宋）劉恕外紀 （宋）金履祥前編 （明）袁黃編 （明）王世貞會纂 明萬曆三十八年（1610）古吳陳長卿德聚堂刻本 二十冊

340000－1841－0000863 602704

史鑑節要便讀六卷 （清）鮑東里編 清光緒二十五年（1899）上海炳記書局石印本 二冊

340000－1841－0000864 602705

資治通鑑補二百九十四卷 （明）嚴衍補 清光緒二年（1876）思補樓刻本 八十冊

340000－1841－0000865 602706

資治通鑑補正二百九十四卷 （明）嚴衍補 清光緒二十八年（1902）上海益智書局石印本 四十八冊

340000－1841－0000866 602707

皇朝文獻通考三百卷 （清）曹仁虎纂 清光緒八年（1882）浙江書局刻九通本 一百六十冊

340000－1841－0000867 602707

皇朝文獻通考三百卷 （清）曹仁虎纂 清光緒八年（1882）浙江書局刻九通本 一百六十冊

340000－1841－0000868 602708

歷朝綱鑑會纂三十九卷首一卷 （明）王世貞

編 清光緒經正堂刻本 四十二冊

340000－1841－0000869 602709

御撰資治通鑑明紀綱目二十卷 （清）張廷玉等奉敕編 清乾隆十一年（1746）刻本 六冊

340000－1841－0000870 602711

文獻通考詳節二十四卷 （元）馬端臨撰 清光緒二十五年（1899）刻本 十二冊

340000－1841－0000871 602712

文獻通考三百四十八卷 （元）馬端臨撰 清光緒二十二年（1896）浙江書局刻九通本 一百五十冊

340000－1841－0000872 602713

欽定續文獻通考二百五十卷 （清）曹仁虎等撰 清光緒十二年（1886）浙江書局刻九通本 一百二十冊

340000－1841－0000873 602714

通志二百卷附考證三卷 （宋）鄭樵撰 清光緒二十二年（1896）浙江書局刻九通本 二百冊

340000－1841－0000874 602715

三通序不分卷 （唐）杜佑等撰 清光緒十四年（1888）蔣氏求實齋刻本 一冊

340000－1841－0000875 602716

續通志六百四十卷 （清）曹仁虎等纂修 清光緒十二年（1886）浙江書局刻本 二百冊

340000－1841－0000876 602717

續通志六百四十卷 （清）曹仁虎等纂修 清光緒十二年（1886）浙江書局刻本 二百冊

340000－1841－0000877 602718

皇朝通志一百二十六卷 （清）曹仁虎等撰 清光緒八年（1882）浙江書局刻九通本 四十冊

340000－1841－0000878 602719

二十四史九通改典類要合編三百二十卷 （清）黃書霖輯 清光緒二十八年（1902）刻本 六十冊

340000－1841－0000879 602720

欽定續通典一百五十卷　（清）曹仁虎等撰
（清）紀昀　（清）陸錫熊校　清光緒十二年
(1886)浙江書局刻九通本　四十冊

340000－1841－0000880　602721

皇朝通典一百卷　（清）曹仁虎等撰　清光緒
八年(1882)浙江書局刻九通本　四十冊

340000－1841－0000881　602723

文獻通考三百四十八卷　（元）馬端臨撰　清
光緒二十七年(1901)上海圖書集成局鉛印九
通本　十冊

340000－1841－0000882　602724

通典二百卷附欽定通典考證一卷　（唐）杜佑
撰　清光緒二十二年(1896)浙江書局刻九通
本　五十冊

340000－1841－0000883　602725

欽定續通典一百五十卷　（清）曹仁虎等撰
（清）紀昀　（清）陸錫熊校　清光緒二十七年
(1901)上海圖書集成局鉛印九通本　十二冊

340000－1841－0000884　602726

欽定續通典一百五十卷　（清）曹仁虎等撰
（清）紀昀　（清）陸錫熊校　清光緒二十七年
(1901)上海圖書集成局鉛印九通本　十二冊

340000－1841－0000885　602727

欽定續通典一百五十卷　（清）曹仁虎等撰
（清）紀昀　（清）陸錫熊校　清光緒二十七年
(1901)上海圖書集成局鉛印九通本　六冊

340000－1841－0000886　602728

通典二百卷　（唐）杜佑纂　清光緒二十八年
(1902)貫吾齋石印本　八冊

340000－1841－0000887　602729

通志二百卷附考證三卷　（宋）鄭樵撰　清光
緒二十八年(1902)上海鴻寶書局石印九通本
二十四冊

340000－1841－0000888　602730

文獻通考三百四十八卷　（元）馬端臨撰　清
光緒二十八年(1902)貫吾齋石印本　二十冊

340000－1841－0000889　602731

欽定續文獻通考二百五十卷　（清）曹仁虎等
撰　清光緒二十八年(1902)貫吾齋石印本
十三冊

340000－1841－0000890　602735

尺木堂綱鑑易知錄二十卷　（清）吳乘權
（清）周之炯　（清）周之燦輯　清光緒十三年
(1887)上海點石齋石印本　十冊

340000－1841－0000891　602736

綱鑑易知錄九十二卷　（清）吳乘權　（清）周
之炯　（清）周之燦輯　清光緒三十年(1904)
上海商務印書館鉛印本　十四冊

340000－1841－0000892　602739

皇朝續文獻通考三百二十卷　（清）劉錦藻撰
清光緒三十一年(1905)堅匏盦鉛印本　八
十八冊

340000－1841－0000893　602740

皇朝通志一百二十六卷　（清）曹仁虎等撰
清光緒二十七年(1901)上海圖書集成局鉛印
九通本　十一冊

340000－1841－0000894　602741

晉略六十六卷　（清）周濟撰　清光緒二年
(1876)味雋齋刻本　十冊

340000－1841－0000895　602742

遼史紀事本末四十卷　（清）李有棠撰　清光
緒二十九年(1903)李桥鄂樓刻本　八冊

340000－1841－0000896　602743

遼史紀事本末四十卷　（清）李有棠編　清光
緒十九年(1893)廣雅書局彙刻紀事本末彙刻
本　四冊

340000－1841－0000897　602744

遼史紀事本末四十卷　（清）李有棠編　清光
緒十九年(1893)同文書局石印本　四冊

340000－1841－0000898　602746

金史紀事本末五十二卷　（清）李有棠編　清
光緒二十七年(1901)廣州廣雅書局刻紀事本
末彙刻本　六冊

340000－1841－0000899　602747

金史紀事本末五十二卷 （清）李有棠編 清光緒二十九年(1903)李杍鄂樓刻本 十二冊

340000－1841－0000900 602748

歷朝紀事本末五百六十六卷 （清）李有棠等撰 清光緒二十八年(1902)上海捷記書局石印本 二十三冊

340000－1841－0000901 602749

西夏紀事本末三十六卷 （清）張鑒撰 清光緒十四年(1888)上海捷記書局石印本 二冊

340000－1841－0000902 602750

三藩紀事本末二十二卷 （清）楊陸榮編 清光緒十四年(1888)上海崇德堂刻本 一冊

340000－1841－0000903 602751

元史紀事本末二十七卷 （明）陳邦瞻編 清光緒十四年(1888)上海崇德堂刻本 二冊

340000－1841－0000904 602752

明史紀事本末八十卷 （清）谷應泰編 清光緒十三年(1887)廣雅書局彙刻紀事本末彙刻本 十四冊

340000－1841－0000905 602753

明史紀事本末八十卷 （清）谷應泰編 清同治十三年(1874)江西書局刻紀事本末五種本 二十冊

340000－1841－0000906 602754－1

明史紀事本末八十卷 （清）谷應泰編 清光緒十三年(1887)廣雅書局彙刻紀事本末彙刻本 十三冊

340000－1841－0000907 602754－2

金史紀事本末五十二卷 （清）李有棠編 清光緒二十七年(1901)廣州廣雅書局刻紀事本末彙刻本 六冊

340000－1841－0000908 602755

明紀六十卷 （清）陳鶴撰 （清）陳克家續訂 清同治十年(1871)江蘇書局刻本 二十冊

340000－1841－0000909 602756

明紀六十卷 （清）陳鶴撰 （清）陳克家續訂 清同治十年(1871)江蘇書局刻本 二十冊

340000－1841－0000910 602760

綱鑑會通明紀十五卷 （清）陳志襄輯 清中期書業德刻本 八冊

340000－1841－0000911 602761

明鑒二十四卷 （清）胡敬纂 清同治九年(1870)湖北崇文書局刻本 十冊

340000－1841－0000912 602763

繹史一百六十卷世系圖一卷年表一卷 （清）馬驌撰 清乾隆至嘉慶刻本 四十四冊

340000－1841－0000913 602763－1

繹史一百六十卷世系圖一卷年表一卷 （清）馬驌撰 清乾隆至嘉慶刻本 四十四冊

340000－1841－0000914 602766

史存三十卷 （清）劉沅撰 清道光二十七年(1847)刻本 十六冊

340000－1841－0000915 602767

史存三十卷 （清）劉沅輯 清光緒三十一年(1905)樂善堂刻本 十六冊

340000－1841－0000916 602769

讀史兵略四十六卷 （清）胡林翼撰 清咸豐十一年(1861)武昌節署刻本 八冊

340000－1841－0000917 602771

讀律一得歌二卷 （清）宗繼增撰 清光緒十六年(1890)江蘇書局刻本 二冊

340000－1841－0000918 602772

讀律一得歌二卷 （清）宗繼增撰 清光緒十六年(1890)江蘇書局刻本 二冊

340000－1841－0000919 602773

讀律心得二卷 （清）劉衡輯 清同治九年(1870)湖南藩署刻本 一冊

340000－1841－0000920 602774

在官法戒錄摘抄四卷 （清）陳宏謀輯 清同治七年(1868)刻本 二冊

340000－1841－0000921 602775

在官法戒錄四卷 （清）陳宏謀輯 （清）葛正笏訂 （清）李安民參校 清光緒二十一年(1895)浙江書局刻本 二冊

340000－1841－0000922　602776

漢制考四卷　（宋）王應麟撰　清浙江書局刻本　一冊

340000－1841－0000923　602778

聖諭廣訓十六條　（清）聖祖玄燁諭　清道光三十年(1850)刻本　一冊

340000－1841－0000924　602779

審看擬式四卷　（清）剛毅撰　清光緒十八年(1892)浙江書局刻本　二冊

340000－1841－0000925　602780

處分則例圖要六卷　（□）□□撰　清同治九年(1870)江蘇書局刻本　二冊

340000－1841－0000926　602781

佐治藥言附續佐治藥言　（清）汪輝祖纂　清同治九年(1870)湖南藩署刻本　一冊

340000－1841－0000927　602782

佐治藥言附續佐治藥言　（清）汪輝祖纂　清同治九年(1870)湖南藩署刻本　一冊

340000－1841－0000928　602783

佐治藥言附續佐治藥言　（清）汪輝祖纂　清同治九年(1870)湖南藩署刻本　一冊

340000－1841－0000929　602784

學治臆說二卷　（清）汪輝祖撰　清同治九年(1870)湖南藩署刻本　一冊

340000－1841－0000930　602785

學治續說一卷　（清）汪輝祖纂　清同治九年(1870)刻本　一冊

340000－1841－0000931　602787

庸吏庸言二卷　（清）劉衡撰　清同治九年(1870)湖南藩署刻本　二冊

340000－1841－0000932　602788

安徽諮議局議案　（清）安徽咨議局編　清宣統二年(1910)鉛印本　一冊

340000－1841－0000933　602790

資治新書十四卷首一卷　（清）李漁輯　清康熙二年(1663)文錦堂刻本　八冊

340000－1841－0000934　602791

資治新書二集二十卷　（清）李漁輯　清康熙二年(1663)文錦堂刻本　十一冊

340000－1841－0000935　602792

路史十六卷　（宋）羅泌撰　清光緒二十年(1894)石印本　六冊

340000－1841－0000936　602793

路史二十八卷　（宋）羅泌撰　清光緒二年(1876)紅杏山房刻本　十冊

340000－1841－0000937　602794

路史四十七卷　（宋）羅泌撰　清嘉慶六年(1801)西山堂刻本　十八冊

340000－1841－0000938　602795

續資治通鑑綱目二十七卷　（明）商輅等纂（明）陳仁錫評閱　明弘治十一年(1498)姑蘇聚文堂刻本　三十二冊

340000－1841－0000939　602796

欽定明鑑二十四卷　（清）托津（清）胡敬撰　清嘉慶二十三年(1818)武英殿刻本　二十四冊

340000－1841－0000940　602797、602799

明通鑑一百卷目錄二十卷　（清）夏燮編　清同治十二年(1873)宜黃官廨刻本　十冊　缺九十六卷(五至一百)

340000－1841－0000941　602798

明通鑑目錄二十卷　（清）夏燮編　清光緒二十五年(1899)湖北官書處刻本　四冊

340000－1841－0000942　602800

明通鑑一百卷　（清）夏燮編　清同治十二年(1873)宜黃官廨刻本　四十冊

340000－1841－0000943　602801

明通鑑一百卷　（清）夏燮編　清光緒二十三年(1897)北官書處刻本　四十冊

340000－1841－0000944　602802

建炎以來朝野雜記四十三卷　（宋）李心傳撰　清光緒二十年(1894)刻本　十二冊

340000－1841－0000945　602803

建炎以來系年要錄二百卷　（宋）李心傳撰
清光緒十一年(1885)仁壽蕭氏刻本　三十冊

340000－1841－0000946　602807
新譯日本法規解字不分卷　（清）錢恂編
（清）董鴻禕編　清光緒三十三年(1907)上海
商務印書館鉛印本　一冊

340000－1841－0000947　602808
新譯日本法規大全不分卷　（清）劉崇傑譯
清光緒三十三年(1907)上海商務印書館鉛印
本　七十九冊

340000－1841－0000948　602809
故唐律疏議三十卷　（唐）長孫無忌撰　清嘉
慶十六年(1811)蘭陵孫氏刻本　七冊

340000－1841－0000949　602817
樊山政書二十卷　樊增祥撰　清宣統二年
(1910)金陵湯明林聚珍書局鉛印本　十冊

340000－1841－0000950　602819
歷代服制考原二卷　（清）蔡子嘉撰　清光緒
十四年(1888)西山草堂石印本　二冊

340000－1841－0000951　602820
熙朝新語十六卷　（清）余金輯　清同治六年
(1867)茂選樓珍刻本　八冊

340000－1841－0000952　602822
荒政輯要九卷　（清）汪志伊纂　清道光二十
九年(1849)尚義堂刻本　二冊

340000－1841－0000953　602823
保甲書輯要四卷　（清）徐棟編　（清）丁日昌
重校　清同治七年(1868)江蘇書局刻本
一冊

340000－1841－0000954　602824
圖民錄四卷　（清）袁守定撰　清光緒五年
(1879)江蘇書局刻本　二冊

340000－1841－0000955　602825
圖民錄四卷　（清）袁守定撰　清同治十二年
(1873)刻本　二冊

340000－1841－0000956　602826
牧令須知六卷　（清）剛毅著　（清）葛士達編

訂　清光緒十五年(1889)江蘇書局刻本
二冊

340000－1841－0000957　602827
牧民忠告二卷　（元）張養浩撰　清同治七年
(1868)姑蘇書局刻本　一冊

340000－1841－0000958　602828
校邠廬抗議二卷　（清）馮桂芬撰　清光緒二
十四年(1898)刻本　二冊

340000－1841－0000959　602830
紀事約言二卷　（清）夏勤墉撰　清光緒湖北
崇文書局刻本　一冊

340000－1841－0000960　602831
歷代邊事匯鈔十二卷　（清）朱克敬編　清光
緒二十八年(1902)上海捷記書局石印本
二冊

340000－1841－0000961　602832
約章分類輯要三十八卷　（清）蔡乃煌纂　清
光緒二十六年(1900)湖南商務局刻本　三
十冊

340000－1841－0000962　602833
約章分類輯要三十八卷　（清）蔡乃煌纂　清
光緒二十七年(1901)上海緯文閣石印本　三
十冊

340000－1841－0000963　602834
約章成案匯覽五十二卷　（清）北洋洋務局纂
輯　清光緒三十一年(1905)上海點石齋石印
本　四十六冊

340000－1841－0000964　602836
淮北票鹽續略十二卷　（清）許寶書編　清同
治九年(1870)刻本　四冊

340000－1841－0000965　602837
制服成誦編　（清）周桐侯編　清光緒二十一
年(1895)武林王氏紅蝠山房石印本　一冊

340000－1841－0000966　602838
制服成誦編　（清）周桐侯編　清光緒二十一
年(1895)武林王氏紅蝠山房石印本　一冊

340000－1841－0000967　602842

星軺指掌四卷星軺指掌續一卷　（清）聯芳（清）慶常譯　清光緒二年(1876)鉛印本四冊

340000－1841－0000968　602843

三流道里表不分卷　（清）徐本纂修　清同治十一年(1872)湖北讞局刻本　二冊

340000－1841－0000969　602844

五軍道里表不分卷　（□）□□撰　清同治十一年(1872)湖北文獻局刻本　一冊

340000－1841－0000970　602845

欽定臺規四十二卷　（清）孔憲穀修　清光緒十八年(1892)刻本　二十四冊

340000－1841－0000971　602846

疑年錄四卷　（清）錢大昕編　續疑年錄四卷（清）吳修續編　清嘉慶二十三年(1818)刻本　一冊

340000－1841－0000972　602848

大清律例增修統纂集成四十二卷　（清）陶東皋修　清光緒三十四年(1908)上海文瑞樓石印本　二十四冊

340000－1841－0000973　602849

陸宣公奏議十五卷制誥十卷　（唐）陸贄撰清光緒十二年(1886)淮南書局刻本　四冊

340000－1841－0000974　602850

東都事略一百三十卷　（宋）王稱撰　清道光二十六年(1846)四川眉山寶華堂影宋眉山程舍人刻本　十冊

340000－1841－0000975　602851

籌濟編三十二卷　（清）楊景仁輯　清光緒五年(1879)江蘇書局刻本　八冊

340000－1841－0000976　602852

籌濟編三十二卷　（清）楊景仁輯　清光緒五年(1879)江蘇書局刻本　八冊

340000－1841－0000977　602853

籌濟編三十二卷　（清）楊景仁輯　清光緒五年(1879)江蘇書局刻本　八冊

340000－1841－0000978　602854

淮南鹽法紀略十卷　（清）方濬頤等撰　清同治十二年(1873)淮南書局刻本　三冊

340000－1841－0000979　602856

皇朝祭器樂舞錄二卷　（清）徐曉泉輯　清同治十年(1871)崇文書局刻本　二冊

340000－1841－0000980　602857

讀史兵略四十六卷　（清）胡林翼撰　清咸豐十一年(1861)武昌節署刻本　十六冊

340000－1841－0000981　602891

東華錄三十二卷　（清）蔣良騏編　清同治十一年(1872)聚錦堂刻本　十二冊

340000－1841－0000982　602892

東華錄三十二卷　（清）蔣良騏編　清同治十一年(1872)聚錦堂刻本　六冊

340000－1841－0000983　602893

東華續錄六十九卷　（清）潘頤福編　清光緒十八年(1892)上海圖書集成印書局鉛印本十六冊

340000－1841－0000984　602894

東華錄四十五卷　王先謙編　清光緒石印本六十一冊

340000－1841－0000985　602895

東華錄七十五卷　王先謙編　清光緒石印本五十九冊

340000－1841－0000986　602896

十朝東華錄四百二十五卷　王先謙編　清光緒二十五年(1899)仿泰西法石印本　八十七冊

340000－1841－0000987　602913

祁米案牘　（清）黃光第輯　清光緒三十三年(1907)刻本　一冊

340000－1841－0000988　602921

皇朝文獻通考三百卷　（清）曹仁虎纂　清光緒二十七年(1901)上海圖書集成局鉛印九通本　四十八冊

340000－1841－0000989　602922

皇朝文獻通考三百卷　（清）曹仁虎纂　清光

緒二十七年(1901)上海圖書集成局鉛印九通
本 四十七冊

340000－1841－0000990 602923
通典二百卷附欽定通典考證一卷 （唐）杜佑
纂 清光緒二十七年(1901)上海圖書集成局
鉛印九通本 十六冊

340000－1841－0000991 602924
皇朝通典一百卷 （清）曹仁虎等撰 清光緒
二十八年(1902)貫吾齋石印本 六冊

340000－1841－0000992 602925
皇朝通志一百二十六卷 （清）曹仁虎等撰
清光緒二十八年(1902)貫吾齋石印本 五冊

340000－1841－0000993 602926
皇朝通典一百卷 （清）曹仁虎等撰 清光緒
二十七年(1901)上海圖書集成局鉛印九通本
十二冊

340000－1841－0000994 602926
皇朝通典一百卷 （清）曹仁虎等撰 清光緒
二十七年(1901)上海圖書集成局鉛印九通本
十二冊

340000－1841－0000995 602928
皇朝通典一百卷 （清）曹仁虎等撰 清光緒
二十七年(1901)上海圖書集成局鉛印九通本
十冊

340000－1841－0000996 602929
皇朝文獻通考三百卷 （清）曹仁虎纂 清光
緒二十八年(1902)貫吾齋石印本 十八冊

340000－1841－0000997 602930
文獻通考三百四十八卷 （元）馬端臨撰 清
光緒二十二年(1896)浙江書局刻九通本 一
百五十冊

340000－1841－0000998 602932
欽定續通典一百五十卷 （清）曹仁虎等撰
（清）紀昀 （清）陸錫熊校 清光緒十二年
(1886)浙江書局刻九通本 四十冊

340000－1841－0000999 602933
通典二百卷附欽定通典考證一卷 （唐）杜佑

撰 清光緒二十二年(1896)浙江書局刻九通
本 五十冊

340000－1841－0001000 602934
通志二百卷附考證三卷 （宋）鄭樵撰 清光
緒二十七年(1901)上海圖書集成局鉛印九通
本 六十冊

340000－1841－0001001 602936
三通考輯要三種七十六卷 （清）湯壽潛輯
清光緒二十五年(1899)上海圖書集成局鉛印
本 三十

340000－1841－0001002 602937
三通考輯要三種七十六卷 （清）湯壽潛輯
清石印本 十六冊 存三十七卷(文獻通考
輯要五至八、十一至二十四,欽定續文獻通考
輯要一、五至十三、十八至十九,皇朝文獻通
考輯要二至八)

340000－1841－0001003 602938
文獻通考三百四十八卷 （元）馬端臨撰 清
光緒二十二年(1896)浙江書局刻九通本 十
九冊

340000－1841－0001004 602939
欽定續文獻通考二百五十卷 （清）曹仁虎等
撰 清光緒二十七年(1901)上海圖書集成局
鉛印九通本 三十六冊

340000－1841－0001005 602940
文獻通考正續合編三十二卷 （清）盧宣旬編
清嘉慶十六年(1811)刻本 二十四冊

340000－1841－0001006 602941
文獻通考三百四十八卷 （元）馬端臨撰 清
光緒二十二年(1896)浙江書局刻九通本 五
十冊

340000－1841－0001007 602942
皇朝文獻通考輯要二十六卷 （清）張羅澄輯
清光緒鉛印本 七冊

340000－1841－0001008 602943
皇朝通志一百二十六卷 （清）曹仁虎等撰
清光緒二十七年(1901)上海圖書集成局鉛印

九通本　十二冊

340000－1841－0001009　602944

通志二百卷附考證三卷　(宋)鄭樵撰　清光
緒二十七年(1901)上海圖書集成局鉛印九通
本　六十冊

340000－1841－0001010　602945

通志二百卷附考證三卷　(宋)鄭樵撰　清光
緒二十二年(1896)浙江書局刻九通本　六
十冊

340000－1841－0001011　602946

皇朝通典一百卷　(清)曹仁虎等撰　清光緒
八年(1882)浙江書局刻九通本　四十冊

340000－1841－0001012　602947

皇朝通志一百二十六卷　(清)曹仁虎等撰
清光緒八年(1882)浙江書局刻九通本　四
十冊

340000－1841－0001013　602952

御批通鑑綱目正編五十九卷續編二十七卷
(宋)朱熹輯　(清)聖祖玄燁注　清末石印本
十六冊

340000－1841－0001014　602953

萬國綱鑑易知錄二十卷　(日本)岡本子博撰
清光緒二十七年(1901)上海書局石印本
六冊

340000－1841－0001015　602954

西國近事匯編九年四卷　(美國)金楷理等譯
(清)姚棻筆述　清光緒二十三年(1897)慎
記書莊石印本　十八冊

340000－1841－0001016　602956

東華續錄(乾隆至嘉慶朝)　王先謙編　清光
緒二十六年(1900)刻本　六十二冊

340000－1841－0001017　602957

東華續錄(康熙至雍正朝)一百三十六卷　王
先謙編　清光緒十八年(1892)上海圖書集成
石印本　二十冊

340000－1841－0001018　602958

東華續錄(乾隆至咸豐朝)三百九十九卷　王

先謙編　清光緒十八年(1892)上海圖書集成
印書局石印本　五十冊

340000－1841－0001019　602959

東華續錄(同治朝)一百卷　王先謙編　清光
緒二十四年(1898)文瀾書局石印本　二十
四冊

340000－1841－0001020　602960

東華續錄(咸豐朝)六十九卷　(清)潘頤福編
清光緒十八年(1892)上海圖書集成印書局
鉛印本　十二冊

340000－1841－0001021　602961

東華續錄(同治朝)一百卷　王先謙編　清光
緒二十四年(1898)文瀾書局石印本　二十
三冊

340000－1841－0001022　602962

十朝東華錄四百二十五卷　王先謙編　清光
緒二十年(1894)上海積山書局石印本　三十
七冊

340000－1841－0001023　602963

十一朝東華錄攬要一百十四卷　(清)汪文安
輯　清光緒二十九年(1903)上海商務印書館
鉛印本　二十八冊

340000－1841－0001024　602964

東華續錄(同治朝)一百卷　王先謙編　清光
緒二十四年(1898)文瀾書局石印本　十九冊

340000－1841－0001025　602965

東華續錄(同治朝)一百卷　王先謙編　清光
緒二十四年(1898)文瀾書局石印本　十九冊

340000－1841－0001026　602966

東華續錄(咸豐朝)六十九卷　(清)潘頤福編
清光緒二十五年(1899)上海書局石印本
十四冊

340000－1841－0001027　602967

東華續錄(道光朝)六十卷　王先謙編　清光
緒上海石印本　八冊

340000－1841－0001028　602968

東華續錄(光緒朝)八十卷　(清)朱壽朋撰

清宣統元年(1909)上海集成圖書公司石印本
四十七冊

340000－1841－0001029　602969

東華續錄(嘉慶朝)五十卷　王先謙編　清光
緒十三年(1887)廣百宋齋石印本　八冊

340000－1841－0001030　602970

[乾隆]金山縣志二十卷首一卷　(清)洪亮吉
撰　清乾隆五十三年至嘉慶八年(1788－
1803)刻本　十一冊

340000－1841－0001031　602977

大清一統志五百卷　(清)高宗弘曆撰　清光
緒二十三年(1897)杭州竹簡齋石印本　六
十冊

340000－1841－0001032　602990

青州府志六十四卷　(清)李圖纂　清咸豐九
年(1859)刻本　三十二冊

340000－1841－0001033　602992

齊乘六卷附釋音六卷附釋音考證六卷　(元)
于思容等撰　清乾隆四十六年(1781)抄本
四冊

340000－1841－0001034　602993

[乾隆]府廳州縣圖志五十卷　(清)胡德琳修
　(清)李文藻等纂　清乾隆三十八年(1773)
刻本　十二冊

340000－1841－0001035　602994

長清縣志十六卷　(清)舒化民　(清)徐德成
等編　清道光十五年(1835)刻本　八冊

340000－1841－0001036　602995

[乾隆]濰縣志六卷首一卷末一卷　(清)張耀
璧修　(清)王誦芬纂　清乾隆二十五年
(1760)刻民國二十年(1931)濰縣縣志局重印
本　六冊

340000－1841－0001037　602995－1

[乾隆]西安府志八十卷首一卷　(清)張耀璧
修　(清)王誦芬纂　清乾隆二十五年(1760)
刻民國二十年(1931)濰縣縣志局重印本
六冊

340000－1841－0001038　602999

[乾隆]章邱縣志十三卷首一卷　(清)張萬青
纂修　清乾隆二十一年(1756)刻本　五冊
存十二卷(一至十、十二至十三)

340000－1841－0001039　603000

[乾隆]章邱縣志十三卷首一卷　(清)張萬青
纂修　清乾隆二十一年(1756)刻本　五冊
存十二卷(一至十、十二至十三)

340000－1841－0001040　603006

陋巷志八卷　(明)呂兆祥重修　(明)顏光魯
參考　(明)顏少統訂閱　明刻清印本　四冊

340000－1841－0001041　603012

[乾隆]濰縣志六卷首一卷末一卷　(清)顏希
琛等修　(清)成城纂　清乾隆二十五年
(1760)刻本　二十冊

340000－1841－0001042　603020

畿輔通志三百卷　(清)李鴻章　(清)張樹聲
等修　(清)黃彭年等纂　清光緒十年(1884)
刻本　二百四十冊

340000－1841－0001043　603021

國語十五卷　(三國吳)韋昭解　清嘉慶五年
(1800)讀未見書齋刻本　二冊

340000－1841－0001044　603021－1

[正德]朝邑志二卷　(清)劉於義修　(清)
沈青崖纂　清雍正十三年(1735)刻本　一
百冊

340000－1841－0001045　603029

[乾隆]盛京通志四十八卷圖一卷　(清)嚴長
明纂修　(清)畢沅記　清乾隆四十四年
(1779)刻本　十一冊　存二十四卷(一至二
十二、三十九至四十)

340000－1841－0001046　603036

[乾隆]武功縣志三卷首一卷　(清)席奉乾修
　(清)孫孟楊纂　清乾隆三十四年(1769)邠
陽刻本　五冊

340000－1841－0001047　603039

[乾隆]成縣新志四卷　(明)康海纂　清乾隆

二十六年(1761)刻本　一冊

340000－1841－0001048　603040
[康熙]朝邑縣志二卷　(明)韓邦靖纂修
[康熙]朝邑縣後志八卷　(清)王兆鰲修　清
康熙五十一年(1712)刻本　十二冊

340000－1841－0001049　603041
[乾隆]府廳州縣圖志五十卷　(清)洪亮吉撰
清光緒五年(1879)授經堂刻本　二十冊

340000－1841－0001050　603041－1
[乾隆]府廳州縣圖志五十卷　(清)洪亮吉撰
清光緒五年(1879)授經堂刻本　二十冊

340000－1841－0001051　603049
[光緒]通州志十卷　(清)王維珍等纂修
(清)英良等督修　清光緒五年(1879)刻本
十二冊

340000－1841－0001052　603050
[康熙]泰興縣志四卷　(清)陸隴其等纂
(清)傅維櫄修　(清)衛秦龍等重纂　清康熙
二十五年(1686)刻本　四冊

340000－1841－0001053　603055
直隸易州志十八卷首一卷　(清)楊芊　(清)
張登高纂修　清乾隆十二年(1747)刻本　六
冊　存十二卷(一至十二)

340000－1841－0001054　603056
深州風土記二十二卷　(清)吳汝綸撰　清光
緒二十六年(1900)文瑞書院刻本　八冊

340000－1841－0001055　603066
山西志輯要十卷首一卷附清涼山志輯要二卷
　(清)汪本直纂修　清乾隆四十五年(1780)
刻本　十二冊

340000－1841－0001056　603067
介休縣志十四卷　(清)徐品山等纂修　清嘉
慶二十四年(1819)刻本　八冊

340000－1841－0001057　603068
直隸代州志六卷　(清)俞廉三等纂　清道光
二十四年(1844)刻本　七冊

340000－1841－0001058　603070

新修陽曲縣志十六卷　(清)閻士驤等纂　清
道光二十三年(1843)刻本　十冊

340000－1841－0001059　603072
浙志便覽十卷　(清)李應玨撰　清光緒二十
二年(1896)杭城吏隱齋刻本　四冊

340000－1841－0001060　603073
浙志便覽十卷　(清)李應玨撰　清光緒二十
二年(1896)杭城吏隱齋刻本　四冊

340000－1841－0001061　603074
浙江通志二百八十卷　(清)嵇曾筠等纂修
清光緒二十五年(1899)浙江書局刻本　一百
二十冊

340000－1841－0001062　603077
青田縣志十八卷　(清)王棻總纂　(清)雷銑
重修　清光緒二年(1876)刻本　十四冊

340000－1841－0001063　603079
[延祐]四明志二十卷　(清)周學濬等纂　清
同治十三年(1874)愛山書院刻本　四十冊

340000－1841－0001064　603083
蘭谿縣志八卷　(清)唐壬森纂修　清光緒十
三年(1887)刻本　十冊

340000－1841－0001065　603087
永康縣志十六卷　(清)李汝為修　清光緒十
八年(1892)刻本　十二冊

340000－1841－0001066　603087
歷代大事歌略四卷　(清)賈拱辰輯　清光緒
二十七年(1901)敬畏堂鉛印本　一冊

340000－1841－0001067　603089
歸安縣志五十二卷　(清)陸心源纂　清光緒
七年(1881)刻本　十一冊

340000－1841－0001068　603091
[雍正]陝西通志二百卷　(清)曹秉仁纂修
清雍正十一年(1733)刻乾隆六年(1741)補刻
本　十二冊

340000－1841－0001069　603093
[同治]湖州府志九十六卷　(清)楊正荀修
(清)馮鴻模纂修　清雍正八年(1730)修乾隆

三年(1738)補修許炳增刻本　八冊

340000－1841－0001070　603094

新修慈溪縣志五十六卷　(清)馮可鏞修　清光緒二十五年(1899)刻本　二十四冊

340000－1841－0001071　603100

宣平縣志二十卷　(清)皮樹堂　(清)俞宗煥纂　清光緒四年(1878)宣平縣刻本　八冊

340000－1841－0001072　603103

興平縣志二十五卷　(清)顧聲雷修　(清)張塤纂　清乾隆四十三年(1778)刻本　七冊

340000－1841－0001073　603103－1

興平縣士女續志三卷　(清)顧聲雷修　(清)張塤纂　清光緒二年(1876)刻本　一冊

340000－1841－0001074　603104

校正朝邑志二卷　(明)王道修　(明)韓邦靖纂　(清)王元啟校　清乾隆三十九年(1774)抄本　一冊

340000－1841－0001075　603105

[雍正]江都縣志二十卷圖一卷　(明)韓邦靖纂修　清康熙刻本　一冊

340000－1841－0001076　603107

鳳翔縣志八卷首一卷　(清)羅鰲修　(清)周方炯等纂　清乾隆三十二年(1767)刻本　七冊

340000－1841－0001077　603108

[乾隆]直隸通州志二十二卷　(清)黃廷珍修　(清)胡釴纂　清乾隆二十九年(1764)刻本　十五冊

340000－1841－0001078　603109

元河南志四卷　(□)□□撰　清光緒三十四年(1908)刻本　二冊

340000－1841－0001079　603111

尉氏縣志二十卷　(清)劉厚滋纂　清道光十一年(1831)刻本　八冊

340000－1841－0001080　603113

修武縣志十二卷　(清)馮萩橋纂　清道光十九年(1839)刻本　十二冊

340000－1841－0001081　603120

[乾隆]泰安府志三十卷前一卷首二卷　(清)呂耀曾等修　(清)魏樞等纂　(清)雷以諴校補　清乾隆元年(1736)刻咸豐二年(1852)雷以諴校補重印本　二十冊

340000－1841－0001082　603124

重修皋蘭縣志三十卷　(清)張國常纂　清光緒十八年(1892)石印本　十四冊

340000－1841－0001083　603125

[乾隆]邠陽縣全志四卷　(清)黃泳修　(清)汪於雍等纂　清乾隆十七年(1752)刻本　三冊　存三卷(一、三至四)

340000－1841－0001084　603129

衛藏通志十六卷　(□)□□纂　清刻本　八冊

340000－1841－0001085　603140

蒙古游牧記十六卷　(清)張穆撰　清同治四年(1865)壽縣祁氏刻本　四冊

340000－1841－0001086　603142

西湖志四十八卷　(清)李衛纂　清光緒四年(1878)浙江書局刻本　二十冊

340000－1841－0001087　603143

靈峰志四卷補遺一卷　(清)周慶雲輯　清宣統三年(1911)刻本　二冊

340000－1841－0001088　603144

靈峰志四卷補遺一卷　(清)周慶雲輯　清宣統三年(1911)刻本　二冊

340000－1841－0001089　603145

崆峒山志　(清)張春溪著　清同治十一年(1872)刻本　二冊

340000－1841－0001090　603146

崆峒山志　(清)張春溪著　清同治十一年(1872)刻本　二冊

340000－1841－0001091　603154

廣雁蕩山志二十八卷　(清)范釴輯　(清)朱南崖鑒定　清嘉慶十三年(1808)增刻本　八冊

340000 – 1841 – 0001092　603155

龍井見聞錄十卷　（清）汪孟鋗纂　清光緒十年(1884)錢塘丁氏嘉惠堂刻本　四冊

340000 – 1841 – 0001093　603156

西湖游覽志二十四卷志餘二十六卷　（明）田汝成撰　清光緒二十二年(1896)錢塘嘉惠堂刻本　四冊

340000 – 1841 – 0001094　603158

湖山便覽十二卷　（清）翟灝　（清）翟瀚撰　清光緒元年(1875)槐陰堂王氏刻本　六冊

340000 – 1841 – 0001095　603161

大觀亭志六卷　（清）李國模輯　（清）李丙榮編訂　清宣統三年(1911)合肥李氏慎餘堂鉛印本　四冊

340000 – 1841 – 0001096　603162

莫愁湖志六卷　（清）馬士圖輯　清光緒八年(1882)刻本　二冊

340000 – 1841 – 0001097　603164

清涼山志十卷　（明）釋鎮澄輯　（清）史震林校　清乾隆二十年(1755)江蘇金壇史震林淮陰刻本　四冊

340000 – 1841 – 0001098　603166

華嶽志八卷　（清）李榕蔭輯　清光緒九年(1883)補刻本　四冊

340000 – 1841 – 0001099　603167

中國近世輿地圖說二十三卷首一卷　（清）羅汝南編纂　（清）方新校繪　清宣統元年(1909)廣東教忠學堂石印本　八冊

340000 – 1841 – 0001100　603167

中國近世輿地圖說二十三卷首一卷　（清）羅汝南編纂　（清）方新校繪　清宣統元年(1909)廣東教忠學堂石印本　八冊

340000 – 1841 – 0001101　603170

南嶽志八卷　（清）高自位重編　（清）黃宮　（清）黃有福校訂　清乾隆十八年(1753)刻本　八冊

340000 – 1841 – 0001102　603172

青城山記二卷　（清）彭洵輯　清光緒十三年(1887)刻本　一冊

340000 – 1841 – 0001103　603175

峨眉山志十八卷　（清）蔣超撰　清刻本　五冊　存十六卷(三至十八)

340000 – 1841 – 0001104　603180

黃山圖經不分卷　（宋）無名氏撰　清初抄本　一冊

340000 – 1841 – 0001105　603181

上方山志五卷翠微三要三卷　（清）釋自如纂　清光緒十八年(1892)刻本　二冊

340000 – 1841 – 0001106　603184

泰山道里記　（清）聶劍光撰　清光緒四年(1878)浙江錢塘兩山堂刻本　一冊

340000 – 1841 – 0001107　603185

吳山伍公廟志三卷　（清）金志章　（清）金文淳纂　清光緒二年(1876)刻本　一冊

340000 – 1841 – 0001108　603186

逍遙山萬壽宮通志二十卷首一卷　（清）丁啟健　（清）郭文軒輯　清乾隆五年(1740)刻本　八冊

340000 – 1841 – 0001109　603188

焦山續志八卷　（清）陳任暘輯　清光緒三十年(1904)刻本　二冊

340000 – 1841 – 0001110　603190

天童寺志十卷　（清）㿝泉　（清）德介輯　清嘉慶刻本　四冊

340000 – 1841 – 0001111　603192

明州阿育王山志十卷續志六卷　（明）郭子章撰　（明）釋畹荃續輯　清刻本　六冊

340000 – 1841 – 0001112　603193

慧山記四卷　（明）釋園顯輯　清咸豐七年(1857)刻本　二冊

340000 – 1841 – 0001113　603194

慧山記續編三卷　（清）邵吟泉輯　清咸豐九年(1859)二泉書院刻本　四冊

340000 – 1841 – 0001114　603195

四川新設鑪霍屯志略　（清）李之珂撰　清光緒三十二年(1906)春蓉城鉛印本　一冊

340000 – 1841 – 0001115　603197

齊山巖洞志二十六卷首一卷　（清）陳蔚輯　（清）陳塾等校　清光緒二十七年(1901)玩月樓唐石簃刻本　八冊

340000 – 1841 – 0001116　603200

曹溪通志八卷　（清）王永瑞　（清）史樹駿訂正　（清）馬元　（清）釋真樸重修　（清）劉學禮重鐫　清道光十六年(1836)懷善堂刻本　四冊

340000 – 1841 – 0001117　603201

金蓋山志四卷首一卷　（清）李宗蓮輯　（清）潘錫春參訂　（清）凌鶚　（清）周文桂校　清光緒二十二年(1896)古書隱樓刻本　二冊

340000 – 1841 – 0001118　603205

盤山志十卷首一卷附補遺四卷　（清）智樸輯　（清）王士禎　（清）朱彝尊校訂　清康熙三十三年(1694)刻本　八冊

340000 – 1841 – 0001119　603206

寶華山志十五卷　（清）劉名芳纂　清乾隆刻本　四冊

340000 – 1841 – 0001120　603210

武夷山志二十四卷　（清）董天工編　清道光二十六年(1846)刻本　八冊

340000 – 1841 – 0001121　603211

石鐘山志十六卷　（清）李成謀　（清）丁義方輯　（清）方宗誠　（清）胡傳釗校訂　清光緒九年(1883)刻本　八冊

340000 – 1841 – 0001122　603212

太湖備考十六卷首一卷湖程紀略一卷　（清）金友理纂述　（清）吳曾　（清）金友理校　清乾隆十五年(1750)藝蘭圃刻本　十二冊

340000 – 1841 – 0001123　603212 – 1

太湖備考續編四卷　（清）鄭言紹輯　（清）葉慶褆　（清）鄭思敏校　清光緒二十九年

（1903）刻本　十二冊

340000 – 1841 – 0001124　603282

嘉定赤城志四十卷　（宋）陳耆卿撰　清嘉慶二十三年(1818)臨海宋氏刻本　八冊

340000 – 1841 – 0001125　603283

乾道臨安志三卷　（宋）周淙撰　清光緒二十年(1894)壽松堂刻本　一冊

340000 – 1841 – 0001126　603284

江山縣志十二卷　（清）朱寶慈等纂　清同治十二年(1873)文溪書院刻本　八冊

340000 – 1841 – 0001127　603288

鄞縣志七十五卷附圖一卷　（清）張恕等修　清光緒三年(1877)刻本　三十四冊

340000 – 1841 – 0001128　603289

[康熙]臨海縣志十五卷首一卷　（清）洪若皋輯　清康熙二十二年(1683)刻本　八冊

340000 – 1841 – 0001129　603290

光緒奉化縣志三十七卷　（清）張美翊等纂　清光緒三十四年(1908)刻本　十一冊

340000 – 1841 – 0001130　603291

光緒奉化縣志四十卷　（清）張美翊等纂　清光緒三十四年(1908)刻本　十二冊

340000 – 1841 – 0001131　603300

咸淳臨安志一百卷　（宋）潛說友撰　清道光十年(1830)錢塘振綺堂仿宋刻本　二十四冊

340000 – 1841 – 0001132　603300

黃巖縣志四十卷黃巖集三十二卷　（清）王棻纂修　清光緒三年(1877)刻本　十六冊

340000 – 1841 – 0001133　603301

[光緒]諸暨縣志六十卷　（清）陳遹聲纂　（清）蔣鴻藻修　清宣統元年至二年(1909 – 1910)刻本　十八冊

340000 – 1841 – 0001134　603302

[光緒]諸暨縣志六十卷　（清）陳遹聲纂　（清）蔣鴻藻修　清宣統元年至二年(1909 – 1910)刻本　十八冊

340000 – 1841 – 0001135　603303

[光緒]諸暨縣志六十卷附貞孝節烈志一卷
(清)陳遹聲纂　(清)蔣鴻藻修　清宣統三年
(1911)刻本　十八冊

340000 – 1841 – 0001136　603306

平湖縣志二十五卷首一卷　(清)葉廉鍔纂
(清)彭潤章修　清光緒十二年(1886)刻本
十三冊

340000 – 1841 – 0001137　603308

平湖縣志二十五卷首一卷　(清)葉廉鍔纂
(清)彭潤章修　清光緒十二年(1886)刻本
十三冊

340000 – 1841 – 0001138　603310

續纂淳安縣志十六卷　(清)李詩等纂　清光
緒十年(1884)浙江淳安刻本　八冊

340000 – 1841 – 0001139　603311

[延祐]四明志二十卷　(元)馬澤修　(元)
袁桷纂　清乾隆五十一年(1786)抄本　二十
冊　存十七卷(一至八、十二至二十)

340000 – 1841 – 0001140　603316

南潯鎮志四十卷　(清)汪曰楨纂　清咸豐九
年(1859)刻本　十冊

340000 – 1841 – 0001141　603319

嘉興府志八十八卷　(清)吳仰賢等纂　清光
緒三年(1877)刻本　四十八冊

340000 – 1841 – 0001142　603320

重修山陰縣志三十卷　(清)朱文翰編　清嘉
慶八年(1803)刻本　八冊

340000 – 1841 – 0001143　603325

海鹽縣志二十二卷圖說一卷敘錄一卷　(清)
徐用儀纂　(清)王彬修　清光緒二年(1876)
刻本　十六冊

340000 – 1841 – 0001144　603326

餘姚縣志二十七卷首一卷　(清)孫德祖纂修
　清光緒二十五年(1899)刻本　十六冊

340000 – 1841 – 0001145　603331

光緒桐鄉縣志二十四卷　(清)嚴辰輯　**楊園**

淵源錄四卷　(清)沈日輯　清光緒九年
(1883)刻本　二十四冊

340000 – 1841 – 0001146　603332

上虞縣志四十八卷　(清)朱士黻等纂　清光
緒十七年(1891)刻本　二十冊

340000 – 1841 – 0001147　603333

上虞縣志校續五十卷　(清)徐致靖纂　清光
緒二十四年(1898)刻本　二十冊

340000 – 1841 – 0001148　603337

廣東通志三百三十四卷　(清)陳昌濟等纂
清同治三年(1864)刻本　一百二十冊

340000 – 1841 – 0001149　603338

四川通志二百四卷　(清)楊芳燦等纂　清嘉
慶二十一年(1816)刻本　一百六十冊

340000 – 1841 – 0001150　603340

蜀典十二卷　(清)張澍編　清光緒二年
(1876)尊經書院刻本　四冊

340000 – 1841 – 0001151　603343

滇繫四十卷　(清)師範纂輯　清光緒十三年
(1887)雲南通志局刻本　四十冊

340000 – 1841 – 0001152　603345

全滇紀要不分卷　(清)雲南課吏館輯　清光
緒三十一年(1905)雲南課吏館鉛印本　十冊

340000 – 1841 – 0001153　603346

全滇紀要不分卷　(清)雲南課吏館輯　清光
緒三十一年(1905)雲南課吏館鉛印本　十冊

340000 – 1841 – 0001154　603347

全滇紀要不分卷　(清)雲南課吏館編輯　清
光緒三十一年(1905)雲南課吏館鉛印本
十冊

340000 – 1841 – 0001155　603348

黔書二卷　(清)田雯撰　清康熙二十九年
(1690)刻本　一冊

340000 – 1841 – 0001156　603364

雲南勘界籌邊記不分卷　(清)姚文棟撰　清
光緒十八年(1892)刻本　一冊

340000－1841－0001157　603365

宿松公產契錄續本不分卷　（□）□□撰　清同治四年(1865)刻本　一冊

340000－1841－0001158　603371

彭縣志十四卷　（清）張龍甲等纂　清光緒四年(1878)刻本　十冊

340000－1841－0001159　603372

理番廳志六卷　（清）周祚嶧纂　清同治五年(1866)刻本　四冊

340000－1841－0001160　603375

簡州志十四卷　（清）陳治安等纂　清咸豐三年(1853)刻本　十冊

340000－1841－0001161　603378

富順縣志五卷　（清）李芝等纂　清光緒八年(1882)刻本　五冊

340000－1841－0001162　603379

灌縣鄉土志二卷　（清）徐昱輯　（清）高履和纂　清光緒三十三年(1907)刻本　一冊　存一卷(一)

340000－1841－0001163　603380

羅江縣志三十六卷續修羅江縣志三十六卷　（清）鄧林　（清）馬傳業纂　清同治四年(1865)刻本　六冊

340000－1841－0001164　603386

岳池縣志十八卷　（清）吳德新等纂　清光緒元年(1875)刻本　五冊

340000－1841－0001165　603387

華陽國志十二卷　（晉）常璩撰　清嘉慶九年(1804)益州佳史館刻本　四冊

340000－1841－0001166　603393

夾江縣志十二卷　（清）涂崧等纂　清嘉慶十八年(1813)刻本　四冊

340000－1841－0001167　603394

[光緒]井研志四十二卷　（清）吳嘉謨等纂　清光緒二十六年(1900)刻本　十二冊

340000－1841－0001168　603403

廣信府志十二卷首一卷　（清）李樹藩等纂

清同治十一年(1872)刻本　二冊

340000－1841－0001169　603405

江西通志一百八十卷　（清）劉繹等纂　清光緒七年(1881)刻本　一百二十冊

340000－1841－0001170　603412

廈門志十六卷　（清）周凱　（清）凌翰等纂　清道光十九年(1839)刻本　十二冊

340000－1841－0001171　603416

閩都記三十三卷　（明）王應山纂　清道光十一年(1831)刻本　六冊

340000－1841－0001172　603417

閩都記三十三卷　（明）王應山纂　清道光十一年(1831)刻本　六冊

340000－1841－0001173　603420

[康熙]靈壽縣志十卷首一卷　（清）陳汝咸　（清）林登虎等纂修　（清）陳夢林續纂　清康熙三十九年(1700)刻四十七年(1708)續修增刻本　十冊

340000－1841－0001174　603428

寧化縣志七卷　（清）李世熊纂　清同治八年(1869)刻本　八冊

340000－1841－0001175　603448

興化府莆田縣志三十六卷　（清）宋若霖等纂修　清光緒五年(1879)刻本　二十冊

340000－1841－0001176　603449

續修寧鄉縣志四十四卷首一卷　（清）童秀春纂修　清同治六年(1867)刻本　十七冊

340000－1841－0001177　603450

瀏陽縣志二十四卷　（清）王汝惺　（清）蕭敷修　清同治十二年(1873)刻本　十二冊

340000－1841－0001178　603451

湘潭縣志十二卷　（清）王闓運纂修　清光緒十五年(1889)刻本　十冊

340000－1841－0001179　603459

[乾隆]直隸秦州新志十二卷首一卷末一卷　（清）王繼祖修　（清）夏之蓉等纂　清乾隆二十年(1755)刻本　十六冊

340000 - 1841 - 0001180　603460

六合縣志八卷　（清）賀延壽纂　清光緒十年(1884)刻本　十冊

340000 - 1841 - 0001181　603473

[康熙]徽州府志十八卷圖一卷　（清）丁廷楗（清）盧詢修　（清）趙吉士纂　清康熙三十八年(1699)萬青閣刻本(卷六至七、十七至十八有補配)　十二冊

340000 - 1841 - 0001182　603476

盱眙縣志稿十七卷　（清）高延第纂　清光緒十七年(1891)刻本　八冊

340000 - 1841 - 0001183　603488

[康熙]靈壽縣志十卷首一卷　（清）錢見龍（清）吳樸纂　清康熙二十七年(1688)抄本　八冊

340000 - 1841 - 0001184　603489

[光緒]泰興縣志二十六卷　（清）楊激雲（清）顧曾烜纂　清光緒十三年(1887)刻本　十冊

340000 - 1841 - 0001185　603490

[同治]宿遷縣志十八卷　（清）方駿謨纂　清同治十三年(1874)刻本　六冊

340000 - 1841 - 0001186　603491

江蘇全省輿圖　（清）諸可寶繪　清光緒二十一年(1895)刻本　三冊

340000 - 1841 - 0001187　603493

東臺縣志四十卷　（清）周佑纂　清道光刻本　十冊

340000 - 1841 - 0001188　603494

鹽城縣志十七卷　（清）龍繼棟纂　清光緒二十一年(1895)刻本　八冊

340000 - 1841 - 0001189　603495

如皋縣志二十四卷　（清）馬汝舟纂　清嘉慶十三年(1808)刻本　十八冊

340000 - 1841 - 0001190　603496

[同治]上江兩縣志二十九卷　（清）莫祥芝（清）甘紹盤　（清）劉壽曾纂　清同治十三年(1874)刻本　十二冊

340000 - 1841 - 0001191　603497

金陵瑣志五種九卷　（清）陳作霖編　續金陵鎖志二種二卷　題(清)可園老人(陳作霖)鑒定　（清）陳詒紱編輯　清光緒江寧陳氏可園刻本　五冊

340000 - 1841 - 0001192　603501

[雍正]寧波府志三十六卷首一卷　（清）陸朝璣總輯　清雍正七年(1729)刻本　十冊

340000 - 1841 - 0001193　603502

重修揚州志七十二卷　（清）姚文田纂　清嘉慶十五年(1810)刻本　二十五冊

340000 - 1841 - 0001194　603503

興代縣志十卷　（清）梁園棣修　（清）劉熙載纂　清咸豐二年(1852)刻本　八冊

340000 - 1841 - 0001195　603509

寶應圖經六卷　（清）劉寶楠撰　清光緒九年(1883)淮南書局刻本　四冊

340000 - 1841 - 0001196　603513

錫金識小錄十二卷　（清）黃卬輯　清光緒二十二年(1896)鉛印本　六冊

340000 - 1841 - 0001197　603514

錫金識小錄十二卷　（清）黃卬輯　清光緒二十二年(1896)鉛印本　二冊

340000 - 1841 - 0001198　603516

無錫金匱縣志四十卷　（清）秦緗業纂　清光緒七年(1881)刻本　十八冊

340000 - 1841 - 0001199　603517

錫山景物略十卷　（清）王崇巖撰　清光緒刻本　五冊

340000 - 1841 - 0001200　603519

婁縣續志二十卷　（清）張雲望撰　清光緒五年(1879)刻本　六冊

340000 - 1841 - 0001201　603520

重修奉賢縣志　（清）張文虎纂　清刻本　一冊　存三卷(十至十二)

340000－1841－0001202　603521

高郵州志十二卷首一卷　（清）夏之蓉纂　清道光二十五年(1845)刻本　二十二冊

340000－1841－0001203　603522

三續高郵州志八卷　（清）高樹敏等纂　再續高郵州志八卷　（清）夏子金陽纂　清光緒九年(1883)刻本　十六冊

340000－1841－0001204　603526

南匯縣志二十二卷　（清）張文虎纂　清光緒五年(1879)刻本　十二冊

340000－1841－0001205　603529

黎里志十六卷　（清）徐達源纂　清嘉慶十年(1805)刻本　四冊

340000－1841－0001206　603532

分湖小識六卷　（清）柳樹芳纂　清道光二十七年(1847)刻本　二冊

340000－1841－0001207　603534

蒸里志略十二卷　（清）葉培卿纂　清宣統二年(1910)鉛印本　二冊

340000－1841－0001208　603535

梅里志四卷　（清）吳存禮纂　清同治八年(1869)刻本　四冊

340000－1841－0001209　603542

[乾隆]歷城縣志五十卷首一卷　（清）焦以敬等纂　清乾隆十七年(1752)刻本　四冊

340000－1841－0001210　603544

滄浪小志二卷　（清）宋犖編　清康熙三十五年(1696)刻本　二冊

340000－1841－0001211　603545

揚州北湖小志六卷首一卷　（清）焦循著　清嘉慶十一年(1806)刻本　二冊

340000－1841－0001212　603547

宜興荊溪縣新志十卷　（清）吳景墻纂　清光緒八年(1882)刻本　八冊

340000－1841－0001213　603548

重刊荊溪縣志四卷　（清）寧楷纂　清嘉慶二年(1797)刻本　二冊

340000－1841－0001214　603549

重刊宜興縣志四卷　（清）寧楷纂　清嘉慶二年(1797)刻本　二冊

340000－1841－0001215　603550

周莊鎮志六卷貞豐里庚甲見開錄二卷　（清）陶煦纂　清光緒六年(1880)刻本　六冊

340000－1841－0001216　603551

泰州志三十六卷　（清）王有慶纂　清光緒三十四年(1908)刻本　十冊

340000－1841－0001217　603558

招隱山志十二卷　（明）許鼎臣纂　清宣統三年(1911)刻本　四冊

340000－1841－0001218　603559

高淳縣志三十一卷　（清）張裕釗纂　清光緒七年(1881)刻本　十冊

340000－1841－0001219　603561

邳州志十九卷　（清）魯一同纂　清咸豐元年(1851)刻本　四冊

340000－1841－0001220　603562

泰伯梅里志八卷　（清）吳熙編　清光緒二十三年(1897)刻本　四冊

340000－1841－0001221　603564

重修山陽縣志二十一卷　（清）何紹基等人纂　續纂山陽縣志十六卷　（清）段朝端等纂　山陽藝文志八卷　清同治十二年(1873)刻本　二十冊

340000－1841－0001222　603568

重纂三遷志八卷　（清）孟廣均　（清）陳錦重纂　清光緒十三年(1887)山東書局刻本　六冊

340000－1841－0001223　603581

劉中丞奏議二十卷　（清）劉蓉撰　清光緒十一年(1885)思賢講舍刻本　十冊

340000－1841－0001224　603583

雍正上諭不分卷　（清）朱軾編　清乾隆六年(1741)刻本　三十二冊

340000－1841－0001225　603584

駁案新編三十二卷駁案續編七卷秋審比較彙案二卷　（清）金士潮等輯　清光緒九年(1883)上海圖書集成局影印本　十二冊

340000－1841－0001226　603584

駁案新編三十二卷　（清）金士潮等輯　清光緒九年(1883)上海圖書集成局影印本　二冊

340000－1841－0001227　603588

通行條例不分卷　（□）□□撰　清光緒十四年(1888)江蘇書局刻本　四冊

340000－1841－0001228　603589

通行條例不分卷　（□）□□撰　清光緒十四年(1888)江蘇書局刻本　四冊

340000－1841－0001229　603590

江蘇省例不分卷　（□）□□撰　清同治八年(1869)江蘇書局刻本　二冊

340000－1841－0001230　603591

江蘇省例不分卷　（□）□□撰　清同治八年(1869)江蘇書局刻本　四冊

340000－1841－0001231　603592

江蘇省例續編不分卷　（□）□□撰　清光緒元年(1875)江蘇書局刻本　二冊

340000－1841－0001232　603593

江蘇省例續編不分卷　（□）□□撰　清光緒元年(1875)江蘇書局刻本　二冊

340000－1841－0001233　603594

江蘇省例續編不分卷　（□）□□撰　清光緒元年(1875)江蘇書局刻本　二冊

340000－1841－0001234　603595

江蘇省例三編不分卷　（□）□□撰　清光緒九年(1883)江蘇書局刻本　二冊

340000－1841－0001235　603596

江蘇省例三編不分卷　（□）□□撰　清光緒九年(1883)江蘇書局刻本　二冊

340000－1841－0001236　603597

江蘇省例四編不分卷　（□）□□撰　清光緒二十一年(1895)江蘇書局刻本　三冊

340000－1841－0001237　603599

大清宣統新法令不分卷　（清）商務印書館編　清宣統元年(1909)上海商務印書館鉛印本　九冊

340000－1841－0001238　603603

震澤縣志三十八卷　（清）沈彤等纂　清光緒十九年(1893)刻本　八冊

340000－1841－0001239　603606

溧陽縣志十六卷　（清）史炳纂　清光緒二十二年(1896)活字本　十冊

340000－1841－0001240　603607

溧陽縣志二十六卷　（清）馮煦纂　清光緒二十五年(1899)活字本　八冊

340000－1841－0001241　603608

焦山志二十六卷　（清）吳雲輯　清同治十三年(1874)刻本　八冊

340000－1841－0001242　603609

焦山續志八卷　（清）陳任暘輯　清光緒三十年(1904)刻本　二冊

340000－1841－0001243　603610

川沙廳志十四卷　（清）俞樾纂　清光緒五年(1879)刻本　六冊

340000－1841－0001244　603611

丹陽縣志三十六卷　（清）徐錫麟等纂　清光緒十一年(1885)刻本　十六冊

340000－1841－0001245　603612

吳江縣續志四十卷首一卷　（清）熊其英纂　（清）金福曾修　清光緒五年(1879)刻本　八冊

340000－1841－0001246　603613

吳江縣續志四十卷　（清）金福全等修　（清）熊其英等纂　清光緒五年(1879)刻本　八冊

340000－1841－0001247　603616

江陰縣志三十卷　（清）季念詒纂　清光緒四年(1878)刻本　二十冊

340000－1841－0001248　603618

海州直隸州志三十二卷　（清）唐仲冕修

(清)汪梅鼎纂　清嘉慶十六年(1811)刻本　十册

340000－1841－0001249　603620
水道提綱二十八卷　(清)齊召南著　清光緒四年(1878)刻本　八册

340000－1841－0001250　603622
稽古録二十卷　(宋)司馬光撰　清嘉慶十年(1805)虞山張氏照曠閣刻本　二册

340000－1841－0001251　603627
竹書紀年集證五十卷　(清)陳逢衡撰　清嘉慶十八年(1813)裛露軒刻本　十六册

340000－1841－0001252　603639
竹書紀年統箋十二卷　(清)徐文靖撰　(清)馬陽　(清)崔萬烜校訂　清光緒二十三年(1897)圖書集成書局鉛印本　一册

340000－1841－0001253　603640
竹書紀年十二卷　(清)徐文靖補箋　清光緒三年(1877)浙江書局刻本　四册

340000－1841－0001254　603641
竹書紀年統箋十二卷　(清)徐文靖撰　(清)馬陽　(清)崔萬烜校訂　清光緒三年(1877)浙江書局刻本　四册

340000－1841－0001255　603642
竹書紀年統箋十二卷　(清)徐文靖撰　(清)馬陽　(清)崔萬烜校訂　清光緒三年(1877)浙江書局刻本　四册

340000－1841－0001256　603646
曾文正公奏議十卷　(清)曾國藩撰　清同治十三年(1874)上海醉六堂刻本　七册

340000－1841－0001257　603647
周季編略九卷　(清)黄式三撰　清同治十二年(1873)浙江書局刻本　四册

340000－1841－0001258　603652
劉文莊公奏議八卷　(清)劉秉璋撰　清光緒三十四年(1908)鉛印本　八册

340000－1841－0001259　603654
元史秘史十五卷　(清)李文田撰　清光緒二十九年(1903)史學齋石印本　六册

340000－1841－0001260　603655
元朝秘史注十五卷　(清)李文田撰　清光緒二十九年(1903)上海文瑞樓石印本　四册

340000－1841－0001261　603656
元朝秘史注十五卷　(清)李文田注　清光緒二十二年(1896)通隱堂刻本　四册

340000－1841－0001262　603657
元史譯文證補二十二卷　(清)洪鈞撰　清光緒鉛印本　二册

340000－1841－0001263　603659
甲申傳信錄十卷　(清)錢駅撰　清光緒三十二年(1906)上海國學保有會鉛印國粹叢書本　一册

340000－1841－0001264　603664
歷朝史案二十卷首一卷　(清)吳裕垂撰　(清)洪亮吉編　清乾隆刻本　六册

340000－1841－0001265　603681
列國政要一百三十二卷首一卷　(清)戴鴻慈　(清)端方輯　清光緒三十三年(1907)石印本　三十二册

340000－1841－0001266　603686
稽古錄二十卷　(宋)司馬光撰　清同治十一年(1872)湖北崇文書局刻本　四册

340000－1841－0001267　603688
三國雜事不分卷　(宋)唐庚撰　清道光十一年(1831)刻本　一册

340000－1841－0001268　603689
增廣古今人物論三十六卷續編十二卷　(明)鄭元直輯　清光緒二十八年(1902)富文書局石印本　十二册

340000－1841－0001269　603690
增廣古今人物論三十六卷續編十二卷　(明)鄭光直輯　清光緒二十八年(1902)富文書局石印本　十一册

340000－1841－0001270　603693
金佗稡編二十八卷　(宋)岳珂編　清光緒九

年(1883)浙江書局刻本　十二冊

340000－1841－0001271　603696

補三國疆域志二卷　（清）洪亮吉撰　清光緒
十七年(1891)廣雅書局刻本　二冊

340000－1841－0001272　603698

明季南略十八卷　（清）計六奇撰　清道光京
都琉璃廠半松居士木活字印本　十冊

340000－1841－0001273　603699

小腆紀年坿考二十卷　（清）徐嘉撰　清光緒
四年(1878)北京京都龍威閣坊刻本　十二冊

340000－1841－0001274　603700

小腆紀傳六十五卷補遺五卷　（清）徐鼒撰
清光緒十三年(1887)金陵刻本　十八冊

340000－1841－0001275　603702

南天二十六卷　（清）凌雪纂修　清宣統二年
(1910)復古社鉛印本　六冊

340000－1841－0001276　603703

讀史津逮四卷　（清）潘永圍撰　清康熙五年
(1666)刻本　四冊

340000－1841－0001277　603704

戰國策三十三卷　（漢）劉向編　（漢）高誘注
　（宋）姚宏校正　清光緒二十三年(1897)成
都書局刻本　七冊

340000－1841－0001278　603716

明季北略二十四卷　（清）計六奇撰　清道光
京都琉璃廠半松居士木活字印本　十冊

340000－1841－0001279　603717

明季北略二十四卷　（清）計六奇撰　清道光
京都琉璃廠半松居士木活字印本　八冊

340000－1841－0001280　603718

明季南略十八卷　（清）計六奇撰　清道光京
都琉璃廠半松居士木活字印本　六冊

340000－1841－0001281　603719

浙東籌防錄四卷　（清）薛福成纂輯　清光緒
十四年(1888)刻本　四冊

340000－1841－0001282　603720

兩浙防護陵寢祠墓錄　（清）阮元輯　清嘉慶
七年(1802)刻本　四冊

340000－1841－0001283　603722

征剿紀略四卷　（清）嚴樂亭撰　清光緒二十
六年(1900)抄本　四冊

340000－1841－0001284　603724

二十世紀之怪物帝國主義不分卷　（日本）幸
德秋水著　（清）趙必振譯　清光緒二十八年
(1902)上海廣智書局刻本　一冊

340000－1841－0001285　603727

臺灣戰紀二卷　（清）洪棄父纂　清光緒三十
二年(1906)鉛印本　二冊

340000－1841－0001286　603727

大唐西域記十二卷　（唐）释玄奘譯　（唐）释
辯機撰　清宣統元年(1909)刻本　四冊

340000－1841－0001287　603733

十六國春秋一百卷　（三國魏）崔鴻撰　（清）
汪日桂重訂　清乾隆四十六年(1781)汪氏刻
本　二十冊

340000－1841－0001288　603733

平定粵匪紀略十八卷　（清）杜文瀾撰　清同
治十年(1871)北京聚珍齋刻本　八冊

340000－1841－0001289　603733

明太祖實錄七卷　（明）楊士奇撰　清抄本
一冊

340000－1841－0001290　603734

十國春秋一百十六卷拾遺備考補一卷　（清）
吳任臣撰　（清）周昂重校　清乾隆五十八年
(1793)昭文周昂此宜閣重校刻本　二十四冊

340000－1841－0001291　603735

十國春秋一百十六卷　（清）吳任臣撰　清光
緒十二年(1886)刻本　二十冊

340000－1841－0001292　603736

意大利獨立史六卷　（日本）松井廣吉撰
（清）張仁普譯　清光緒二十八年(1902)上海
廣智書局鉛印本　一冊

340000－1841－0001293　603737

俄國新志八卷　（英國）陜勒低撰　（英國）傅蘭雅　（清）潘松譯　清光緒二十四年(1898)上海製造總局刻本　三冊

340000－1841－0001294　603741

西魏書二十四卷　（清）謝啟昆撰　清光緒九年(1883)樹經堂刻本　六冊

340000－1841－0001295　603742

古烈女傳不分卷　（漢）劉向撰　清嘉慶元年(1796)小讀書堆刻本　一冊

340000－1841－0001296　603745

江西巡撫陳淮題本不分卷　（清）陳淮撰　清嘉慶元年(1796)寫本　一冊

340000－1841－0001297　603761

水經注四十卷　（北魏）酈道元注　（清）戴震（清）孔繼任校訂　清乾隆刻本　八冊

340000－1841－0001298　603763

後漢書補表八卷　（清）錢大昭撰　（清）鮑廷博校　清光緒八年(1882)知不足齋刻本　四冊

340000－1841－0001299　603768

俄國新志八卷　（英國）陜勒低撰　（英國）傅蘭雅　（清）潘松譯　清光緒二十七年(1901)上海書局石印本　四冊

340000－1841－0001300　603769

海國圖志一百卷　（清）魏源撰　清光緒二年(1876)平慶涇固道署刻本　七冊

340000－1841－0001301　603774

大瑞典國挪威國條約不分卷　（□）□□編清道光二十七年(1847)刻本　一冊

340000－1841－0001302　603775

文字興國策二卷　（美國）林樂知譯　清光緒二十二年(1896)圖書集成局鉛印本　二冊

340000－1841－0001303　603776

中東戰紀本末初編八卷續編四卷文學與國策二卷　（美國）林樂知著譯　（清）蔡爾康纂輯　清光緒二十三年(1897)上海圖書集成局鉛印本　八冊

340000－1841－0001304　603777

中東戰紀本末續編七卷　（美國）林樂知著譯（清）蔡爾康纂輯　清光緒二十三年(1897)上海圖書集成局鉛印本　四冊

340000－1841－0001305　603778

中東戰紀本末三編四卷　（美國）林樂知著譯（清）蔡爾康纂輯　清光緒二十六年(1900)上海圖書集成局鉛印本　四冊

340000－1841－0001306　603779

中東戰紀本末續編七卷　（美國）林樂知著譯（清）蔡爾康纂輯　清光緒二十三年(1897)上海圖書集成局鉛印本　四冊

340000－1841－0001307　603784

皇朝武功紀盛四卷　（清）趙翼撰　清抄本四冊

340000－1841－0001308　603785

聖武記十四卷　（清）魏源撰　清道光二十二年(1842)清古微堂刻本　十二冊

340000－1841－0001309　603786

聖武記十四卷　（清）魏源撰　清道光二十二年(1842)清古微堂刻本　十二冊

340000－1841－0001310　603790

御選明臣奏議四十卷　（清）高宗弘曆輯　清乾隆四十六年(1781)武英殿木活字印本十冊

340000－1841－0001311　603791

欽定康濟錄四卷　（清）左宗棠錄　清同治三年(1864)刻本　三冊

340000－1841－0001312　603792

讀史方輿紀要一百三十卷輿圖要覽四卷（清）顧祖禹撰　清光緒五年(1879)四川蜀南桐華書屋薛氏家塾修補本　四十八冊

340000－1841－0001313　603805

洋務經濟通考十六卷　（清）應祖錫纂　清光緒二十八年(1902)鴻寶齋石印本　十二冊

340000－1841－0001314　603806

各國交涉公法論十六卷　（英國）費利摩羅巴

德撰　(英國)傅蘭雅口譯　(清)俞世爵筆述
清光緒二十四年(1898)江南機器製造總局
鉛印本　十六冊

340000－1841－0001315　603811

中興小紀四十卷　(宋)熊克撰　清光緒十七
年(1891)廣雅書局刻本　六冊

340000－1841－0001316　603812

清十朝聖訓九百二十二卷　(□)□□撰　清
光緒十三年(1887)上海點石齋石印朱墨套印
本　一百冊

340000－1841－0001317　603815

實政錄七卷　(明)呂坤撰　清同治十一年
(1872)江蘇書局刻本　六冊

340000－1841－0001318　603817

實政錄七卷　(明)呂坤撰　清同治十一年
(1872)浙江書局刻本　六冊

340000－1841－0001319　603818

牧令書輯要十卷　(清)徐棟編　(清)丁日昌
選評　清同治七年(1868)江蘇書局刻本
十冊

340000－1841－0001320　603819

藏瞻奏稿二卷　(清)鹿傅霖輯　清光緒二十
六年(1900)石印本　二冊

340000－1841－0001321　603821

忠武志八卷　(清)張鵬翩輯　清嘉慶十九年
(1814)刻本　四冊

340000－1841－0001322　603826

讀史方輿紀要一百三十卷　(清)顧祖禹撰
清光緒二十五年(1899)慎記書莊石印本　三
十二冊

340000－1841－0001323　603827

中外地輿圖說集成一百三十卷　(清)同康廬
主人編　清光緒二十年(1894)積山書局石印
本　二十四冊

340000－1841－0001324　603829

大清一統史十一卷　(日本)佐藤楚材編輯
(清)陳邦瑞校對　清光緒二十八年(1902)世
界書局石印本　六冊

340000－1841－0001325　603831

天下郡國利病書一百二十卷　(清)顧炎武輯
清道光三年(1823)填記書莊石印本　二十
四冊

340000－1841－0001326　603832

天下郡國利病書一百二十卷　(清)顧炎武輯
清光緒五年(1879)蜀南桐華書屋薛氏校正
本　四十六冊

340000－1841－0001327　603833

大清一統輿圖二十卷　(清)嚴樹森撰　清光
緒二十四年(1898)石印本　三冊

340000－1841－0001328　603834

洴澼百金方十四卷　題(清)惠麓酒民編　題
(清)玉厄居士重訂　清道光二十年(1840)刻
本　五冊

340000－1841－0001329　603835

洴澼百金方十四卷　題(清)惠麓酒民編　題
(清)玉厄居士重訂　清道光二十年(1840)刻
本　五冊

340000－1841－0001330　603836

洴澼百金方十四卷　題(清)惠麓酒民編　題
(清)玉厄居士重訂　清道光二十年(1840)刻
本　五冊

340000－1841－0001331　603837

洴澼百金方十四卷　題(清)惠麓酒民編　題
(清)玉厄居士重訂　清道光二十年(1840)刻
本　五冊

340000－1841－0001332　603838

太平寰宇記二百卷　(宋)樂史撰　清嘉慶八
年(1803)刻本　二十六冊

340000－1841－0001333　603839

大清一統志表　(清)陳蘭森撰　清嘉慶八年
(1803)刻本　六冊

340000－1841－0001334　603840

大清中外壹統輿圖三十卷首一卷　(清)嚴樹
森撰　清同治二年(1863)湖北撫署景桓樓刻

本　八冊

340000－1841－0001335　603841

皇朝輿地通考二十三卷　題(清)通文主人輯
清光緒二十九年(1903)上海通文書局石印
本　四十冊

340000－1841－0001336　603842

廣輿記二十四卷　(清)陸應陽纂　(清)蔡方
炳增輯　清康熙二十五年(1686)刻本　十
二冊

340000－1841－0001337　603843

廣輿記二十四卷　(清)陸應陽撰　(清)蔡方
炳增輯　清康熙二十五年(1686)聚秀堂刻本
二十冊

340000－1841－0001338　603844

通鑑地理今釋不分卷　(清)吳熙載撰　清光
緒八年(1882)江蘇書局刻本　三冊

340000－1841－0001339　603845

通鑑綱目釋地補注六卷　(清)張庚撰　清光
緒十六年(1890)刻本　六冊

340000－1841－0001340　603847

新斠注地理志十六卷　(清)錢坫撰　(清)徐
松集釋　(清)姚覲元　繆荃孫等同校　清同
治十三年(1874)會稽章貞刻本　八冊

340000－1841－0001341　603848

補三國疆域志二卷　(清)洪亮吉撰　清光緒
十七年(1891)廣雅書局刻本　一冊

340000－1841－0001342　603849

忠義紀聞錄三十卷　(清)陳繼聰述　清光緒
八年(1882)刻本　八冊

340000－1841－0001343　603850

皇朝直省府廳州縣歌括不分卷　(清)蔣升編
清光緒二十八年(1902)內江萬軸樓校刻本
二冊

340000－1841－0001344　603851

大清一統輿圖二十卷　(清)嚴樹森撰　清同
治二年(1863)刻本　十冊

340000－1841－0001345　603852

水經注圖及附錄二卷　(清)汪士鐸撰　清同
治三年(1864)刻本　一冊

340000－1841－0001346　603853

水經注西南諸水考三卷　(清)陳澧撰　清光
緒廣雅書局刻本　一冊

340000－1841－0001347　603854

水經注西南諸水考三卷　(清)陳澧撰　清道
光二十七年(1847)刻本　一冊

340000－1841－0001348　603856

籌海圖編十三卷　(明)胡宗憲輯　(明)胡維
極重校　明天啟四年(1624)刻本　八冊

340000－1841－0001349　603857

皇朝藩屬輿地叢書　(清)黃沛翹輯　清光緒
二十九年(1903)上海書局石印本　四十八冊

340000－1841－0001350　603858

**林文忠政書三十七卷滇軺紀程一卷荷戈紀程
一卷政書蒐遺一卷畿輔水利議一卷**　(清)林
則徐撰　清光緒二年至五年(1876－1879)刻
本　十六冊

340000－1841－0001351　603859

虎鈐經二十卷　(明)許洞撰　明刻本　六冊

340000－1841－0001352　603862

道齊正軌二十卷　(清)鄒鳴鶴纂　(清)蘇源
生編次　清光緒七年(1881)刻本　八冊

340000－1841－0001353　603864

乾隆府廳州縣圖志五十卷　(清)洪亮吉撰
清光緒五年(1879)授經堂刻本　十冊

340000－1841－0001354　603866

劉壯肅公奏議十卷　(清)劉銘傳撰　清光緒
三十二年(1906)鉛印　六冊

340000－1841－0001355　603867

東林書院志二十二卷　(清)高嵀等輯　清光
緒七年(1881)刻本　八冊

340000－1841－0001356　603868

東林書院志二十二卷　(清)高嵀等輯　清光
緒七年(1881)刻本　八冊

340000－1841－0001357　603871

平浙紀略十六卷　（清）秦緗業　（清）陳鍾英編　清同治十二年（1873）浙江書局刻本四冊

340000－1841－0001358　603872

中外地輿圖說集成一百三十卷　（清）同康廬主人編　清光緒二十年（1894）積山書局石印本　三十二冊

340000－1841－0001359　603876

籌洋島議不分卷　（清）薛福成撰　清光緒十年（1884）刻本　一冊

340000－1841－0001360　603877

籌洋島議不分卷　（清）薛福成撰　清光緒十年（1884）刻本　一冊

340000－1841－0001361　603878

出使奏疏二卷　（清）薛福成撰　清光緒二十年（1894）刻本　二冊

340000－1841－0001362　603879

出使奏疏二卷　（清）薛福成撰　清光緒二十年（1894）刻本　二冊

340000－1841－0001363　603880

出使日記六卷　（清）薛福成撰　清光緒十八年（1892）刻本　六冊

340000－1841－0001364　603881

出使日記六卷　（清）薛福成撰　清光緒十八年（1892）刻本　六冊

340000－1841－0001365　603882

出使日記續刻十卷　（清）薛福成撰　清光緒二十四年（1898）刻本　十冊

340000－1841－0001366　603883

出使日記續刻十卷　（清）薛福成撰　清光緒二十四年（1898）刻本　十冊

340000－1841－0001367　603884

農安縣丁未報告書　（清）李澍恩撰　清光緒三十四年（1908）吉林官書印刷局鉛印本　一冊

340000－1841－0001368　603885

340000－1841－0001368　603885

文廟丁祭譜不分卷　（□）□□撰　清同治七年（1868）江蘇書局刻本　一冊

340000－1841－0001369　603886

大婚禮節不分卷　（□）□□撰　清同治刻本　一冊

340000－1841－0001370　603887

熙朝人鑑八卷　（清）丁承祜編　清光緒二十三年（1897）蘇城瑪瑙經房善書局刻本　四冊

340000－1841－0001371　603893

湘軍記二十卷　（清）王安定撰　清光緒十五年（1889）江南書局刻本　十二冊

340000－1841－0001372　603905

蠻書存一卷　（唐）樊綽撰　清光緒浙江袁昶漸西村舍據武英殿聚珍版刻本　一冊

340000－1841－0001373　603905

蠻書存一卷　（唐）樊綽撰　清光緒浙江袁昶漸西村舍據武英殿聚珍版刻本　一冊

340000－1841－0001374　603906

英傑歸真不分卷　（清）洪仁玕撰　清咸豐十一年（1861）抄本　二冊

340000－1841－0001375　603912

欽定中樞政考四十卷　（清）明達纂　清嘉慶十年（1805）刻大字本　四十九冊

340000－1841－0001376　603913

皇朝掌故匯編六十卷　（清）宋澄之等輯　清光緒二十八年（1902）求實書社鉛印本　六冊

340000－1841－0001377　603916

李文忠公函稿（海軍）四卷　（清）李鴻章撰（清）吳汝綸編輯　清光緒二十八年（1902）蓮池書社鉛印本　二冊

340000－1841－0001378　603917

李文忠公外部丞稿二十八卷　（清）李鴻章撰（清）吳汝綸輯　清光緒二十八年（1902）蓮池書社鉛印本　十四冊

340000－1841－0001379　603918

漢名臣言行錄十二卷　（清）夏之芳輯　清乾隆十七年（1752）積翠軒刻本　六冊

340000 – 1841 – 0001380　603919

明史紀事本末八十卷　(清)谷應泰輯　清光
緒十四年(1888)上海書業公所崇德堂鉛印歷
朝紀事本末本　八冊

340000 – 1841 – 0001381　603920

峋嶁鑑撮四卷　(清)曠敏本　(清)李文熙纂
輯　清嘉慶二十三年(1818)刻本　四冊

340000 – 1841 – 0001382　603921

讀史兵略十二卷　(清)胡林翼纂　清光緒三
十一年(1905)上海富文書局石印本　十二冊

340000 – 1841 – 0001383　603922

保華全書四卷續編　(英國)貝思福撰　清光
緒二十五年(1899)上海吳雲記書局活字本
四冊

340000 – 1841 – 0001384　603923

環游地球新録四卷　(清)李圭撰　清光緒三
年(1877)刻本　四冊

340000 – 1841 – 0001385　603924

中國江海險要圖誌二十二卷首一卷補編五卷
圖五卷　(英國)英國海軍海圖官局撰　(清)
陳壽彭譯　清光緒二十七年(1901)經世文社
石印本　十冊

340000 – 1841 – 0001386　603932

百將圖傳二卷　(清)丁日昌編　清同治八年
(1869)江蘇書局刻本　二冊

340000 – 1841 – 0001387　603933

百將圖傳二卷　(清)丁日昌編　清同治八年
(1869)江蘇書局刻本　二冊

340000 – 1841 – 0001388　603934

百將圖傳二卷　(清)丁日昌編　清同治八年
(1869)江蘇書局刻本　二冊

340000 – 1841 – 0001389　603939

湘軍志十六篇十六卷　(清)王闓運撰　清宣
統元年(1909)東州刻本　三冊

340000 – 1841 – 0001390　603940

綏寇紀略十二卷　(清)吳偉業撰　清嘉慶九
年(1804)昭文張海鵬刻本　八冊

340000 – 1841 – 0001391　604091

野獲編三十卷附補遺四卷　(明)沈德符撰
(清)錢枋輯　清道光七年(1827)錢唐姚祖恩
刻本　三十四冊

340000 – 1841 – 0001392　604324

古今萬姓統譜一百四十卷　(明)凌迪知編
(明)凌述知校　明萬曆七年(1579)刻本　五
十冊

340000 – 1841 – 0001393　604370

晏子春秋六卷　(周)晏嬰撰　(漢)劉向等校
明吳興凌澄初刻朱墨套印　四冊

340000 – 1841 – 0001394　604370

晏子春秋六卷　(周)晏嬰撰　(漢)劉向等校
明吳興凌澄初刻朱墨套印　四冊

340000 – 1841 – 0001395　604375

漢書評林一百卷首一卷　(明)凌稚隆輯　明
萬曆九年(1581)吳興凌氏刻本　二十四冊

340000 – 1841 – 0001396　604376

雪廬讀史快編六十卷　(明)趙維寰編　明天
啟四年(1624)刻本　二十冊

340000 – 1841 – 0001397　604380

宋元通鑑一百五十七卷　(明)薛應旂撰
(明)陳仁錫評　明天啟六年(1626)陳仁錫刻
本　二十四冊

340000 – 1841 – 0001398　604380 – 1

宋元通鑑一百五十七卷　(明)薛應旂撰
(明)陳仁錫評　明天啟六年(1626)陳仁錫刻
本　二十四冊

340000 – 1841 – 0001399　604386

讀史漫録十四卷　(明)于慎行撰　(明)郭應
寵編　明萬曆四十二年(1614)閩建書林于緯
刻本　六冊

340000 – 1841 – 0001400　604387

讀史漫録十四卷　(明)于慎行撰　(明)郭應
寵編　(明)于緯校　明萬曆四十二年(1614)
刻本　六冊

340000 – 1841 – 0001401　604388

廿一史識餘三十七卷　（明）張溥等輯　明崇禎十七年(1644)刻本　十冊

340000－1841－0001402　604390

史尚四卷　（明）錢枊撰　明崇禎刻本　四冊

340000－1841－0001403　604391

新鐫歷朝捷錄增定全編大成四卷　（明）顧充撰　（明）鍾惺　（明）屠隆等增補　（明）陳繼儒評閱　明萬曆後吳門王公元刻本　四冊

340000－1841－0001404　604393

孝紀十六卷拾遺一卷　（明）蔡保禎輯　明崇禎十二年(1639)刻本　八冊

340000－1841－0001405　604402

歷代名臣奏議三百二十卷　（明）董淮　（明）楊士奇編　（明）張溥刪正　明崇禎八年(1635)刻本　一百二十冊

340000－1841－0001406　604424

春融堂襍記八種　（清）王昶撰　清嘉慶十三年(1808)刻塾南書舍本　四冊

340000－1841－0001407　604427

學統五十六卷　（清）熊賜履撰　清康熙二十四年(1685)經義齋刻本　十六冊

340000－1841－0001408　604427

學統五十六卷　（清）熊賜履撰　清康熙二十四年(1685)經義齋刻本　十六冊

340000－1841－0001409　604430

吾學錄初編二十四卷　（清）吳榮光撰　清同治九年(1870)江蘇書局刻本　六冊

340000－1841－0001410　604433

吾學錄初編二十四卷　（清）吳榮光撰　清同治九年(1870)江蘇書局刻本　六冊

340000－1841－0001411　604434

吾學錄初編二十四卷　（清）吳榮光撰　清同治九年(1870)江蘇書局刻本　六冊

340000－1841－0001412　604478

學仕遺規四卷　（清）陳宏謀輯　清光緒五年(1879)江蘇書局刻本　五冊

340000－1841－0001413　604480

從政遺規摘抄二卷　（清）陳宏謀編　清同治七年(1868)崇文書局刻本　二冊

340000－1841－0001414　604481

從政遺規二卷　（清）陳宏謀輯　（清）沈壽慈　（清）鮑家瑞校　清光緒二十一年(1895)浙江書局刻本　二冊

340000－1841－0001415　604486

明儒學案六十二卷　（清）黃宗羲撰　清光緒二十八年(1902)上海文瀾書局石印本　八冊

340000－1841－0001416　604490

從政遺規二卷　（清）陳宏謀輯　清光緒三十四年(1908)學部圖書局刻本　一冊

340000－1841－0001417　604494

明儒學案六十二卷　（清）黃宗羲輯　清光緒八年(1882)慈溪刻本　二十四冊

340000－1841－0001418　604520

歷代輿地沿革險要圖不分卷　（清）楊守敬　（清）饒敦秩撰　清光緒五年(1879)東湖饒氏三色套印刻本　一冊

340000－1841－0001419　604542

湘軍記二十卷　（清）王安定撰　清光緒十五年(1889)江南書局刻本　八冊

340000－1841－0001420　604545

瀛環志略十卷　（清）徐繼畬輯著　（清）陳慶偕　鹿澤長參訂　（清）霍明高採譯　清光緒二十四年(1898)上海掃葉山房刻本　八冊

340000－1841－0001421　604546

瀛環志略十卷　（清）徐繼畬輯著　（清）陳慶偕　鹿澤長參訂　（清）霍明高採譯　清光緒二十四年(1898)上海掃葉山房刻本　六冊

340000－1841－0001422　604547

廣輿便覽二卷　（清）王日藻輯　清抄本　二冊

340000－1841－0001423　604556

貳臣傳十二卷　（清）國史館撰　清道光京都琉璃廠鉛印本　十冊

340000－1841－0001424　604557

中西紀事二十四卷　（清）夏燮撰　清同治七年(1868)刻本　六冊

340000－1841－0001425　604558

中西紀事二十四卷　（清）夏燮撰　清同治七年(1868)刻本　六冊

340000－1841－0001426　604566

日本國志四十卷　（清）黃遵憲編　清光緒二十四年(1898)浙江書局刻本　十冊

340000－1841－0001427　604567

日本維新三十年史十二編　（日本）東京博文館編　清光緒二十八年(1902)上海廣智書局鉛印本　六冊

340000－1841－0001428　604568

日本新史攬要七卷　（日本）石村貞一撰（清）游瀛主人譯　清光緒二十五年(1899)石印本　七冊

340000－1841－0001429　604570

太平寰宇記二百卷　（宋）樂史撰　（清）陳蘭森補　清光緒八年(1882)金陵書局刻本　三十三冊

340000－1841－0001430　604571

東洋史要二卷　（日本）桑原隲藏著　（清）樊炳清譯　清光緒二十五年(1899)東文學社刻本　四冊

340000－1841－0001431　604578

練兵實紀十五卷　（明）戚繼光撰　清光緒京都琉璃廠鉛印本　六冊

340000－1841－0001432　604579

練兵實紀十五卷　（明）戚繼光撰　清光緒京都琉璃廠鉛印本　六冊

340000－1841－0001433　604585

本朝史講義不分卷　（清）京師譯學館編　清光緒二十四年(1898)京師官書局鉛印本　一冊

340000－1841－0001434　604588

朔方備乘六十八卷　（清）何秋濤撰　清光緒

七年(1881)刻本　二十四冊

340000－1841－0001435　604589

朔方備乘六十八卷　（清）何秋濤撰　清光緒七年(1881)石印本　八冊

340000－1841－0001436　604590

朔方備乘六十八卷　（清）何秋濤撰　清光緒七年(1881)石印本　八冊

340000－1841－0001437　604591

江南安徽全圖　（清）劉籌纂　清光緒二十二年(1896)石印本　一冊

340000－1841－0001438　604592

安徽全圖　（清）劉籌纂　清光緒二十二年(1896)孟冬點石印行石印本　一冊

340000－1841－0001439　604593

歷代輿地沿革險要圖不分卷　（清）楊守敬（清）饒敦秩撰　清光緒五年(1879)東湖饒氏刻三色套印本　一冊

340000－1841－0001440　604595

狀子底稿　（清）王有文抄　清抄本　一冊

340000－1841－0001441　604596

狀子底稿　（清）王有文抄　清抄本　一冊

340000－1841－0001442　604597

狀子底稿　（清）王有文抄　清抄本　一冊

340000－1841－0001443　604601

大清一統輿圖三十卷　（清）嚴樹森撰　清同治二年(1863)刻本　十二冊

340000－1841－0001444　604602

大清中外壹統輿圖三十卷首一卷　（清）嚴樹森撰　清同治二年(1863)湖北撫署景桓樓刻本　十二冊

340000－1841－0001445　604604

小方壺齋輿地叢鈔六十四卷　（清）王錫祺輯　清光緒十七年(1891)上海著易堂鉛印本六十四冊

340000－1841－0001446　604605

蕩平發逆圖記二十二卷圖一卷　題（清）英閣

主人編　清光緒十四年(1888)上海漱六山莊石印本　四冊

340000－1841－0001447　604607
歷代地理志韻編今釋二十卷　(清)李兆洛撰　清光緒上海斐英館石印本　四冊

340000－1841－0001448　604608
歷代地理志韻編今釋二十卷　(清)李兆洛撰　清光緒上海斐英館石印本　十二冊

340000－1841－0001449　604608
歷代地理志韻編二十卷皇朝輿地韻編二卷歷代地理沿革圖一卷皇朝一統輿圖一卷紀元編三卷　(清)李兆洛輯　清光緒十四年(1888)上海掃葉山房刻本　十二冊

340000－1841－0001450　604609
歷代地理志韻編今釋二十卷　(清)李兆洛撰　清同治九年(1870)合肥李氏刻本　五冊

340000－1841－0001451　604610
新嘉坡風土記不分卷　(清)李鍾珏撰　清光緒二年(1876)刻本　一冊

340000－1841－0001452　604611
五洲圖考不分卷　(清)龔柴撰　清光緒二十四年(1898)上海徐家滙印書館鉛印本　四冊

340000－1841－0001453　606103
夏節愍全集十一卷補遺二卷　(明)夏允彝撰　(清)王昶輯　清嘉慶十二年(1807)刻本　四冊

340000－1841－0001454　604624
瀛環志略十卷　(清)徐繼畬輯著　(清)陳慶偕　鹿澤長參訂　(清)霍明高採譯　清道光三十年(1850)福省刻本　十二冊

340000－1841－0001455　604625
西巡回鑾始末記六卷　(日本)吉田良太郎口譯　題(清)八詠樓主人筆述　清光緒二十八年(1902)石印本　六冊

340000－1841－0001456　604626
漢西域圖考七卷　(清)李光廷撰　清光緒十九年(1893)寶善書局石印本　七冊

340000－1841－0001457　604628
西域四種四卷　(清)鴻文書局編　清道光九年(1829)上海鴻文書局石印本　八冊

340000－1841－0001458　604629
西域四種四卷　(清)鴻文書局編　清道光九年(1829)上海鴻文書局石印本　八冊

340000－1841－0001459　604636
漢西域圖考七卷　(清)李光廷撰　清光緒八年(1882)陽湖趙氏刻本　四冊

340000－1841－0001460　604638
觀光私記不分卷　(日本)永井久一郎撰　清宣統元年(1909)鉛印本　一冊

340000－1841－0001461　604639
辛卯侍行記六卷　(清)陶保廉撰　清光緒二十三年(1897)刻本　六冊

340000－1841－0001462　604643
同治中興京外奏議約編十六編　(清)李鴻藻奏　清光緒元年(1875)刻本　八冊

340000－1841－0001463　604644
李文忠公奏議二十卷　(清)李鴻章撰　清光緒保定蓮池書院石印本　二十冊

340000－1841－0001464　604648
山海經箋疏十九卷　(晉)郭璞撰　(清)郝懿行箋疏　清光緒十二年(1886)上海還讀樓刻本　四冊

340000－1841－0001465　604649
南疆繹史五十八卷　(清)李瑤撰　清道光十年(1830)都城琉璃廠半松居士木活字印本　十六冊

340000－1841－0001466　604650
水經注匯校四十卷水經注釋附錄二卷　(北魏)酈道元撰　清光緒七年(1881)福州刻本　十四冊

340000－1841－0001467　604651
水經注釋四十卷水經注箋刊誤十二卷　(清)趙一清撰　清光緒六年(1880)華雨樓張氏刻本　十六冊

340000 – 1841 – 0001468　604652

水經注釋四十卷水經注箋刊誤十二卷　（清）
趙一清撰　清光緒六年（1880）華雨樓張氏刻
本　十九冊

340000 – 1841 – 0001469　604659

水道提綱二十八卷　（清）齊召南著　清光緒
四年（1878）刻本　八冊

340000 – 1841 – 0001470　604660

水道提綱二十八卷　（清）齊召南撰　清乾隆
四十一年（1776）戴氏傳經書屋刻本　八冊

340000 – 1841 – 0001471　604721

新修英國條約章程稅則不分卷　（□）□□撰
清同治八年（1869）刻本　一冊

340000 – 1841 – 0001472　604722

大清國大日本國條規章程不分卷　（□）□□
撰　清同治十年（1871）刻本　一冊

340000 – 1841 – 0001473　604723

和約條款不分卷　不著撰者　清同治四年
（1865）刻本　一冊

340000 – 1841 – 0001474　604724

俄布丹荷國和約不分卷　（□）□□撰　清同
治四年（1865）刻本　一冊

340000 – 1841 – 0001475　604725

意奧國合約章程不分卷　（清）陸德鍾校　清
同治八年（1869）刻本　一冊

340000 – 1841 – 0001476　604726

大清國大英國會議條款　（□）□□撰　清光
緒鉛印本　一冊

340000 – 1841 – 0001477　604727

巴西國條約不分卷　（□）□□撰　清光緒七
年（1881）刻本　一冊

340000 – 1841 – 0001478　604728

大清國大日本國條規章程附稅則　（□）□□
撰　清同治十年（1871）刻本　一冊

340000 – 1841 – 0001479　604729

**比西瑞挪國合約古巴華工條款長江統共章程
各口通共章程不分卷**　（□）□□撰　清光緒

刻本　一冊

340000 – 1841 – 0001480　604730

英國合約不分卷　（□）□□撰　清刻本
一冊

340000 – 1841 – 0001481　604731

法美國和約不分卷　（□）□□撰　清咸豐八
年（1858）刻本　一冊

340000 – 1841 – 0001482　604732

葡萄牙國條款　（□）□□撰　清光緒十三年
（1887）鉛印本　一冊

340000 – 1841 – 0001483　604733

中法會訂越南新約不分卷　（□）□□撰　清
光緒十一年（1885）刻本　一冊

340000 – 1841 – 0001484　604734

西國近事匯編四卷　（清）李嶽薌　（清）鄭昌
棪編　清光緒十三年（1887）上海機器製造局
鉛印本　四冊

340000 – 1841 – 0001485　604738

拿破侖本紀四十二章　（英國）洛加德著
（清）林紓　（清）魏易譯　清光緒三十三年
（1907）北京學務處官書局鉛印本　四冊

340000 – 1841 – 0001486　604739

飛獵濱獨立戰史十四章附錄志士列傳一章
（菲律賓）棒時著　題（清）同是傷心人譯　清
光緒二十八年（1902）上海商務印書館鉛印本
一冊

340000 – 1841 – 0001487　604740

各國交涉便法論六卷　（英國）費利摩羅巴德
撰　清光緒二十四年（1898）上海書局石印本
四冊

340000 – 1841 – 0001488　604741

支那通史七卷　（日本）那珂通世編　清光緒
二十五年（1899）東文學社石印本　四冊

340000 – 1841 – 0001489　604744

日本外史二十二卷　（日本）賴襄撰　清抄本
二十三冊

340000 – 1841 – 0001490　604746

萬國史記二十卷 （日本）岡本監輔撰 清光緒二十三年（1897）上海六先書局鉛印本 八冊

340000－1841－0001491 604747

語石十卷 葉昌熾撰 清宣統元年（1909）刻本 四冊

340000－1841－0001492 604748

辛丑各國合約文件壬寅中英商約稅則匯錄 （□）□□撰 清光緒二十八年（1902）海上寓公鉛印本 一冊

340000－1841－0001493 604749

萬國通史前編十卷 （英國）李思氏約翰甫編 （清）蔡爾康筆述 清光緒二十六年（1900）上海商務印書館刻本 十冊

340000－1841－0001494 604756

朱文端公三傳五十一卷 （清）朱軾 （清）蔡世遠撰 清同治古唐刻本 二十四冊

340000－1841－0001495 604757

天臺治略十卷 （清）戴兆佳撰 清嘉慶九年（1804）刻本 六冊

340000－1841－0001496 604758

安危注四卷 （明）吳甡輯 清初吳元復刻本 六冊

340000－1841－0001497 604759

中法會議越南邊界通商章程不分卷 （□）□□撰 清光緒十二年（1886）刻本 二冊

340000－1841－0001498 604760

左文襄公奏疏初編三十八卷續編七十六卷三編六卷 （清）左宗棠撰 清光緒十六年（1890）上海圖書集成局鉛印本 二十冊

340000－1841－0001499 604761

行水金鑑一百七十五卷 （清）傅澤洪撰 清雍正三年（1725）淮揚官舍刻本 六十四冊

340000－1841－0001500 604763

河防紀略四卷 （清）孫鼎臣撰 清咸豐八年（1858）刻本 二冊

340000－1841－0001501 604773

南北史識小錄二十八卷 （清）沈潤芳 （清）朱文盉輯 （清）張應昌補正 清同治十年（1871）武林吳氏清來堂校刻本 十二冊

340000－1841－0001502 604774

南北史識小錄二十八卷 （清）沈潤芳 （清）朱文盉輯 （清）張應昌補正 清同治十年（1871）吳氏清來堂刻本 八冊

340000－1841－0001503 604790

讀史糾謬十五卷 （清）牛運震撰 清嘉慶空山堂刻本 八冊

340000－1841－0001504 604794

史記菁華錄六卷 （清）姚祖恩輯 清光緒九年（1883）廣州翰墨園刻本 六冊

340000－1841－0001505 604795

史記志疑三十六卷補遺一卷 （清）梁玉繩撰 （清）梁學昌輯 清乾隆五十二年（1787）刻本 十二冊

340000－1841－0001506 604798

歷代史論十二卷 （明）張溥撰 清光緒五年（1879）西江氏刻本 八冊

340000－1841－0001507 604799

歷代史論十二卷附高瞻人左傳論谷虜虞明史論 （明）張溥撰 清光緒五年（1879）雙和堂刻本 八冊

340000－1841－0001508 604801

洪稚存評史四卷 （清）洪亮吉評 清光緒三十一年（1905）同文公記石印本 四冊

340000－1841－0001509 604804

讀史鏡古編三十二卷 （清）潘世恩輯 清同治十三年（1874）冶城飛霞閣刻本 六冊

340000－1841－0001510 604805

史通削繁四卷 （清）紀昀撰 清道光十三年（1833）兩廣節署刻本 四冊

340000－1841－0001511 604806

史通削繁四卷 （清）紀昀撰 清道光十三年（1833）兩廣節署刻本 四冊

340000－1841－0001512 604807

史通削繁四卷　（清）紀昀撰　清光緒元年(1875)湖北崇文書局刻本　四冊

340000－1841－0001513　604808

史通削繁四卷　（清）紀昀撰　清光緒元年(1875)湖北崇文書局刻本　二冊

340000－1841－0001514　604809

史通削繁四卷　（清）紀昀撰　清道光十三年(1833)兩廣節署刻本　二冊

340000－1841－0001515　604810

史學叢書四十三種一百三十六卷　（清）梁玉繩撰　清光緒二十八年(1902)上海文瀾書局石印本　三十二冊

340000－1841－0001516　604811

新譯日本法規大全不分卷　（清）劉崇傑譯　清光緒三十三年(1907)上海商務印書館鉛印本　二十冊

340000－1841－0001517　604815

歷代名人年譜五卷　（清）吳榮光著　清北京琉璃廠晉華書局信都萬忍堂刻本　二冊

340000－1841－0001518　604816

十七史商榷一百卷　（清）王鳴盛撰　清光緒十九年(1893)廣雅書局刻本　十五冊

340000－1841－0001519　604817

二十二史考異一百卷　（清）錢大昕撰　清道光二十年(1840)潛研堂錢氏刻本　三十二冊

340000－1841－0001520　604819

皇朝開國方略三十二卷　（清）阿桂等編　清光緒十三年(1887)廣百宋齋鉛印本　六冊

340000－1841－0001521　604827

中西紀事二十四卷　（清）夏燮編　清光緒十三年(1887)鉛印本　八冊

340000－1841－0001522　604828

西行紀程三卷　（清）孟傳鑄撰　清咸豐六年(1856)刻本　一冊

340000－1841－0001523　604829

歷代帝王年表　（清）齊召南編　清道光四年(1824)小瑯嬛仙館刻本　二冊

340000－1841－0001524　604837

羅浮志十五卷　（明）陳璉撰　清道光三十年(1850)廣東刻本　四冊

340000－1841－0001525　604842

史緯三百三十卷　（唐）司馬貞補撰　（清）陳允錫刪修　（清）羅大春刊補　清同治九年(1870)刻本　一百二十冊

340000－1841－0001526　604843

史緯三百三十卷首一卷　（清）陳允錫刪修　（唐）司馬貞補撰　（清）羅大春刊補　清光緒二十九年(1903)文來書局石印本　六十冊

340000－1841－0001527　604844

史翼三十六卷　（清）王藝卿　（清）趙伯謙編　清光緒二十九年(1903)新書局石印本　八冊

340000－1841－0001528　604845

讀史碎金八十卷　（清）胡文炳編　清光緒元年(1875)刻本　八十冊

340000－1841－0001529　604846

海國公餘輯錄六卷　（清）張煜南輯　張鴻南校　清光緒二十七年(1901)刻本　七冊

340000－1841－0001530　604850

東萊先生音注唐鑒二十四卷　（宋）范祖禹撰　（宋）呂祖謙音注　清初刻本　四冊

340000－1841－0001531　604851

漢書蒙拾五卷　（清）杭在駿鈔　清光緒刻本　一冊

340000－1841－0001532　604857

攈古錄二十卷　（清）吳式芬編　清光緒刻本　二十冊

340000－1841－0001533　604868

西清續鑑二十卷　（清）高宗弘曆編　清宣統二年(1910)上海涵芬樓石印本　四十二冊

340000－1841－0001534　604898

廣治平略三十六卷廣治平略續集八卷　（清）蔡九霞撰　清光緒十年(1884)東都樂善堂縮印本　四冊

340000－1841－0001535　604904

金石萃編一百六十卷金石續編二十一卷
（清）王昶撰　清光緒十九年(1893)上海醉六堂石印本　二十四冊

340000－1841－0001536　604912

古玉圖考不分卷　（清）吳大澂編　清光緒十五年(1889)上海同文書局石印本　四冊

340000－1841－0001537　604913

古玉圖考不分卷　（清）吳大澂編　清光緒十五年(1889)上海同文書局石印本　四冊

340000－1841－0001538　604914

集石錄十卷　（宋）歐陽修撰　（清）謝啟光校　清康熙劉鴻儒四留堂刻本　四冊

340000－1841－0001539　604918

金石續編二十一卷首一卷　（清）陸耀遹撰　清光緒十九年(1893)上海醉六堂石印本　六冊

340000－1841－0001540　604924

泊如齋重修宣和博古圖錄三十卷　（宋）王黼等撰　（明）丁雲鵬　（明）吳右干繪圖（明）劉季然書錄　明萬曆十六年(1588)本立堂刻本　三十冊

340000－1841－0001541　604926

古泉匯七十八卷　（清）李佐賢撰　清同治三年(1864)利津李氏石泉書屋刻本　二十冊

340000－1841－0001542　604927

古泉匯七十八卷　（清）李佐賢撰　清同治三年(1864)利津李氏石泉書屋刻本　二十冊

340000－1841－0001543　604933

陶齋藏石記四十四卷陶齋藏磚記二卷　（清）端方撰　清宣統元年(1909)石印本　十二冊

340000－1841－0001544　604952

山右石刻叢編四十卷　（清）胡聘之撰　清光緒二十五年(1899)刻本　二十四冊

340000－1841－0001545　604953

山右石刻叢編四十卷　（清）胡聘之撰　清光緒二十五年(1899)刻本　二十四冊

340000－1841－0001546　604954

陶齋吉金錄八卷　（清）端方輯　清光緒三十四年(1908)石印本　八冊

340000－1841－0001547　604955

陶齋吉金續錄二卷　（清）端方輯　清宣統元年(1909)金陵石印本　二冊

340000－1841－0001548　604958

金石苑不分卷　（清）劉喜海撰　清道光二十六年(1846)刻本　十冊

340000－1841－0001549　604959

金石屑四卷附編一卷　（清）鮑昌熙摹　清光緒三年(1877)刻本　四冊

340000－1841－0001550　604961

泊如齋重修宣和博古圖錄三十卷　（宋）王黼等撰　明萬曆十六年(1588)刻本　三十冊

340000－1841－0001551　604962

大清通札五十四卷　（清）來保纂　（清）李玉鳴纂　清光緒九年(1883)江蘇書局刻本　十二冊

340000－1841－0001552　604963

九鐘精舍金石跋尾甲編　（清）吳士鑑編　清宣統二年(1910)刻本　一冊

340000－1841－0001553　604964

長江圖說十三卷　（清）馬徵麟著　清同治十年(1871)湖北刻本　一冊

340000－1841－0001554　604976

歷代輿地沿革險要圖不分卷　（清）楊守敬（清）饒敦秩撰　清光緒五年(1879)東湖饒氏刻三色套印本　一冊

340000－1841－0001555　604992

敬吾心室彝器款識　（清）朱善旂注　清光緒三十四年(1908)石印本　二冊

340000－1841－0001556　604995

金石錄三十卷　（宋）趙明誠編　清光緒十三年(1887)刻本　六冊

340000－1841－0001557　604996

金石續編二十一卷首一卷　（清）陸耀遹撰

清同治十三年(1874)刻本 十六册

340000－1841－0001558 604997

激素飛青閣摹刻古碑 (清)楊守敬摹刻 清光緒二年(1876)刻本 十六册

340000－1841－0001559 604998

金石文字不分卷 (清)張廷濟藏 清光緒石印本 二册

340000－1841－0001560 604999

常山貞石志二十四卷 (清)沈濤撰 清光緒二十年(1894)靈溪精舍刻本 十册

340000－1841－0001561 605000

兩漢金石記三十二卷 (清)翁方綱撰 清乾隆五十四年(1789)南昌使院刻本 六册

340000－1841－0001562 605014

奇觚室吉金文述二十卷 (清)劉心源撰 清光緒二十八年(1902)石印本 十册

340000－1841－0001563 605019

恒軒所見吉金錄 (清)吳大澂編 清光緒十一年(1885)石印本 二册

340000－1841－0001564 605021

續行水金鑑一百五十六卷 (清)俞正燮纂 清道光十二年(1832)刻本 一百册

340000－1841－0001565 605023

景德鎮陶錄十卷 (清)藍浦撰 (清)鄭廷桂輯 清光緒十七年(1891)刻本 三册

340000－1841－0001566 605024

廿二史札記三十六卷 (清)趙翼撰 清光緒二十五年(1899)上海千頃堂石印本 六册

340000－1841－0001567 605025

十七史詳節一百七十六卷 (宋)呂祖謙輯 (南朝宋)裴駰集解 (唐)張守節正義 (唐)司馬貞索隱 清光緒二十八年(1902)崇新書局石印本 三十二册

340000－1841－0001568 605029

二十二史札記三十六卷 (清)趙翼撰 清光緒二十年(1894)廣雅書局刻本 十六册

340000－1841－0001569 605030

史微四卷 (清)張采田撰 清光緒刻本 二册

340000－1841－0001570 605033

綱鑑易知錄九十二卷明鑑易知錄十五卷 (清)吳乘權 (清)周之炯 (清)周之燦輯 御纂資治通鑑綱目三編二十卷 (清)張廷玉等輯 清乾隆十一年(1746)刻本 四十册

340000－1841－0001571 605034

闕里文獻考一百卷首一卷末一卷 (清)孔繼汾輯 清乾隆二十七年(1762)刻本 八册

340000－1841－0001572 605034－1

闕里文獻考一百卷首一卷末一卷 (清)孔繼汾輯 清乾隆二十七年(1762)刻本 八册

340000－1841－0001573 605056

寰宇訪碑錄十二卷 (清)孫星衍 (清)邢澍撰 清光緒十七年(1891)刻本 六册

340000－1841－0001574 605070

俄史輯譯不分卷 (英國)闞斐迪譯 清光緒十四年(1888)益智書會刻本 一册

340000－1841－0001575 605071

國朝柔遠記十一卷 (清)王之春編 (清)彭玉麟定 清光緒十六年(1890)刻本 三册

340000－1841－0001576 605072

桐城耆舊傳十二卷 (清)馬其昶撰 清宣統三年(1911)刻本 五册

340000－1841－0001577 605079

元史譯文證補三十卷 (清)洪鈞撰 清光緒二十三年(1897)刻本 四册

340000－1841－0001578 605081

史通通釋二十卷 (唐)劉知幾撰 清光緒十一年(1885)刻本 四册

340000－1841－0001579 605089

讀史備忘八卷末一卷 (明)范理撰 清乾隆五十二年(1787)繼志堂刻本 二册

340000－1841－0001580 605090

輿地經勝二百卷 (宋)王象之撰 清道光二

十九年(1849)刻本　四十八冊

340000－1841－0001581　605096

金石三跋十卷附小石山房文集三編　(清)武
億撰　(清)王思錫　(清)王裕栻校　清乾隆
五十五年(1790)刻本　五冊

340000－1841－0001582　605096

金石三跋十卷附小石山房文集三編　(清)武
億撰　(清)王思錫　(清)王裕栻校　清乾隆
五十五年(1790)刻本　五冊

340000－1841－0001583　605097

金石契五卷首一卷金石契續一卷　(清)張燕
昌撰　清乾隆四十四年(1779)刻本　四冊

340000－1841－0001584　605099

鐵雲藏龜藏匋附泥不分卷　(清)劉鶚編　清
光緒二十九年(1903)石印本　十冊

340000－1841－0001585　605105

小蓬萊閣金石文字　(清)黃易編　清道光十
四年(1834)刻本　五冊

340000－1841－0001586　605107

**歷代名臣傳三十五卷續編五卷歷代循吏傳八
卷**　(清)張江　(清)藍鼎元　(清)李鍾僑
分纂　(清)朱軾　(清)蔡世遠合訂　清雍正
七年(1729)刻本　十七冊

340000－1841－0001587　605111

歷代鐘鼎彝器款識法帖二十卷　(宋)薛尚功
撰　清嘉慶二年(1797)石印本　五冊

340000－1841－0001588　605114

封泥考略十卷　(清)吳式芬　(清)陳介祺輯
　清光緒三十年(1904)上海石印本　十冊

340000－1841－0001589　605118

筠清館金文五卷　(清)吳榮光撰　清道光二
十二年(1842)刻本　五冊

340000－1841－0001590　605119

歷代鐘鼎彝器款識法帖二十卷　(宋)薛尚功
撰　清嘉慶二年(1797)刻本　八冊

340000－1841－0001591　605120

攀古彝器款識　(清)潘祖蔭輯　清同治十一

年(1872)京師滂喜齋刻本　二冊

340000－1841－0001592　605124

兩罍軒彝器圖釋十二卷　(清)吳雲撰　清同
治十二年(1873)刻本　六冊

340000－1841－0001593　605127

泉志十五卷　(宋)洪遵撰　清光緒二十三年
(1897)抄本　四冊

340000－1841－0001594　605129

阮氏積古齋鐘鼎彝器款識十卷　(清)阮元輯
　清光緒五年(1879)中華圖書館石刻本
六冊

340000－1841－0001595　605132

歷代鐘鼎彝器款識法帖二十卷　(宋)薛尚功
撰　清嘉慶二年(1797)刻本　八冊

340000－1841－0001596　605133

積古齋鐘鼎彝器款識十卷　(清)阮元輯　清
嘉慶九年(1804)刻本　二冊

340000－1841－0001597　605135

長安獲古編三卷　(清)劉燕庭撰　清光緒三
十一年(1905)東武劉氏刻本　二冊

340000－1841－0001598　605141

阮氏積古齋鐘鼎彝器款識十卷　(清)阮元輯
　清光緒五年(1879)中華圖書館石刻本
六冊

340000－1841－0001599　605142

遯盦古泉存不分卷　(清)吳隱輯　清宣統元
年(1909)西泠印社拓印本　一冊

340000－1841－0001600　605144

亦政堂重修宣和博古圖錄三十卷　(宋)王黼
等撰　清乾隆十七年(1752)亦政堂刻本　三
十

340000－1841－0001601　605145

古玉圖二卷　(元)朱德潤撰　清乾隆十七年
(1752)亦政堂刻本　一冊

340000－1841－0001602　605146

考古圖十卷　(宋)呂大臨輯　清乾隆十八年
(1753)槐蔭草堂刻本　九冊

340000－1841－0001603　605531

歷代奸庸殷鑑錄三十二卷　（清）李漱蘭等輯
清光緒三十年（1904）上海開智書局石印本
八冊

340000－1841－0001604　605532

明史紀事本末八十卷　（清）谷應泰編　清同
治十三年（1874）江西書局刻紀事本末五種本
二十冊

340000－1841－0001605　605533

閩產錄異四卷　（清）郭柏蒼輯　清光緒十二
年（1886）刻本　五冊

340000－1841－0001606　605540

再續高郵州志八卷　（清）龔定瀛修　（清）夏
子錫纂　清光緒九年（1883）刻本　八冊

340000－1841－0001607　605580

朝市從載八卷　（清）李虹若輯　清光緒十二
年（1886）刻本　八冊

340000－1841－0001608　605627

慕平園三種　（清）周長森撰　清同治七年
（1868）抄本　八冊

340000－1841－0001609　605661

原富八卷　（英國）斯密亞當撰　（清）嚴復譯
清光緒二十八年（1902）上海南洋公學譯書
院鉛印本　八冊

340000－1841－0001610　605663

廣烈女傳二十卷　（清）劉開纂　清光緒十年
（1884）安徽安慶皖城刻本　六冊

340000－1841－0001611　605702

文史通義五卷　（清）章學誠撰　清道光十二
年（1832）浙江書局刻本　一冊

340000－1841－0001612　605703

文史通義八卷　（清）章學誠撰　清道光十二
年（1832）刻本　四冊

340000－1841－0001613　605704

國朝漢學師承記八卷　（清）江藩撰　清光緒
九年（1883）山西書局刻本　四冊

340000－1841－0001614　605706

歷朝名人傳不分卷　（□）□□撰　清抄本
四冊

340000－1841－0001615　605726

明史考證攟逸四十二卷　（清）王頌蔚輯　清
光緒二十年（1894）吳興劉氏嘉業堂刻本
十冊

340000－1841－0001616　606113

普天忠憤集十四卷　（明）魯陽生編　清光緒
二十一年（1895）石印本　十二冊

340000－1841－0001617　606149

彭剛直公奏議八卷　（清）彭玉麟撰　清光緒
十七年（1891）蘇州刻本　八冊

340000－1841－0001618　606240

明史稿三百十卷目錄三卷　（清）王鴻緒撰
清雍正元年（1723）王氏敬慎堂刻本　八十冊

340000－1841－0001619　606280

歷代神仙通鑑二十二卷首一卷　（清）徐道撰
（清）程毓奇續　（清）黃掌綸評訂　清康熙
五十一年（1712）刻本　二十四冊

340000－1841－0001620　606281

校邠廬抗議二卷　（清）馮桂芬著　清光緒二
十四年（1898）刻本　二冊

340000－1841－0001621　606301

鹽城縣志十七卷　（清）龍繼棟　（清）陳玉樹
纂　清光緒二十一年（1895）刻本　十冊

340000－1841－0001622　606320

羊城古鈔八卷首一卷　（清）仇池石輯　清嘉
慶十一年（1806）大資堂刻本　五冊

340000－1841－0001623　606345

歷代政治類考十二卷　（清）柴紹炳纂　清光
緒二十七年（1901）上海自強局石印本　六冊

340000－1841－0001624　606346

滬游雜記二卷　（清）葛元煦撰　清光緒二年
（1876）刻本　二冊

340000－1841－0001625　606420

經史千百年眼十二卷　（明）張燧纂　清光緒
二十九年（1903）成都三鶴山房刻本　四冊

340000 – 1841 – 0001626　606441

方輿全圖總說五卷　（清）顧祖禹撰　清光緒
二十七年(1901)石印本　二冊

340000 – 1841 – 0001627　606457

二十四史論贊七十八卷　（清）陳六微輯　清
光緒二十八年(1902)文淵山房石印本　十
二冊

340000 – 1841 – 0001628　606475

東坡事類二十二卷　（清）梁廷枏纂　清道光
十年(1830)刻本　十二冊

340000 – 1841 – 0001629　606524

曾文正公奏稿三十卷　（清）曾國藩撰　（清）
李瀚章編錄　清光緒二年(1876)傳忠書局刻
本　三十冊

340000 – 1841 – 0001630　606539

樊山批判十四卷　樊增祥撰　清光緒二十三
年(1897)刻本　六冊

340000 – 1841 – 0001631　606567

曾文公手書日記　（清）曾國藩撰　清宣統元
年(1909)上海中國圖書公司石印本　四十冊

340000 – 1841 – 0001632　606643

戰國策補注三十三卷　（清）吳曾祺注　清宣
統三年(1911)上海商務印書館鉛印本　一冊

340000 – 1841 – 0001633　606655

增補都門紀略　（清）楊靜亭編　（清）李靜山
補　清同治十一年(1872)刻本　五冊

340000 – 1841 – 0001634　606655

增補都門紀略　（清）楊靜亭編　（清）李靜山
補　清同治十一年(1872)刻本　五冊

340000 – 1841 – 0001635　606655

增補都門紀略　（清）楊靜亭編　（清）李靜山
增補　清同治十一年(1872)刻本　五冊

340000 – 1841 – 0001636　606692

普法戰紀二十卷　（清）張宗良譯　（清）王韜
撰輯　清光緒二十一年(1895)弢園王氏刻本
　十冊

340000 – 1841 – 0001637　606708

京津拳匪紀略八卷前編二卷圖一卷　題(清)
僑析生　（清）繻雲氏輯　清光緒二十七年
(1901)香港書局石印本　五冊

340000 – 1841 – 0001638　606734

唐鑑音注二十四卷　（宋）范祖禹撰　（宋）呂
祖謙注　清光緒十八年(1892)浙江書局石印
本　四冊

340000 – 1841 – 0001639　606736

通商約章成案匯編三十卷　（清）李翰章輯
清光緒十二年(1886)鉛印本　十一冊

340000 – 1841 – 0001640　606741

少微先生資治通鑑節要二十卷首一卷外紀節
要五卷　（宋）江贄撰　（明）劉弘毅編校　新
刊通鑑漢唐宋元史綱實錄不分卷　（明）全元
立撰　四明先生續資治通鑑節要二十卷
(明)張光啟撰　（明）劉剡輯　明正德九年
(1514)司禮監刻本　三十冊

340000 – 1841 – 0001641　606757

續資治通鑑十五卷　（宋）劉時舉撰　清光緒
二十年(1894)舊抄本　四冊

340000 – 1841 – 0001642　606769

新鐫通鑑節要十卷　（明）蘇文韓輯　明萬曆
三十一年(1603)積慶堂刻本　十一冊

340000 – 1841 – 0001643　606772

先撥志始二卷補一卷　（明）文秉撰　清初抄
本　二冊

340000 – 1841 – 0001644　606773

歷代臣鑒三十七卷　（明）宣宗朱瞻基撰　明
宣德元年(1426)內府刻本　十冊

340000 – 1841 – 0001645　606778

海國圖志五十卷附圖一卷　（清）魏源撰　清
道光山東諸城東武嘉蔭簃藍格劉喜海抄本
十八冊

340000 – 1841 – 0001646　606785

史記評林一百三十卷　（漢）司馬遷撰　（明）
凌稚隆輯校　明萬曆四年(1576)凌稚隆刻史
漢評林本　四十冊

340000 - 1841 - 0001647　606793

金薤琳瑯二十卷補遺一卷　（明）都穆輯
（明）宋振譽補　清乾隆四十三年（1778）餘姚
汪氏刻本　六冊

340000 - 1841 - 0001648　606885

審看擬式四卷　（清）剛毅撰　清光緒十五年
（1889）江蘇書局刻本　二冊

340000 - 1841 - 0001649　606886

中西紀事二十四卷　（清）夏燮編　清同治七
年（1868）刻本　六冊

340000 - 1841 - 0001650　606895

硃批諭旨三百六十卷　（清）世宗胤禛批點　清
光緒十三年（1887）上海點石齋石印本　六十冊

340000 - 1841 - 0001651　606899

大清一統志五百卷　（清）高宗弘曆撰　清光
緒二十八年（1902）上海寶善齋石印本　二十
七冊

340000 - 1841 - 0001652　606904

金石索十二卷　（清）馮雲鵬撰　清光緒三十
三年（1907）上海文新局石印本　二十四冊

340000 - 1841 - 0001653　606905

金石摘不分卷　（清）陳善墀輯　清光緒二年
（1876）瀏陽刻本　十六冊

340000 - 1841 - 0001654　606941

蜀碧四卷　（清）彭遵泗撰　清乾隆刻本
一冊

340000 - 1841 - 0001655　606942

欽定錢錄十六卷　（清）梁詩正撰　清道光二
十一年（1841）石印本　二冊

340000 - 1841 - 0001656　606943

續編綏寇紀略五卷　題（清）葉夢珠纂輯　清
光緒鉛印本　二冊

340000 - 1841 - 0001657　606945

金陵古金石考目一卷　（明）顧起元輯　清抄
本　一冊

340000 - 1841 - 0001658　606956

竹崦盦金石目錄五卷　（清）趙魏編　清宣統

元年（1909）長沙刻本　四冊

340000 - 1841 - 0001659　606964

安徽輿地表說十卷　（□）□□撰　清光緒二
十二年（1896）石印本　四冊

340000 - 1841 - 0001660　606965

竹林汪氏宗祠記一卷　（清）汪玨編　清乾隆
三十三年（1768）休寧江氏刻本　一冊

340000 - 1841 - 0001661　607046

諸葛忠武侯文集　（宋）張栻等撰　清嘉慶十
七年（1812）刻本　二冊

340000 - 1841 - 0001662　607067

韓柳年譜不分卷　（宋）呂大防撰　清光緒元
年（1875）小玲瓏山館仿宋刻本　一冊

340000 - 1841 - 0001663　607068

漢唐事箋前集十二卷後集八卷　（元）朱禮撰
清道光二年（1822）山陰李鐵橋覆刻瑯嬛影
鈔元至正本　四冊

340000 - 1841 - 0001664　607077

百色廳志八卷　（清）陳如金等纂修　清光緒
十七年（1891）刻本　四冊

340000 - 1841 - 0001665　607119

沈文肅公政書七卷　（清）沈葆楨撰　清光緒
六年（1880）吳門節署刻本　八冊

340000 - 1841 - 0001666　607124

淮軍平捻記十二卷　（清）周世澄撰　清光緒
刻本　四冊

340000 - 1841 - 0001667　607125

四裔編年表　（美國）林樂知撰　（清）嚴良勛
撰　清同治李鳳苞刻本　四冊

340000 - 1841 - 0001668　607174

漢官儀二卷　（宋）劉敞撰　清道光四年
（1824）揚州穆西堂刻本　二冊

340000 - 1841 - 0001669　607291

蔚州志二十卷　（清）慶之金修　（清）楊篤纂
清光緒三年（1877）羅州公廨刻本　八冊

340000 - 1841 - 0001670　607292

寧津縣志十二卷 （清）吳潯源纂 清光緒二十六年(1900)刻本 九冊

340000－1841－0001671 607295

南宮縣志十六卷 （清）周㭪修 （清）陳柱纂 清道光十六年(1836)刻本 八冊

340000－1841－0001672 607298

重修平度州志二十七卷 （清）李圖纂 清道光二十八年(1848)刻本 八冊

340000－1841－0001673 607301

黃縣志十四卷 （清）尹繼美等纂修 清同治十年(1871)刻本 四冊

340000－1841－0001674 607303

即墨縣志十二卷 （清）林溥撰 清同治十二年(1873)刻本 八冊

340000－1841－0001675 607304

甘泉縣志二十四卷 （清）徐成敱等纂 清光緒七年(1881)刻本 二十冊

340000－1841－0001676 607325

新纂氏族箋釋八卷 （清）熊峻運撰 清雍正二年(1724)同文堂刻本 八冊

340000－1841－0001677 607326

竹書紀年集證五十卷 （清）陳逢衡撰 清嘉慶十八年(1813)裛露軒刻本 十六冊

340000－1841－0001678 607327

讀史考異十八卷 （清）洪頤煊撰 清光緒十五年(1889)廣雅書局刻本 三冊

340000－1841－0001679 607329

碧血錄五卷 （清）莊仲方撰 清光緒八年(1882)上海同文書局石印本 五冊

340000－1841－0001680 607331

史外八卷 （清）汪有典撰 清光緒三年(1877)刻本 八冊

340000－1841－0001681 607332

六朝事蹟編類十四卷 （宋）張敦頤撰 清光緒十三年(1887)紹興李濱刻本 四冊

340000－1841－0001682 607333

新疆賦一卷 （清）徐松撰 清道光刻大興徐氏三種本 一冊

340000－1841－0001683 607334

會稽三賦注四卷 （宋）王十朋撰 （明）南逢吉注 （明）尹壇補 清光緒二十二年(1896)長沙刻本 二冊

340000－1841－0001684 607340

荒政輯要九卷 （清）汪志伊撰 清同治八年(1869)楚北崇文書局刻本 二冊

340000－1841－0001685 607401

碑傳集一百六十卷 （清）錢儀吉撰 清光緒十九年(1893)江蘇書局刻本 六十冊

340000－1841－0001686 607422

皕宋樓藏書志一百二十卷續志四卷 （清）陸心源編 清光緒八年(1882)刻本 四十二冊

340000－1841－0001687 607451

盛世危言十四卷 （清）鄭觀應著 清光緒二十一年(1895)鉛印本 八冊

340000－1841－0001688 607459

唐才子傳十卷 （元）辛文房撰 清道光十九年(1839)味古書室刻本 四冊

340000－1841－0001689 607463

桐彝三卷桐彝續二卷 （明）方學漸撰 清雍正至乾隆刻本 二冊

340000－1841－0001690 607468

弘簡錄二百五十四卷 （明）邵經邦撰 （清）邵遠平校閱 續弘簡錄四十二卷 （清）邵遠平續 清康熙二十七年(1688)刻本 八十冊

340000－1841－0001691 607546

柏堂師友言行記四卷 （清）方宗誠撰 清光緒六年(1880)京華印書局刻本 一冊

340000－1841－0001692 607548

朱子年譜四卷考異四卷附錄二卷 （清）王懋竑撰 清乾隆二十四年(1759)白田草堂刻本 四冊

340000－1841－0001693 607574

黃忠端公年譜二卷 （清）黃炳厚編 清光緒

元年(1875)留書種閣胡秉成刻本　一冊

340000－1841－0001694　607592

三國志證聞二卷　（清）錢儀吉撰　清光緒十一年(1885)江蘇書局刻本　二冊

340000－1841－0001695　607711

綱鑑擇語十卷　（清）司徒修輯　清光緒二十四年(1898)上海書局石印本　六冊

340000－1841－0001696　607727

吳中平寇記八卷　（清）錢勗撰　清同治四年(1865)刻本　二冊

340000－1841－0001697　607728

詠史集八卷詠史詩別集一卷　（清）汪元慎撰　清光緒五年(1879)鑄錯軒刻本　四冊

340000－1841－0001698　607739

邇訓二十卷　（明）方學漸撰　清光緒九年(1883)皖垣鉛印本　四冊

340000－1841－0001699　607744

續明史紀事本末十八卷　（清）倪在田撰　清光緒二十九年(1903)育英學社鉛印本　三冊

340000－1841－0001700　607747

中國歷史問答不分卷　（日本）富山房編（清）邰義仲譯　清光緒三十年(1904)上海商務印書館鉛印本　一冊

340000－1841－0001701　607753

校邠廬抗議二卷　（清）馮桂芬撰　清光緒十年(1884)豫章刻本　二冊

340000－1841－0001702　607757

秦漢瓦當文字二卷續秦漢瓦當文字石印一卷　（清）程敦撰　清乾隆五十二年(1787)橫渠書院刻拓印本　二冊

340000－1841－0001703　607758

漢書地理志校本二卷　（清）汪遠孫撰　清道光二十八年(1848)汪氏振綺堂刻本　二冊

340000－1841－0001704　607763

環游地球新錄四卷　（清）李圭撰　清光緒四年(1878)刻本　四冊

340000－1841－0001705　607769

學古堂藏書目不分卷　（清）學古堂編　清江蘇書局刻本　一冊

340000－1841－0001706　607781

江南會館義園徵久錄十卷　（清）周長森撰　清同治十三年(1874)刻本　一冊

340000－1841－0001707　607793

廿一史四譜五十四卷　（清）沈炳震鈔　清刻本　十六冊

340000－1841－0001708　607831

東華錄五十八卷　王先謙編　清光緒十三年(1887)上海圖書集成印書局石印本　八冊

340000－1841－0001709　607962

史記菁華錄六卷　（漢）司馬遷撰　（清）姚祖恩輯　清道光四年(1824)吳興姚氏刻朱墨套印本　六冊

340000－1841－0001710　607971

國語二十一卷　（三國吳）韋昭解　國語札記一卷　（清）黃丕烈撰　國語明道本考異四卷　（清）汪遠孫撰　清同治八年(1869)湖北崇文書局刻本　五冊

340000－1841－0001711　607972

戰國策三十三卷　（漢）劉向編　（漢）高誘注（宋）姚宏校正　重刻剡川姚氏本戰國策札記三卷　（清）黃丕烈撰　清同治八年(1869)湖北崇文書局刻本　五冊

340000－1841－0001712　608043

福惠全書三十二卷　（清）黃六鴻撰　清康熙三十三年(1694)種書堂刻本　十冊

340000－1841－0001713　608068

古越藏書樓書目二十卷　（清）徐顯民藏　清光緒三十年(1904)崇實書局石印本　八冊

340000－1841－0001714　608071

惜抱軒書錄四卷　（清）姚鼐撰　清光緒五年(1879)刻本　一冊

340000－1841－0001715　608077

歷代地理志韻編今釋二十卷附皇朝輿地韻編

（清）李兆洛輯　清同治十年（1871）合肥李氏刻本　八冊

340000－1841－0001716　608091

海虞藝文志六卷　（清）姚福均撰　清光緒二十三年（1897）姚氏慕程齋刻本　二冊

340000－1841－0001717　608106

金石萃編補略二卷　（清）王言撰　清光緒八年（1882）刻本　二冊

340000－1841－0001718　608107

槐廳載筆二十卷　（清）法式善輯　清嘉慶四年（1799）刻本　三冊

340000－1841－0001719　608108

金陵通傳五十一卷補遺四十九卷續傳一卷補傳一卷附金陵通紀十卷國朝金陵通紀四卷（清）陳作霖撰　清光緒三十年（1904）瑞華館刻本　十二冊

340000－1841－0001720　608126

瀛環志略十卷　（清）徐繼畬輯著　（清）陳慶偕　鹿澤長參訂　（清）霍明高採譯　清道光三十年（1850）揆雲樓刻本　六冊

340000－1841－0001721　608143

晉書補傳贊一卷附諸史然疑一卷　（清）杭世駿撰　清乾隆五十七年（1792）羊城刻本　一冊

340000－1841－0001722　608147

元秘史山川地名考十二卷　（清）施世傑撰　清光緒二十三年（1897）無鄭學廬刻本　一冊

340000－1841－0001723　608154

張中丞奏議四卷　（清）張聯桂撰　清光緒二十六年（1900）揚州刻本　四冊

340000－1841－0001724　608160

澄懷主人自訂年譜三卷　（明）張廷玉撰　清光緒六年（1880）龐山刻本　一冊

340000－1841－0001725　608161

曾忠襄公年譜四卷　（清）王安定撰　清光緒二十九年（1903）刻本　二冊

340000－1841－0001726　608223

正氣集十卷　（清）王式輯　清宣統三年（1911）不讀非道書齋鉛印本　四冊

340000－1841－0001727　608227

史論存稿不分卷　（清）秦粵生撰　清光緒三十四年（1908）刻本　一冊

340000－1841－0001728　608228

桐城耆舊傳十二卷　（清）馬其昶撰　清宣統三年（1911）刻本　六冊

340000－1841－0001729　608234

桐城姚氏碑傳錄八卷　（清）姚永樸輯　清光緒三十二年（1906）刻本　二冊

340000－1841－0001730　608261

清史攬要六卷　（日本）增田貢撰　清光緒二十八年（1902）上海書局石印本　四冊

340000－1841－0001731　608268

宋朝事實二十卷　（宋）李攸撰　清末仿武英殿聚珍版刻本　八冊

340000－1841－0001732　608272

柔鄉韻史二卷　（清）詹墢撰　清光緒二十四年（1898）寓言報館鉛印本　二冊

340000－1841－0001733　608292

四述奇十六卷　（清）張德彝撰　（清）榮竹坪校閱　清光緒九年（1883）著易堂鉛印本　四冊

340000－1841－0001734　608294

晉書校文五卷補晉書藝文志四卷附錄一卷（清）丁國鈞撰　（清）丁易注　清光緒二十年（1894）錫山文苑閣木活字印本　四冊

340000－1841－0001735　608305

漢書引經異文錄證六卷　（清）繆祐孫撰　清光緒十一年（1885）盛鐸刻本　二冊

340000－1841－0001736　608309

中興名臣事略八卷　（清）朱孔彰撰　清光緒二十五年（1899）上海圖書集成印書局鉛印本　二冊

340000－1841－0001737　608312

中國歷史教科書七卷　（清）商務印書館輯

清光緒三十三年(1907)上海商務印書館鉛印本　二冊

340000－1841－0001738　608338
王會新編不分卷　(清)茹鉉輯　清康熙可園刻本　十一冊

340000－1841－0001739　608354
資治新書三十五卷　(清)李漁輯　清光緒二十年(1894)上海圖書集成印書局鉛印本　十二冊

340000－1841－0001740　608357
三史拾遺五卷諸史拾遺五卷　(清)錢大昕撰　清嘉慶十二年(1807)嘉興郡齋刻本　四冊

340000－1841－0001741　608451
竹葉亭雜記八卷　(清)姚元之撰　清光緒十九年(1893)刻本　二冊

340000－1841－0001742　608454
宋瑣語不分卷　(清)郝懿行撰　清嘉慶至光緒刻本　三冊

340000－1841－0001743　608466
翼教叢編六卷　(清)蘇輿輯　清光緒二十四年(1898)武昌刻本　三冊

340000－1841－0001744　608467
文昌雜錄六卷補遺一卷　(宋)龐元英撰　清乾隆二十一年(1756)德州盧氏雅雨堂刻本　一冊

340000－1841－0001745　608472
熙朝新語十六卷　(清)徐錫齡　(清)錢泳輯　清光緒十二年(1886)虞山楳華溪居士寫經堂刻本　六冊

340000－1841－0001746　608480
莫愁湖志六卷首一卷　(清)馬士圖輯　清光緒八年(1882)刻本　二冊

340000－1841－0001747　608539
鶴征錄八卷　(清)李集輯　(清)李遇孫　(清)李富孫續輯　鶴徵後錄十二卷　(清)李富孫　(清)既汸甫輯　清嘉慶漾葭老屋刻本　四冊

340000－1841－0001748　608543
陶齊吉金錄八卷　(清)端方輯　清光緒三十四年(1908)金陵石印本　八冊

340000－1841－0001749　608544
大清光緒新法令不分卷　(清)商務印書館編譯所輯　清宣統元年(1909)上海商務印書館鉛印本　二十冊

340000－1841－0001750　608601
日本國志四十卷　(清)黃遵憲撰　清光緒二十七年(1901)上海書局石印本　十冊

340000－1841－0001751　608612
三國志知意不分卷　(清)劉咸炘撰　清同治十一年(1872)刻本　一冊

340000－1841－0001752　608619
東華續錄(咸豐朝)六十九卷　(清)潘頤福編　清光緒十八年(1892)上海圖書集成印書局石印本　十六冊

340000－1841－0001753　608620
東華錄一百二十卷　王先謙編　清光緒十年(1884)石印本　六十冊

340000－1841－0001754　608621
十九世紀列國政治文編十四卷　(清)邵義輯　清光緒二十九年(1903)教育世界社鉛印本　九冊

340000－1841－0001755　608624
讀通鑑論三十卷　(清)王夫之撰　清光緒二十四年(1898)申昌書莊石印本　六冊

340000－1841－0001756　608701
李恕谷先生年譜五卷　(清)馮辰撰　清道光十六年(1836)刻本　四冊

340000－1841－0001757　608723
文獻徵存錄十卷　(清)錢林輯　(清)王藻編　清咸豐八年(1858)刻本　五冊　存五卷(一至五)

340000－1841－0001758　608724
疇人傳四十六卷　(清)阮元撰　續傳六卷　(清)羅士琳撰　清光緒八年(1882)海鹽張氏

常惺齋袖珍刻本　十二冊

340000－1841－0001759　608728
兩次批準保和會條約附紅十字會新約暨各文件不分卷　（□）□□撰　清宣統石印本
一冊

340000－1841－0001760　608730
英軺日記十二卷　（清）戴振撰　清光緒二十九年(1903)上海文明編譯書局鉛印本　四冊

340000－1841－0001761　608731
中外條約易檢錄不分卷　（清）張荃輯　（清）顧祖榮輯　清光緒二年(1876)鉛印本　三冊

340000－1841－0001762　608759
明儒學案六十二卷　（清）黃宗羲輯　清光緒八年(1882)慈溪刻本　二十四冊

340000－1841－0001763　608781
宋元學案一百卷　（清）黃宗羲撰　清光緒五年(1879)長沙寄廬刻本　四十冊

340000－1841－0001764　608782
御批歷代通鑑輯覽一百二十卷　（清）楊述曾纂修　清光緒三十年(1904)上海通元書局石印本　十二冊

340000－1841－0001765　608802
歷代通鑑纂要九十二卷　（明）李東陽等撰　清光緒二十三年(1897)廣州廣雅書局刻本　四十八冊

340000－1841－0001766　608812
孝肅包公奏議十卷　（宋）包拯撰　清道光二十年(1840)問經堂刻本　四冊

340000－1841－0001767　608823
前漢紀三十卷　（漢）荀悅撰　（清）蔣國祚（清）蔣國祥校　清光緒三年(1877)盱南三餘書屋補刻本　十六冊

340000－1841－0001768　608824
學案初模一卷續編一卷　（清）伊里布輯　清光緒二十五年(1899)秦中書局鉛印本　八冊

340000－1841－0001769　608844
新唐書糾謬二十卷　（宋）吳縝撰　清光緒二

十年(1894)刻本　四冊

340000－1841－0001770　608847
日本維新三十年史十二編附錄一編　（日本）博文館輯　（清）上海廣智書局譯　清光緒二十九年(1903)上海廣智書局鉛印本　六冊

340000－1841－0001771　608868
日本維新三十年史十二編附錄一編　（日本）博文館輯　（清）上海廣智書局譯　清光緒二十九年(1903)上海廣智書局鉛印本　六冊

340000－1841－0001772　608869
宋論十五卷　（清）王夫之撰　清光緒二十四年(1898)申昌書莊石印本　二冊

340000－1841－0001773　608976
暫定各學堂應用書目　（清）江楚編　清光緒二十九年(1903)譯官書局刻本　一冊

340000－1841－0001774　609009
浦陽人物記二卷　（明）宋濂撰　清同治八年(1869)退補齋刻本　一冊

340000－1841－0001775　609039
廣治平略正集三十六卷續集八卷　（清）蔡方炳撰　清光緒八年(1882)四明茹古齋鉛印本　十冊

340000－1841－0001776　609050
[同治]上海縣志三十二卷　（清）應寶時修　清同治刻本　一冊　存二卷(三至四)

340000－1841－0001777　609067
冰梅詞一刻不分卷　（清）夏文燾輯　清光緒二十九年(1903)刻本　一冊

340000－1841－0001778　609082
讀史大略六十卷首一卷　（清）沙張白撰　**小沙子史略一卷**　（清）沙晉撰　清光緒二十六年(1900)南菁書院刻本　三冊

340000－1841－0001779　609087
金史紀事本末五十二卷　（清）李有棠編　清光緒二十七年(1901)廣州廣雅書局刻紀事本末彙刻本　三冊

340000－1841－0001780　609089

欽定大清會典一百卷　（清）文保　（清）顧汝
修等纂　清光緒十九年(1893)上海圖書集成
印書局鉛印本　八冊

340000－1841－0001781　609099

關聖陵廟紀略一卷後續一卷　（清）魏勷修
（清）王禹書撰　清康熙四十四年(1705)刻本
一冊

340000－1841－0001782　609106

明史藝文志四卷　（清）張廷玉等修　清道光
五年(1825)刻本　一冊　存二卷(三至四)

340000－1841－0001783　609137

讀史論略一卷　（清）杜詔撰　清嘉慶十三年
(1808)刻本　二冊

340000－1841－0001784　600041

周易參同契發揮三卷釋疑一卷　（宋）俞琰撰
清同治十年(1871)錢江王詒燕堂刻本
三冊

340000－1841－0001785　600808

大學衍義四十三卷　（宋）真得秀撰　清同治
十一年(1872)浙江書局刻本　六冊

340000－1841－0001786　600809

大學衍義四十三卷　（宋）真得秀撰　清同治
十一年(1872)浙江書局刻本　四冊

340000－1841－0001787　600810

大學衍義補一百六十卷首一卷　（明）丘濬撰
（清）陳仁錫評　清刻本　三十二冊

340000－1841－0001788　600811

大學衍義輯要六卷附補輯要十二卷　（宋）真
得秀撰　清道光二十二年(1842)寶恕堂刻本
十六冊

340000－1841－0001789　600862

小學集解六卷　（宋）朱熹撰　（清）張伯行輯
注　清同治十一年(1872)江西撫署刻本
三冊

340000－1841－0001790　600866

小學纂注六卷　（宋）朱熹編　（清）高愈纂注
清同治八年(1869)江蘇書局刻本　二冊

340000－1841－0001791　600874

小學集解六卷　（宋）朱熹撰　（清）張伯行纂
輯　（清）李蘭校訂　清同治五年(1866)福州
正誼書局刻本　二冊

340000－1841－0001792　600967

倉頡篇三卷　（清）陳其榮撰　清光緒十八年
(1892)石埭徐氏刻觀自得齋本　一冊

340000－1841－0001793　600984

字觸六卷　（清）周亮工輯　清康熙六年
(1667)賴古堂刻本　四冊

340000－1841－0001794　601039

荀子集解二十卷　（周）荀況撰　（唐）楊倞注
王先謙集解　清光緒十七年(1891)思賢講
舍刻本　六冊

340000－1841－0001795　601040

荀子集解二十卷　（周）荀況撰　（唐）楊倞注
王先謙集解　清光緒十七年(1891)刻本
六冊

340000－1841－0001796　601041

荀子集解二十卷　（周）荀況撰　（唐）楊倞注
王先謙集解　清光緒十七年(1891)刻本
六冊

340000－1841－0001797　601042

荀子二十卷附補遺一卷　（周）荀況撰　（唐）
楊倞注　清光緒二年(1876)浙江書局刻二十
二子本　四冊

340000－1841－0001798　601043

荀子二十卷附補遺一卷　（周）荀況撰　（唐）
楊倞注　清光緒二年(1876)浙江書局刻二十
二子本　三冊

340000－1841－0001799　601045

荀子二十卷附補遺一卷　（周）荀況撰　（唐）
楊倞注　清光緒二年(1876)浙江書局刻二十
二子本　六冊

340000－1841－0001800　601047

墨子間詁十九卷　（清）孫詒讓撰　清光緒二
十一年(1895)上海涌芬樓刻本　八冊

340000－1841－0001801　601052

墨子十五卷附墨子佚文一卷　（周）墨翟撰
（清）王闓運注　清光緒十年（1884）江西官書
局刻本　二冊

340000－1841－0001802　601053

墨子十五卷目錄一卷　（周）墨翟撰　（清）畢
沅注　清光緒二年（1876）浙江書局校刻本
四冊

340000－1841－0001803　601064

老子章義二卷　（清）姚鼐撰　清同治九年
（1870）桐城吳氏刻本　一冊

340000－1841－0001804　601067

老子章義二卷　（清）姚鼐撰　清同治九年
（1870）桐城吳氏刻本　一冊

340000－1841－0001805　601068

老子翼八卷　（明）焦竑撰　清光緒二十一年
（1895）漸西村舍刻本　四冊

340000－1841－0001806　601072

老子道德經二篇一卷附音義　（晉）王弼注
清光緒元年（1875）浙江書局刻本　一冊

340000－1841－0001807　601076

文子纘義十二卷　（宋）杜道堅撰　清光緒三
年（1877）浙江書局刻本　二冊

340000－1841－0001808　601081

莊子王氏注二卷　（清）王闓運撰　清同治八
年（1869）刻本　二冊

340000－1841－0001809　601082

莊子南華經解三卷　（清）宣穎撰　清康熙六
十年（1721）經國堂刻本　三冊

340000－1841－0001810　601084

莊子雪三卷　（清）陸樹芝輯注　清嘉慶四年
（1799）刻本　三冊

340000－1841－0001811　601086

莊子南華真經十卷　（晉）郭象注　清光緒十
一年（1885）傅忠書局校刻本　八冊

340000－1841－0001812　601101

南華真經正義附識餘三種不分卷　（清）陳壽

昌撰　清光緒十九年（1893）怡顏齋刻本
六冊

340000－1841－0001813　601102

莊子獨見不分卷　（清）胡文英撰　清乾隆十
七年（1752）刻本　六冊

340000－1841－0001814　601105

莊子集解十卷　（清）郭慶藩輯　清光緒二十
三年（1897）湖南思賢講舍刻本　十冊

340000－1841－0001815　601106

莊子故八卷　（清）馬其昶撰　清光緒二十年
（1894）集虛草堂刻本　四冊

340000－1841－0001816　601107

南華真經影史九卷　（清）周拱辰注　清嘉慶
八年（1803）聖雨齋刻本　二冊

340000－1841－0001817　601109

莊子集解八卷　王先謙撰　清宣統元年
（1909）上海掃葉山房石印本　四冊

340000－1841－0001818　601114

遵生八箋（增補道生八箋）十九卷　（明）高濂
撰　（明）鍾惺校　清光緒十年（1884）刻本
十八冊

340000－1841－0001819　601117

管子評注二十四卷　（唐）房玄齡注　（明）劉
績增注　（明）朱養和輯訂　清嘉慶九年
（1804）寶慶經綸堂刻本　八冊

340000－1841－0001820　601118

管子二十四卷　（唐）房玄齡注　（明）劉績補
清光緒二年（1876）浙江書局刻二十二子本
四冊

340000－1841－0001821　601121

管子校正二十四卷　（清）戴望撰　清同治十
一年（1872）刻本　六冊

340000－1841－0001822　601127

晏子春秋七卷附校勘二卷附音義二卷　（清）
孫星衍撰　（清）黃以周校勘　清光緒元年
（1875）浙江書局刻二十二子本　三冊

340000－1841－0001823　601128

晏子春秋七卷附校勘二卷附音義二卷 （清）
孫星衍撰 （清）黃以周校勘 清光緒元年
(1875)浙江書局刻二十二子本 一冊

340000－1841－0001824 601129

文中子中說十卷 （隋）王通撰 （宋）阮逸注
清光緒二年(1876)浙江書局刻本 二冊

340000－1841－0001825 601130

文中子中說十卷 （隋）王通撰 （宋）阮逸注
清光緒二年(1876)浙江書局刻本 二冊

340000－1841－0001826 601140

淮南子箋釋二十一卷 （漢）劉安撰 （漢）高
誘注 清嘉慶九年(1804)武進莊逵吉刻本
四冊

340000－1841－0001827 601141

淮南子二十一卷 （漢）劉安撰 （漢）高誘注
清光緒二年(1876)浙江書局刻二十二子本
六冊

340000－1841－0001828 601147

韓非子二十三卷 （戰國）韓非撰 （清）顧廣
圻識誤 清光緒元年(1875)浙江書局刻二十
二子本 六冊

340000－1841－0001829 601148

韓非子二十三卷 （戰國）韓非撰 （清）顧廣
圻識誤 清光緒元年(1875)浙江書局刻二十
二子本 六冊

340000－1841－0001830 601149

韓非子二十三卷 （戰國）韓非撰 （清）顧廣
圻識誤 清光緒元年(1875)浙江書局刻二十
二子本 二冊

340000－1841－0001831 601150

宋本校刊韓晏合編三十一卷韓非子二十卷晏
子春秋八卷識誤三卷 （清）顧廣圻撰 清道
光二十五年(1845)揚州汪氏刻本 八冊

340000－1841－0001832 601156

孫子十家注十三卷附遺說敘錄 （戰國）孫武
撰 （宋）吉天保編 清刻本 三冊

340000－1841－0001833 601157

揚子法言十三卷附音義一卷 （漢）揚雄撰
（晉）李軌注 清光緒元年(1875)浙江書局刻
二十二子本 一冊

340000－1841－0001834 601158

賈誼新書十卷 （漢）賈誼撰 清光緒元年
(1875)浙江書局刻本 二冊

340000－1841－0001835 601159

呂氏春秋二十六卷 （秦）呂不韋撰 （漢）高
誘訓解 （清）畢沅校 清光緒元年(1875)浙
江書局刻二十二子本 六冊

340000－1841－0001836 601161

鶡冠子一卷 （周）鶡冠子撰 清宣統三年
(1911)安仁王氏刻本 一冊

340000－1841－0001837 601163

抱樸子內外篇七十卷附屬八種 （晉）葛洪撰
清光緒十五年(1889)吳縣朱氏槐廬家塾刻
本 八冊

340000－1841－0001838 601164

兼濟堂纂刻梅勿菴先生曆算全書七十四卷
（清）梅文鼎撰 清雍正刻咸豐九年(1859)梅
體萱補刻本 二十四冊

340000－1841－0001839 601165

梅氏叢書輯要二十三種六十二卷 （清）梅文
鼎撰 （清）梅文鼏學 （清）梅瑴成較輯 清
光緒十四年(1888)上海龍文書局石印本
六冊

340000－1841－0001840 601166

梅氏叢書輯要二十三種六十二卷首一卷
（清）梅文鼎撰 （清）梅文鼏學 （清）梅瑴
成較輯 清乾隆二十六年(1761)梅氏承學堂
刻本 二十冊

340000－1841－0001841 601167

白芙堂算學叢書 （清）丁取忠輯 清光緒十
七年(1891)上海鴻文書局石印本 八冊

340000－1841－0001842 601168

測圓海鏡十二卷 （元）李治撰 清光緒二年
(1876)同文館鉛印本 四冊

340000－1841－0001843　601170

數學精詳(九數通考)十一卷　（清）屈曾發撰
清同治十一年(1872)刻本　六冊

340000－1841－0001844　601171

數學精詳(九數通考)十一卷　（清）屈曾發撰
清同治十一年(1872)刻本　六冊

340000－1841－0001845　601172

翠薇山房數學不分卷　（清）張作楠撰　清光
緒二十三年(1897)上海鴻寶齋石印本　八冊

340000－1841－0001846　601172

翠薇山房數學不分卷　（清）張作楠撰　清光
緒二十三年(1897)上海鴻寶齋石印本　八冊

340000－1841－0001847　601172

翠薇山房數學不分卷　（清）張作楠撰　清光
緒二十三年(1897)上海鴻寶齋石印本　八冊

340000－1841－0001848　601174

代數因子分解全章不分卷　（日本）松岡文太
郎撰　（清）顧澄　（清）李方瀅譯　清光緒三
十二年(1906)上海科學書局石印本　一冊

340000－1841－0001849　601175

交食捷算四卷　（清）黃炳垕撰　清光緒十年
(1884)刻本　二冊

340000－1841－0001850　601176

五緯捷算四卷　（清）黃炳垕撰　清光緒四年
(1878)刻本　一冊

340000－1841－0001851　601177

測地志要四卷　（清）黃炳垕撰　清同治六年
(1867)刻本　一冊

340000－1841－0001852　601178

代數通藝錄十六卷　（清）方愷撰　清光緒十
六年(1890)刻本　四冊

340000－1841－0001853　601179

代數通藝錄十六卷　（清）方愷撰　清光緒十
六年(1890)刻本　四冊

340000－1841－0001854　601180

算術駕說十一卷　（清）潘應祺纂　清光緒三
十三年(1907)潘氏扈蘦館刻本　五冊

340000－1841－0001855　601181

物理學十二卷　（日本）飯盛挺造撰　（日本）
藤田豐八譯　（清）王季烈編　清光緒二十六
年(1900)上海書局石印　七冊

340000－1841－0001856　601182

九章算術九卷　（晉）劉徽　（唐）李淳風注
（唐）李籍音義　清光緒二十五年(1899)廣雅
書局刻本　三冊

340000－1841－0001857　601183

算經十書不分卷　（清）孔繼涵輯　清乾隆曲
阜孔氏微波榭刻本　八冊

340000－1841－0001858　601184

歷代長術輯要十卷附古今推步諸術考二卷
(清)汪曰楨撰　清同治六年(1867)刻本
六冊

340000－1841－0001859　601185

**天文算學纂要二十卷國朝萬年書二卷推測易
知四卷**　（清）陳松撰　清光緒十三年(1887)
刻本　二十四冊

340000－1841－0001860　601186

管窺輯要八十卷　（清）黃鼎撰　清順治十年
(1653)刻本　三十六冊

340000－1841－0001861　601187

農學叢書不分卷　（清）上海農學會譯輯　清
光緒石印本　五十九冊

340000－1841－0001862　601188

欽定授時通考七十八卷　（清）鄂爾泰等撰
清道光六年(1826)江西書局刻本　二十四冊

340000－1841－0001863　601189

佩文齋廣群芳譜一百卷目錄二卷　（清）汪灝
等編　清同治七年(1868)仿内府刻本　三
十冊

340000－1841－0001864　601190

三農紀二十四卷　（清）張宗法撰　清乾隆二
十五年(1760)文發堂刻本　四冊

340000－1841－0001865　601191

花鏡六卷　（清）陳淏子輯　清乾隆四十八年

（1783）刻本　六冊

340000－1841－0001866　601192

貓苑二卷　（清）黃漢輯　清咸豐二年（1852）甕雲草堂刻本　二冊

340000－1841－0001867　601195

孔子家語十卷　（三國魏）王肅纂注　清光緒元年（1875）湖北崇文書局刻本　二冊

340000－1841－0001868　601196

家語疏證六卷　（清）孫志祖撰　清嘉慶刻本　一冊

340000－1841－0001869　601197

孔子家語疏證十卷　（清）陳士珂撰　清光緒十七年（1891）陳氏三餘草堂刻本　八冊

340000－1841－0001870　601198

病理撮要一卷　（清）尹端模譯　清光緒十八年（1892）羊城博濟醫局刻本　一冊

340000－1841－0001871　601204

溫病條辨六卷首一卷　（清）吳瑭撰　清寧波群玉山房刻本　六冊

340000－1841－0001872　601205

葉氏醫案存真三卷附馬氏醫案　（清）葉天士撰　清道光十六年（1836）刻本　二冊

340000－1841－0001873　601206

新刊纂圖元亨療馬集六卷駝經一卷圖像水黃牛經大全二卷　（清）喻本撰　清光緒十一年（1885）刻本　八冊

340000－1841－0001874　601207

醫林改錯二卷　（清）王清任撰　清光緒十七年（1891）常熟三峰寺刻本　二冊

340000－1841－0001875　601208

張仲景傷寒論貫珠集八卷　（漢）張機撰（清）尤怡注　清嘉慶十五年（1810）刻本　四冊

340000－1841－0001876　601209

劉河間傷寒六書六種二十五卷附二種二卷（元）劉完素撰　（明）吳勉學校輯　明隆慶至萬曆刻格致叢書本　十二冊

340000－1841－0001877　601210

廣藝舟雙楫六卷　（清）康有為撰　清光緒二十八年（1902）粵東刻本　二冊

340000－1841－0001878　601211

無聲詩史七卷　（清）姜紹書撰　清康熙五十九年（1720）觀妙齋刻本　四冊

340000－1841－0001879　601212

篆學瑣著三十種　（清）顧湘校刻　清光緒十四年（1888）虞山飛鴻延年室刻本　八冊

340000－1841－0001880　601214

自遠堂琴譜十二卷　（清）吳灴彙輯　清嘉慶七年（1802）自遠堂刻本　十二冊

340000－1841－0001881　601216

胎產集要三卷附幼科摘要一卷　（清）黃惕齋輯　清道光十九年（1839）刻本　二冊

340000－1841－0001882　601217

佩文齋書畫譜一百卷　（清）孫岳頒等纂輯　清康熙武英殿內府刻本　五十冊

340000－1841－0001883　601219

墨池編二十卷　（宋）朱長文撰　印典八卷（清）朱象賢撰　清雍正十一年（1733）就閑堂刻本　十二冊

340000－1841－0001884　601222

淳化秘閣法帖考正十二卷　（清）王澍撰　清雍正八年（1730）詩鼎齋刻本　四冊

340000－1841－0001885　601230

四朝寶繪錄二十卷附唐六如先生畫譜三卷（明）張泰階評訂　（明）唐寅輯　清金匱書屋刻本　八冊

340000－1841－0001886　601233

畫學心印八卷　（清）秦祖永輯　清光緒四年（1878）刻朱墨套印本　八冊

340000－1841－0001887　601239

墨林今話十八卷　（清）蔣寶齡撰　清同治十一年（1872）映雪草廬刻本　六冊

340000－1841－0001888　601244

桐陰論畫三編六卷　（清）秦祖永撰　清宣統

二年(1910)上海中國書畫會石印本　六冊

340000 – 1841 – 0001889　601245

桐陰論畫六卷　（清）秦祖永撰　清同治三年至光緒八年(1864 – 1882)刻朱墨套印本三冊

340000 – 1841 – 0001890　601247

詩中畫二卷　（清）馬濤繪　清光緒十一年(1885)石印本　二冊

340000 – 1841 – 0001891　601251

墨子十六卷　（周）墨翟撰　（清）畢沅注　清光緒二年(1876)浙江書局刻二十二子本四冊

340000 – 1841 – 0001892　601252

荀子二十卷附補遺一卷　（周）荀況撰　（唐）楊倞注　清光緒二年(1876)浙江書局刻二十二子本　六冊

340000 – 1841 – 0001893　601254

莊子十卷　（晉）郭象注　（唐）陸德明音義清光緒二年(1876)浙江書局刻二十二子本四冊

340000 – 1841 – 0001894　601255

賈誼新書十卷　（漢）賈誼撰　清光緒元年(1875)浙江書局刻本　二冊

340000 – 1841 – 0001895　601256

文子纘義十二卷　（宋）杜道堅撰　清光緒三年(1877)浙江書局刻本　二冊

340000 – 1841 – 0001896　601257

管子二十四卷　（唐）房玄齡注　（明）劉績補清光緒二年(1876)浙江書局刻二十二子本六冊

340000 – 1841 – 0001897　601258

晏子春秋七卷附校勘二卷附音義二卷　（清）孫星衍撰　（清）黃以周校勘　清光緒元年(1875)浙江書局刻二十二子本　四冊

340000 – 1841 – 0001898　601259

文中子中說十卷　（隋）王通撰　（宋）阮逸注清光緒二年(1876)浙江書局刻本　二冊

340000 – 1841 – 0001899　601260

淮南子二十一卷　（漢）劉安撰　（漢）高誘注清光緒二年(1876)浙江書局刻二十二子本六冊

340000 – 1841 – 0001900　601261

韓非子二十三卷　（戰國）韓非撰　（清）顧廣圻識誤　清光緒元年(1875)浙江書局刻二十二子本　六冊

340000 – 1841 – 0001901　601262

揚子法言十三卷附音義一卷　（漢）揚雄撰（晉）李軌注　清光緒元年(1875)浙江書局刻二十二子本　一冊

340000 – 1841 – 0001902　601263

呂氏春秋二十六卷　（秦）呂不韋撰　（漢）高誘訓解　（清）畢沅校　清光緒元年(1875)浙江書局刻二十二子本　六冊

340000 – 1841 – 0001903　601264

墨子十六卷　（周）墨翟撰　（清）畢沅注　清光緒二十三年(1897)上海圖書集成鉛印本一冊

340000 – 1841 – 0001904　601265

韓非子二十卷　（戰國）韓非撰　（清）吳汝綸點勘　清宣統二年(1910)衍星社鉛印桐城吳先生點勘諸子七種本　二冊

340000 – 1841 – 0001905　601266

列子八卷　（周）列御寇撰　（晉）張湛注　清光緒二年(1876)浙江書局校刻本　二冊

340000 – 1841 – 0001906　601267

孫子十家注十三卷附遺說敘錄　（戰國）孫武撰　（宋）吉天保編　清光緒三年(1877)浙江書局刻二十二子本　六冊

340000 – 1841 – 0001907　601268

孔子集語十七卷　（清）孫星衍撰　清光緒三年(1877)浙江書局刻本　四冊

340000 – 1841 – 0001908　601269

商君書五卷　（清）嚴萬里校　附考一卷　清光緒二年(1876)浙江書局刻二十二子本

一册

340000－1841－0001909　601270

尸子二卷　（戰國）尸佼撰　（清）汪繼培輯
清光緒三年(1877)浙江書局刻本　一册

340000－1841－0001910　601271

補注黃帝內經素問二十四卷　（唐）王冰注
（宋）林億等人校正　清光緒三年(1877)浙江
書局刻本　十册

340000－1841－0001911　601275

桐城吳先生點勘諸子七種一百一卷　（清）吳
汝綸評點　清宣統二年(1910)衍星社鉛印本
十册

340000－1841－0001912　601276

桐城吳先生點勘諸子七種一百一卷　（清）吳
汝綸評點　清宣統二年(1910)衍星社鉛印本
七册

340000－1841－0001913　601277

桐城吳先生點勘諸子七種一百一卷　（清）吳
汝綸評點　清宣統二年(1910)衍星社鉛印本
七册

340000－1841－0001914　601278

子書二十二種(增鶡冠子為二十三子)四百二
十九卷　（清）浙江書局輯　清光緒三十三年
(1907)浙江書局石印本　十八册

340000－1841－0001915　601279

子書二十二種(增鶡冠子為二十三子)四百二
十九卷　（清）浙江書局輯　清光緒二十三年
(1897)上海圖書集成局鉛印本　二十册

340000－1841－0001916　601298

格致鏡原一百卷　（清）陳元龍撰　清雍正十
三年(1735)刻本　二十四册

340000－1841－0001917　601298－1

格致鏡原一百卷　（清）陳元龍撰　清雍正十
三年(1735)刻本　二十四册

340000－1841－0001918　601320

記事珠十卷　（清）張以謙撰　（清）王爕廷校
（清）王剛重訂　清嘉慶二十一年(1816)刻

本　十册

340000－1841－0001919　601321

三才藻異三十三卷　（清）屠粹忠著　清康熙
二十八年(1689)栩園刻本　六册

340000－1841－0001920　601324

蘭雪堂古事苑定本十二卷　（清）鄧志謨編輯
（清）戴璁等訂　清康熙二十五年(1686)蘭
雪堂刻本　六册

340000－1841－0001921　601326

讀書紀數略五十四卷　（清）宮夢仁撰　清康
熙四十六年(1707)刻本　十六册

340000－1841－0001922　601326－1

讀書紀數略五十四卷　（清）宮夢仁撰　清康
熙四十六年(1707)刻本　十六册

340000－1841－0001923　601459

書畫題跋記十二卷　（明）郁逢慶撰　清宣統
三年(1911)順德鄧氏風雨樓鉛印本　四册

340000－1841－0001924　601460

音調定程附弦徽宣秘四種不分卷　（清）繆闐
輯　清同治五年(1866)蕪湖繆氏刻本　一册

340000－1841－0001925　601461

穰梨館過眼續錄十六卷　（清）陸心源編　清
同治至光緒歸安陸氏刻本　六册

340000－1841－0001926　601462

虛齋名畫錄十六卷　（清）龐元濟編　清宣統
元年(1909)烏程龐氏刻本　十六册

340000－1841－0001927　601466

紅樓夢圖詠四卷　（清）改琦繪　（清）姜皋等
人作詩　清光緒五年(1879)刻本　四册

340000－1841－0001928　601468

孔子家語十卷　（三國魏）王肅纂注　附札記
一卷　清光緒二十四年(1898)武昌黃崗刻本
四册

340000－1841－0001929　601469

荀子二十卷　（周）荀況撰　（唐）楊倞注　清
光緒十年(1884)刻本　四册

340000－1841－0001930　601470

周秦古璽不分卷 （清）西泠印社輯　清光緒
二十一年(1895)西泠印社鈐印本　二冊

340000－1841－0001931　601473

琴鶴堂印譜不分卷 （清）繼良編輯　清光緒
二十六年(1900)鉛印本　一冊

340000－1841－0001932　601477

三餘印可四卷 （清）黃鵷篆刻　（清）張學宗
集　清咸豐三年(1853)刻鈐印本　四冊

340000－1841－0001933　601484

初學記三十卷 （唐）徐堅等撰　清古香齋刻
本　十二冊　存二十五卷(一至十一、十七至
三十)

340000－1841－0001934　601485

初學記三十卷 （唐）徐堅等撰　清古香齋刻
本　十二冊

340000－1841－0001935　601488

百子金丹十卷 （清）郭偉注　（清）王星聚校
訂　（清）郭中吉編　清光緒二十年(1894)茹
古軒石印本　四冊

340000－1841－0001936　601574

日知錄集釋刊誤三十四卷 （清）顧炎武撰
（清）黃汝成集釋　清同治八年(1869)廣州述
古堂刻本　十六冊

340000－1841－0001937　601576

日知錄集釋三十二卷刊誤四卷 （清）顧炎武
撰　（清）黃汝成集釋　清光緒三年(1877)刻
本　十六冊

340000－1841－0001938　601587

古香齋鑒賞袖珍春明夢餘錄七十卷 （清）孫
承澤撰　清乾隆古香齋刻袖珍本　二十四冊

340000－1841－0001939　601588

敬齋古今黈八卷 （元）李冶撰　清乾隆四十
年(1775)武英殿木活字印本　二冊

340000－1841－0001940　601590

能改齋漫錄十八卷 （宋）吳曾撰　清乾隆三
十九年(1774)武英殿木活字印本　十六冊

340000－1841－0001941　601690

紀效新書十八卷 （明）戚繼光撰　清道光二
十三年(1843)京都琉璃廠文貴堂刻本　六冊

340000－1841－0001942　601696

王先生十七史蒙求十六卷李氏蒙求補注六卷
　（清）金三俊輯　清道光二十八年(1848)文
雅齋刻本　四冊

340000－1841－0001943　601723

海防新論八卷 （英國）希里哈著　（英國）傅
蘭雅口譯　（清）華蘅芳筆述　清刻本　二冊

340000－1841－0001944　601806

太上十三經六卷附董庭內外經注釋兩卷
(宋)呂祖謙評點　題(清)純陽先生注解　清
道光二十六年(1846)刻本　六冊

340000－1841－0001945　601813

思辨錄輯要二十二卷 （清）陸世儀撰　（清）
張伯行重訂　清同治五年(1866)福州正誼書
局刻本　一冊

340000－1841－0001946　601814

讀朱隨筆四卷 （清）陸隴其輯　（清）張伯行
訂　清同治五年(1866)福州正誼書局刻本
一冊

340000－1841－0001947　601815

學蔀通辯十二卷 （明）陳建撰　（清）張伯行
訂　清同治五年(1866)福州正誼書局刻本
三冊

340000－1841－0001948　601816

老子道德經附音義不分卷 （晉）王弼注　清
光緒元年(1875)浙江書局校刻本　一冊

340000－1841－0001949　601821

有明名賢遺翰二卷 （清）謝若農輯　（清）張
廷濟編　清光緒十三年(1887)刻本　四冊

340000－1841－0001950　601831

淮南鴻烈解二十一卷 （漢）劉安撰　（漢）高
誘注　（明）茅坤批評　明刻本　八冊

340000－1841－0001951　601832

伊洛淵源錄十四卷續錄六卷 （宋）朱熹撰

（明）楊廉增 （明）謝鐸續 明嘉靖八年
(1529)文金堂刻本 五冊

340000－1841－0001952 601834

陰符經道德經沖虛經南華經發隱不分卷
（清）楊文會撰 清光緒三十年(1904)金陵刻
經處刻本 一冊

340000－1841－0001953 601836

小衡算學二卷 （清）汪光恒撰 清光緒十一
年(1885)刻本 二冊

340000－1841－0001954 601837

衡齋算學七卷 （清）汪萊撰 清咸豐四年
(1854)刻本 一冊

340000－1841－0001955 601846

得一錄八卷 （清）余治輯 清光緒十一年
(1885)寶善堂刻本 八冊

340000－1841－0001956 602386

五經類編二十八卷 （清）周世樟撰 清康熙
二十三年(1684)縠詒堂刻本 八冊

340000－1841－0001957 602485

佩文韻府拾遺一百六卷 （清）張廷玉等校勘
（清）汪灝等纂修 清康熙五十九年(1720)
武英殿刻本 二十冊

340000－1841－0001958 602485－1

佩文韻府拾遺一百六卷 （清）張廷玉等校勘
（清）汪灝等纂修 清康熙五十九年(1720)
武英殿刻本 二十冊

340000－1841－0001959 602658

六藝綱目二卷附錄二卷 （元）舒天民述
（元）舒恭注 （明）趙宜中附注 重刊六藝剛
目札記一卷 （清）管禮耕校勘 清光緒二十
六年(1900)四川廣雅書局刻本 二冊

340000－1841－0001960 602659

六藝綱目二卷附札記一卷字原附錄一卷發原
附錄一卷 （元）舒天民述 （元）舒恭注
（明）趙宜中附注 清光緒二十六年(1900)四
川廣雅書局刻本 二冊

340000－1841－0001961 602664

佩文韻府一百六卷 （清）張玉書等彙閱
（清）蔡升元等纂修兼校勘 （清）孫致彌等纂
修 （清）汪士鋐等校勘 （清）鄭為龍等校錄
（清）趙昌等監造 韻府拾遺一百六卷
（清）張廷玉等校勘 （清）汪灝等纂修 清康
熙五十九年(1720)武英殿刻本 三十三冊
存一百十八卷(佩文韻府二十六至三十七、韻
府拾遺一百六卷)

340000－1841－0001962 602664

佩文韻府一百六卷 （清）張玉書等彙閱
（清）蔡升元等纂修兼校勘 （清）孫致彌等纂
修 （清）汪士鋐等校勘 （清）鄭為龍等校錄
（清）趙昌等監造 韻府拾遺一百六卷
（清）張廷玉等校勘 （清）汪灝等纂修 清康
熙五十九年(1720)武英殿刻本 三十三冊
存十二卷(佩文韻府二十六至三十七)

340000－1841－0001963 602665

佩文韻府一百六卷 （清）張玉書等彙閱
（清）蔡升元等纂修兼校勘 （清）孫致彌等纂
修 （清）汪士鋐等校勘 （清）鄭為龍等校錄
（清）趙昌等監造 韻府拾遺一百六卷
（清）張廷玉等校勘 （清）汪灝等纂修 清康
熙五十九年(1720)刻本 一百三十三冊

340000－1841－0001964 602770

五種遺規十二卷 （清）陳宏謀輯 清同治七
年(1868)楚北崇文書局刻本 八冊

340000－1841－0001965 603949

通俗編三十八卷 （清）翟灝撰 清乾隆十六
年(1751)無不宜齋刻本 十二冊

340000－1841－0001966 603951

蠶桑萃編十五卷 （清）衛傑編 清光緒二十
五年(1899)浙江書局刻本 八冊

340000－1841－0001967 604025

唐人說薈二十卷 （清）陳世熙輯 清同治八
年(1869)連元閣刻本 二十冊

340000－1841－0001968 604026

慈溪黃氏日抄分類九十七卷附古今紀要十九
卷 （宋）黃震撰 清乾隆三十三年(1768)新

安汪佩鍔刻本　　三十二冊

340000－1841－0001969　604029
困學記聞二十卷　（宋）王應麟撰　清同治九年(1870)揚州書局刻本　　四冊

340000－1841－0001970　604030
翁注困學記聞二十卷　（宋）王應麟撰　（清）翁元圻輯注　清道光五年(1825)上海鴻章書局石印本　　十六冊

340000－1841－0001971　604040
農桑輯要七卷　（元）司農司撰　清光緒六年(1880)河南臬署刻本　　三冊

340000－1841－0001972　604052
困學記聞注二十卷　（宋）王應麟撰　（清）翁元圻輯　清道光五年(1825)刻本　　十二冊

340000－1841－0001973　604055
香祖筆記十二卷　（清）王士禎撰　清宣統三年(1911)上海掃葉山房石印本　　四冊

340000－1841－0001974　604057
居易錄三十四卷　（清）王士禎撰　清康熙刻本　　八冊

340000－1841－0001975　604062
近思錄集注十四卷附考訂朱子世家　（宋）朱熹原著　（清）江永撰　清光緒十四年(1888)廣雅書局刻本　　五冊

340000－1841－0001976　604080
唐代叢書二十卷　（清）陳世熙輯　清乾隆五十七年(1792)刻本　　二十冊

340000－1841－0001977　604088
無聲詩史七卷　（清）姜紹書撰　清康熙五十九年(1720)刻本　　四冊

340000－1841－0001978　604089
習是編二卷附年譜　（清）屈成霖編　清光緒二年(1876)刻本　　四冊

340000－1841－0001979　604090
習是編二卷附年譜　（清）屈成霖編　清光緒二年(1876)刻本　　四冊

340000－1841－0001980　604092
人生必讀書十二卷　（清）鄒祖堂輯　（清）鄒鍾俊重校　清同治十年(1871)刻本　　八冊

340000－1841－0001981　604094
弟子箴言十六卷　（清）胡達源撰　清同治九年(1870)吳大澂刻本　　二冊

340000－1841－0001982　604102
繹志十九卷　（清）胡承諾撰　清同治十一年(1872)浙江書局刻本　　六冊

340000－1841－0001983　604248
三命通會十二卷　（清）育吾山人撰　清雍正十三年(1735)聚學堂刻本　十二冊

340000－1841－0001984　604251
供冀小言一卷　（清）林伯桐撰　清學海堂刻本　　一冊

340000－1841－0001985　604252
程氏家塾讀書分年日程三卷　（元）程端禮撰　清同治七年(1868)湖北崇文書局刻本　二冊

340000－1841－0001986　604253
程氏家塾讀書分年日程三卷　（元）程端禮撰　清同治八年(1869)江蘇書局刻本　　一冊

340000－1841－0001987　604254
程氏家塾讀書分年日程三卷　（元）程端禮撰　清同治八年(1869)江蘇書局刻本　　一冊

340000－1841－0001988　604255
程氏家塾讀書分年日程三卷　（元）程端禮撰　清同治八年(1869)江蘇書局刻本　　一冊

340000－1841－0001989　604257
魯班經三卷附秘訣仙機　（清）午榮編　清刻本　　二冊

340000－1841－0001990　604258
精選黃眉故事十卷　（明）鄧百拙編　明天德堂刻本　　十六冊

340000－1841－0001991　604258
精選黃眉故事十卷　（明）鄧百拙編　明天德堂刻本　　六冊

340000－1841－0001992　604259

增補故事白眉十卷　（清）許以忠輯　（清）許國球校　清康熙四十一年(1702)吳門聚錦堂刻本　八冊

340000－1841－0001993　604311

通雅五十三卷　（明）方以智撰　清光緒十一年(1885)桐城方氏刻本　十冊

340000－1841－0001994　604313

初學記三十卷　（唐）徐堅等撰　明嘉靖十年(1531)錫山安國桂坡館仿宋刻本　十二冊

340000－1841－0001995　604314

藝文類聚一百卷　（唐）歐陽詢撰　（明）王元貞校　明萬曆十五年(1587)秣陵王元貞刻本　二十冊

340000－1841－0001996　604316

廣博物志五十卷　（明）董斯張撰　（明）楊鶴等訂　明萬曆高暉堂刻本　二十四冊

340000－1841－0001997　604320

月令廣義二十四卷首一卷　（明）馮應京輯（明）戴任集釋　（明）李登參訂　明萬曆三十年(1602)秣陵陳邦泰刻本　二十冊

340000－1841－0001998　604321

二如亭群芳譜三十卷首一卷　（明）王象晉輯　明天啟元年(1621)沙村草堂刻本　二十四冊

340000－1841－0001999　604325

新增說文韻府群玉五十二卷　（元）陰時夫撰（元）陰中夫注　（明）王元貞校正　清乾隆二十四年(1759)敦化堂刻本　十冊

340000－1841－0002000　604326

新增說文韻府群玉二十卷　（元）陰時夫撰（元）陰中夫注　（明）王元貞校正　清文光堂刻本　二十冊

340000－1841－0002001　604326

新增說文韻府群玉二十卷　（元）陰時夫撰（元）陰中夫注　（明）王元貞校正　清文光堂刻本　二十冊

340000－1841－0002002　604367

武備志二百四十卷　（明）茅元儀撰　明天啟元年(1621)蓮溪草堂刻本　六十冊

340000－1841－0002003　604368

管子治略窾言八卷　（唐）房玄齡注　（明）劉績補注　（明）凌登嘉輯評　明萬曆二十年(1592)刻本　二冊

340000－1841－0002004　604369

楊子太玄經十卷　（漢）楊雄撰　（明）趙如源等校閱　**說玄一卷**　（宋）司馬光撰　明天啟六年(1626)武林書坊趙世楷刻本　四冊

340000－1841－0002005　604371

白虎通德論四卷　（漢）班固撰　（明）郎壁金考訂　明天啟六年(1626)堂策檻刻本　二冊

340000－1841－0002006　604373

諸子匯函二十六卷　（明）歸有光輯　（明）文震孟參訂　明天啟五年(1625)刻本　二十八冊

340000－1841－0002007　604374

六子書六十卷　（明）顧春編　明嘉靖十二年(1533)顧春世德堂刻本　四十冊

340000－1841－0002008　604377

諸子奇賞六十卷　（明）陳仁錫選評　明末刻本　十四冊

340000－1841－0002009　604378

諸子品節五十卷　（明）陳深撰　明萬曆十八年(1590)刻本　八冊

340000－1841－0002010　604379

大學衍義補一百六十卷首一卷補前書一卷（明）邱濬撰　（明）陳仁錫評　明萬曆三十三年(1605)梅墅石渠閣刻本　四十八冊

340000－1841－0002011　604385

玉芝堂談薈三十六卷　（明）徐應秋輯　清光緒元年(1875)刻本　三十四冊

340000－1841－0002012　604389

世說新語補二十卷附釋名一卷　（南朝宋）劉義慶撰　（明）何良俊增　（明）王世貞刪定

（明）張文柱校注 明萬曆十三年(1585)張文柱刻本 十冊

340000－1841－0002013 604392

解莊十二卷 （明）陶望齡撰 （明）郭正域評 明天啟元年(1621)茅兆河刻朱墨套印本 六冊

340000－1841－0002014 604394

孔子家語十卷 （三國魏）王肅纂注 明萬曆武林錢受益校刻本 二冊

340000－1841－0002015 604395

韓子二十卷附錄一卷 （戰國）韓非撰 明天啟五年(1625)趙如源刻本 三冊

340000－1841－0002016 604396

纂圖互注南華真經十卷 （晉）郭象撰 （唐）陸德明音義 元刻本 六冊

340000－1841－0002017 604398

性理標題匯要二十二卷 （明）詹淮纂輯 （明）陳仁錫訂正 明崇禎五年(1632)製錦堂刻本 十二冊

340000－1841－0002018 604399

新刊性理大全七十卷首一卷 （明）胡廣等撰 明隆慶二年(1568)張氏靜山齋刻本 四十八冊

340000－1841－0002019 604411

小學集解六卷 （宋）朱熹撰 （明）吳訥集解 清同治八年(1869)江蘇書局刻本 二冊

340000－1841－0002020 604412

小學集解六卷 （宋）朱熹撰 （明）吳訥集解 清同治八年(1869)江蘇書局刻本 二冊

340000－1841－0002021 604413

儒門法語不分卷 （清）彭定求撰 （清）湯金釗輯要 （清）廣厚重訂 清同治三年(1864)味道腴軒刻本 一冊

340000－1841－0002022 604414

皇極經世六十卷 （宋）邵雍著 清咸豐元年(1851)刻本 十六冊

340000－1841－0002023 604431

皇極經世書緒言九卷 （宋）邵雍著 清嘉慶四年(1799)善成堂刻本 十冊

340000－1841－0002024 604449

明本釋三卷 （宋）劉荀撰 清乾隆三十九年(1774)刻本 三冊

340000－1841－0002025 604449

明本釋三卷 （宋）劉荀撰 清乾隆三十九年(1774)刻本 三冊

340000－1841－0002026 604450

金華呂東萊先生正學編一卷 （宋）呂祖謙撰 金華何北山先生正學編一卷 （宋）何基撰 清乾隆十年(1745)郡東奎光閣刻本 二冊

340000－1841－0002027 604451

性理三解七卷 （明）韓邦奇撰 清乾隆十六年(1751)刻本 四冊

340000－1841－0002028 604454

象吉備要通書二十九卷 （清）魏鑒撰 清康熙五十一年(1712)金閶刻本 十二冊

340000－1841－0002029 604456

易學象數論內編三卷外編三卷 （清）黃宗羲撰 清光緒廣雅書局刻廣雅書局叢書本 二冊

340000－1841－0002030 604461

繪圖歷代神仙傳二十四卷 （□）□□撰 清宣統元年(1909)上海掃葉山房石印本 八冊

340000－1841－0002031 604464

乾坤法竅三卷附陰符經 （清）范宜賓輯 清乾隆三十一年(1766)世美堂刻本 四冊

340000－1841－0002032 604465

唯識心要十卷 （清）智旭撰 清光緒二十六年(1900)揚州刻本 十冊

340000－1841－0002033 604467

扁鵲心書三卷神方一卷 （宋）竇材輯 （清）胡珏評注 清代錢塘王琦刻本 一冊

340000－1841－0002034 604472

林子三教正宗 （明）林兆恩撰 清莆陽寶順齋刻本 三十六冊

340000－1841－0002035　604477

六藝綱目二卷附錄二卷　（元）舒天民撰（元）舒恭注　（明）趙宜中附注　清光緒七年（1881）籀書誃汪氏刻本　二冊

340000－1841－0002036　604482

五種遺規五種十六卷　（清）陳宏謀輯　清光緒二十一年（1895）浙江書局刻本　十冊　存十卷（訓俗遺規一至四、從政遺規一至二、在宮法堯錄一至四）

340000－1841－0002037　604486

訓俗遺規四卷　（清）陳宏謀輯　清光緒三十四年（1908）學部圖書局石印五種遺規本　一冊

340000－1841－0002038　604492

養正遺規二卷　（清）陳宏謀輯　清光緒三十四年（1908）學部圖書局石印本　一冊

340000－1841－0002039　604495

沈氏地學二卷　（清）沈鎬撰　清宣統二年（1910）上海掃葉山房石印本　二冊

340000－1841－0002040　604496

沈氏地學二卷　（清）沈鎬撰　清宣統二年（1910）上海掃葉山房石印本　二冊

340000－1841－0002041　604497

沈氏地學二卷　（清）沈鎬撰　清宣統二年（1910）上海掃葉山房石印本　二冊

340000－1841－0002042　604498

沈氏地學二卷　（清）沈鎬撰　清宣統二年（1910）上海掃葉山房石印本　二冊

340000－1841－0002043　604499

沈氏地學二卷　（清）沈鎬撰　清宣統二年（1910）上海掃葉山房石印本　二冊

340000－1841－0002044　604500

沈氏地學二卷　（清）沈鎬撰　清宣統二年（1910）上海掃葉山房石印本　二冊

340000－1841－0002045　604501

辨正圖訣二卷　（清）戴禮臺著　清光緒十七年（1891）陳讀易草堂刻本　一冊

340000－1841－0002046　604504

地理玉髓真經二十八卷　（宋）張洞玄著　清龍溪堂刻本　十冊

340000－1841－0002047　604509

衛生學問答二編　丁福保撰　清光緒二十七年（1901）鉛印本　一冊

340000－1841－0002048　604510

唯識心要十卷　（清）釋智旭撰　清光緒二十六年（1900）揚州刻本　十冊

340000－1841－0002049　604511

碧巖集十卷　（宋）釋圓悟撰　清光緒二年（1876）西湖昭慶寺刻本　二冊

340000－1841－0002050　604514

宗范八卷　（清）錢伊庵輯　清光緒十二年（1886）金陵刻經處刻本　一冊

340000－1841－0002051　604515

因明入正理論疏八卷　（唐）窺基撰　清光緒二十二年（1896）金陵刻經處刻本　一冊

340000－1841－0002052　604646

山海經十八卷圖五卷　（晉）郭璞傳　清刻本　十冊

340000－1841－0002053　604647

山海經十八卷　（晉）郭璞傳　清光緒三年（1877）浙江書局據畢氏靈嚴山館本校刻本　三冊

340000－1841－0002054　604865

點石齋畫報　（清）吳友如等繪　清光緒二十三年（1897）石印本　六十八冊

340000－1841－0002055　605113

蘭亭金石考十二卷附末卷群公帖跋　（宋）桑世昌撰　續蘭亭金石考二卷　（宋）俞松輯　清康熙十四年（1675）張氏鈔明正德柳大中書錄宋大字本　十二冊

340000－1841－0002056　605571

蕺山先生人譜一卷人譜類記二卷　（明）劉宗周撰　清雍正四年（1726）洪氏教忠堂刻本　二冊

340000 - 1841 - 0002057　605590

浮邱子十二卷　（清）湯鵬撰　清同治四年
(1865)刻本　四冊

340000 - 1841 - 0002058　605591

浮邱子十二卷　（清）湯鵬撰　清宣統二年
(1910)上海掃葉山房石印本　六冊

340000 - 1841 - 0002059　605595

人譜類記增訂六卷　（明）劉宗周撰　清光緒
三年(1877)湖北崇文書局刻本　一冊

340000 - 1841 - 0002060　605596

人譜二卷　（明）劉宗周撰　清光緒三十二年
(1906)蒲夏石印本　一冊

340000 - 1841 - 0002061　605597

人譜二卷　（明）劉宗周撰　清同治八年
(1869)刻本　二冊

340000 - 1841 - 0002062　605629

繡像小說四十四卷　（清）商務印書館編　清
光緒二十九年(1903)上海商務印書館鉛印本
四十四冊

340000 - 1841 - 0002063　605630

古今說海一百四十二卷　（明）陸楫輯　清宣
統元年(1909)上海集成圖書公司鉛印本　十
二冊

340000 - 1841 - 0002064　605631

群芳摘錄八卷　（□）□□撰　清手抄本
八冊

340000 - 1841 - 0002065　605632

述記二卷　（清）任兆麟撰　清乾隆五十二年
(1787)忠敏家塾刻本　四冊

340000 - 1841 - 0002066　605667

宗統編年三十二卷　（清）紀蔭撰　清光緒十
三年(1887)活字本　十冊

340000 - 1841 - 0002067　605673

道學淵源錄一百卷　（清）黃嗣東撰　清光緒
九年(1883)鳳山學舍刻本　十四冊

340000 - 1841 - 0002068　605674

道學淵源錄一百卷　（清）黃嗣東撰　清光緒

九年(1883)鳳山學舍刻本　十四冊

340000 - 1841 - 0002069　605680

近思錄集注十四卷附考訂朱子世家　（宋）朱
熹原著　（清）江永撰　**校勘記一卷**　（清）王
炳錄　清同治八年(1869)江蘇書局刻本　二
冊　存十一卷(四至十四)

340000 - 1841 - 0002070　605681

近思錄集注十四卷附考訂朱子世家　（宋）朱
熹原著　（清）江永撰　**校勘記一卷**　（清）王
炳錄　清同治八年(1869)江蘇書局刻本
二冊

340000 - 1841 - 0002071　605682

小學集注六卷　（宋）朱熹撰　（明）陳選集注
清同治六年(1867)金陵書局刻本　二冊

340000 - 1841 - 0002072　605688

理學宗傳二十六卷　（清）孫奇逢輯　（清）魏
一鼇　（清）孫立雅編　清廣州石經堂印書局
刻本　十二冊

340000 - 1841 - 0002073　605693

輪輿私箋二卷附圖一卷　（清）鄭珍撰　清同
治七年(1868)金陵獨山莫氏刻本　一冊

340000 - 1841 - 0002074　605708

朱子語類一百四十卷　（宋）朱熹撰　（宋）黎
靖德輯　清同治十一年(1872)應元書院刻本
四十冊

340000 - 1841 - 0002075　605755

學要分篇十五卷　（清）唐孟沅撰　（清）賈孚
心集注　清同治九年(1870)刻本　十二冊

340000 - 1841 - 0002076　605756

學要附篇五卷　（清）唐孟沅撰　清同治十一
年(1872)明倫書屋刻本　六冊

340000 - 1841 - 0002077　606119

程氏家塾讀書分年日程三卷　（元）程端禮撰
清光緒十八年(1892)文英閣刻本　二冊

340000 - 1841 - 0002078　606145

天文祥異圖不分卷　（□）□□撰　明抄本
四冊

340000－1841－0002079　606146

天元指掌圖不分卷　（□）□□撰　明抄本
八冊

340000－1841－0002080　606269

二程全書六十六卷　（宋）程顥　（宋）程頤撰
（宋）朱熹輯　清同治十年（1871）六安涂氏
求我齋刻本　十六冊

340000－1841－0002081　606270

二程全書五十一卷文集拾遺一卷　（宋）程顥
（宋）程頤撰　（宋）朱熹輯　（清）程湛
（清）程福亮重訂　清康熙二十五年（1686）河
南永寧程氏校刻本　十二冊

340000－1841－0002082　606277

張子全書十五卷　（宋）張載撰　（宋）朱熹注
釋　清光緒九年（1883）臨潼橫渠書院刻本
八冊

340000－1841－0002083　606278

張子全書十五卷　（宋）張載撰　（宋）朱熹注
釋　清光緒二十三年（1897）刻本　六冊

340000－1841－0002084　606311

潛書二卷　（清）唐甄著　（清）王聞遠編　清
光緒九年（1883）中江刻本　二冊

340000－1841－0002085　606362

援鶉堂筆記五十卷　（清）姚範撰　（清）方東
樹刊誤　清道光十五年（1835）刻本　十六冊

340000－1841－0002086　606398

光學二卷　（英國）田大理輯　（清）金楷理口
譯　（清）趙元益筆述　清同治九年（1870）刻
本　二冊

340000－1841－0002087　606399

董方立算學書七卷　（清）董祐誠撰　清道光
十年（1830）刻本　一冊

340000－1841－0002088　606400

化學鑑原六卷　（英國）韋而司撰　（英國）傅
蘭雅譯　（清）徐壽筆述　清刻本　二冊

340000－1841－0002089　606401

航海簡法四卷　（英國）那麗撰　（美國）金楷

理口譯　（清）王德均筆述　清刻本　二冊

340000－1841－0002090　606402

汽機必以十二卷　（英國）蒲而捺撰　（英國）
傅蘭雅口譯　（清）徐建寅筆述　清江南製造
總局刻本　六冊

340000－1841－0002091　606403

數學理九卷附一卷　（英國）棣么甘撰　（英
國）傅蘭雅口譯　（清）趙元益筆述　清刻本
四冊

340000－1841－0002092　606404

開方表不分卷　（清）賈步緯算述　清光緒二
十二年（1896）上海鴻寶齋石印本　一冊

340000－1841－0002093　606446

因樹屋書影十卷　（清）周亮工撰　清雍正三
年（1725）因樹屋刻本　六冊　存八卷（一至
八）

340000－1841－0002094　606459

益智圖二卷　（清）童葉庚撰　清光緒四年
（1878）睫巢刻本　二冊

340000－1841－0002095　606459

益智圖二卷　（清）童葉庚撰　清光緒四年
（1878）睫巢刻本　二冊

340000－1841－0002096　606462

御纂醫宗金鑒九十卷首一卷　（清）吳謙等輯
清乾隆七年（1742）刻本　二十七冊　存五
十五卷（一至十六、四十六至五十、五十七至
九十）

340000－1841－0002097　606465

人道大義録一卷　（清）夏振武撰　清光緒二
十六年（1900）鉛印本　一冊

340000－1841－0002098　606466

人道大義録一卷　（清）夏振武撰　清光緒二
十六年（1900）鉛印本　一冊

340000－1841－0002099　606478

古學匯纂十卷　（明）周時雍編　（明）錢謙益
等評　明崇禎十五年（1642）愛日齋刻本　十
六冊

340000－1841－0002100　606495

古今治平匯要十四卷　（清）楊潮觀撰　清雍正七年(1729)文聚樓刻本　六冊

340000－1841－0002101　606499

御纂性理精義十二卷　（清）李光地等撰　清咸豐二年(1852)文英堂刻本　六冊

340000－1841－0002102　606532

代數術補式二十六卷　（英國）華理司輯（清）解崇輝補式　清光緒二十六年(1900)上海順成書局石印本　六冊

340000－1841－0002103　606533

西算初學八種不分卷　（清）張之洞等輯　清光緒二十三年(1897)石印本　十冊

340000－1841－0002104　606558

性理大全七十卷　（明）胡廣等撰　明刻本三十二冊

340000－1841－0002105　606560

呻吟語節鈔六卷　（明）呂坤撰　清道光二十六年(1846)刻本　四冊

340000－1841－0002106　606585

洗冤錄詳義六卷附摭遺一卷補一卷　（宋）宋慈撰　（清）許槤編校　清光緒三年(1877)湖北潘署刻本　六冊

340000－1841－0002107　606586

抱樸子內外篇八卷　（晉）葛洪撰　清光緒元年(1875)湖北崇文書局刻本　四冊

340000－1841－0002108　606587

小學集解六卷　（清）張伯行輯注　（清）李蘭校訂　清同治六年(1867)崇文書局刻本三冊

340000－1841－0002109　606588

近思錄集注十四卷　（宋）朱熹原著　（清）江永撰　清光緒十一年(1885)江西書局刻本三冊

340000－1841－0002110　606684

上蔡語錄四卷附程氏家塾讀書分年日程（宋）謝良佐撰　（清）張伯行重訂　清同治五年(1866)福州正誼書局刻本　一冊

340000－1841－0002111　606697

筆諫八卷　（清）萬子昭編　清光緒八年至九年(1882－1883)京口一得軒刻本　十冊

340000－1841－0002112　606731

延平答問附四家年譜　（宋）朱熹撰　清光緒五年(1879)刻本　四冊

340000－1841－0002113　606740

清湘樓稿本不分卷　（清）凌興鳳撰　清稿本六冊

340000－1841－0002114　606750

東坡先生志林十二卷　（宋）蘇軾撰　明萬曆半埜堂刻本　四冊

340000－1841－0002115　606761

道書十六種　（宋）王欽若等編　明抄本　十六冊

340000－1841－0002116　606763

照天鏡不分卷　（□）□□撰　清鈔本　二冊

340000－1841－0002117　606770

新增格古要論十三卷　（明）曹昭撰　（明）舒敏編校　（清）王佐增　（清）黃正位重校　明萬曆蘇州黃正位尊生館刻本　十冊

340000－1841－0002118　606771

修辭指南二十卷　（明）浦南金編　明嘉靖三十六年(1557)姑蘇浦氏五樂堂刻本　十二冊

340000－1841－0002119　606782

典萃匯編□□卷　（清）葉正迪輯　清抄本二冊　存二卷(二、四)

340000－1841－0002120　606797

宣室志十卷補遺一卷　（唐）張讀撰　明萬曆商浚半埜堂刻稗海本　四冊

340000－1841－0002121　606804

新增說文韻府群玉二十卷　（元）陰時夫撰（元）陰中夫注　（明）王元貞校正　清崇文堂刻本　二十冊

340000－1841－0002122　606808

困學記聞集證二十卷 （宋）王應麟撰 （清）萬希魁輯 清嘉慶八年(1803)刻本 十二冊

340000－1841－0002123 606810

類林新詠三十六卷 （清）姚之駰撰 清康熙四十六年(1707)錢塘姚之駰刻本 五冊

340000－1841－0002124 606810－1

類林新詠三十六卷 （清）姚之駰撰 清康熙四十六年(1707)錢塘姚之駰刻本 五冊

340000－1841－0002125 606820

重訂事類賦三十卷 （宋）吳淑撰 （明）華麟祥填詞 清乾隆五十四年(1789)劍光閣刻本 四冊 存二十卷(一至九、二十至二十五、二十六至三十)

340000－1841－0002126 606826

日知錄集釋三十二卷刊誤二卷續刊誤二卷 (清)顧炎武撰 （清）黃汝成集釋 清道光十四年至十八年(1834－1838)黃氏西溪草廬刻本 十九冊 存三十四卷(一至二十九、三十二至三十六)

340000－1841－0002127 606850

西湖畫冊不分卷 （清）吳藻繪 清吳藻繪本 一冊

340000－1841－0002128 606900

點石齋畫報 （清）吳友如等繪 清光緒二十三年(1897)石印本 五十六冊

340000－1841－0002129 606907

古今說部叢書 （清）王文濡輯 清宣統至民國上海國學扶輪社鉛印本 六十冊

340000－1841－0002130 606908

滋蕙堂墨寶八種不分卷 （清）曾恒德輯 清拓本 八冊

340000－1841－0002131 606974

御刻三希堂石渠寶笈法帖 （清）梁詩正等編輯 清乾隆十五年(1750)摹刻拓本 二十四冊

340000－1841－0002132 606979

蘭言室藏帖不分卷 題(宋)淳化人輯 清宣統二年(1910)刻本 五冊

340000－1841－0002133 606980

漢執金吾丞武榮碑不分卷 題(漢)建寧人書 漢建寧拓本 一冊

340000－1841－0002134 606983

熒陽鄭文公上下碑不分卷 （北魏）永平人書 北魏永平四年(511)石拓本 二冊

340000－1841－0002135 606986

皇甫君碑不分卷 （唐）歐陽詢書 唐刻清拓本 一冊

340000－1841－0002136 606989

清人書帖 （清）沈梧等書 清摹刻拓本 一冊

340000－1841－0002137 606990

靈飛經小楷不分卷 （三國魏）鍾繇書 明拓本 一冊

340000－1841－0002138 606993

尚友錄二十二卷 （明）廖用賢輯 補遺十二卷 （明）張伯琮補 清康熙五年(1666)刻本 二十二冊

340000－1841－0002139 606994

尚友錄二十二卷 （明）廖用賢輯 補遺十二卷 （明）張伯琮補 清康熙五年(1666)刻本 二十二冊

340000－1841－0002140 607000

玉皇宥罪錫福寶懺不分卷 （□）□□撰 清同治五年(1866)抄本 一冊

340000－1841－0002141 607001

玉皇宥罪錫福寶懺不分卷 （□）□□撰 清光緒二十一年(1895)章翼仙抄本 一冊

340000－1841－0002142 607002

太上朝真禮斗玄科不分卷 （□）□□撰 清抄本 一冊

340000－1841－0002143 607006

高上玉皇本行集經三卷 （□）□□撰 清光緒二十一年(1895)抄本 三冊

340000－1841－0002144　607007

大方廣總持寶光明經五卷　（宋）法天譯　**南海寄歸內法傳四卷**　（唐）釋義淨撰　**諸經要集七卷**　（唐）釋道世撰　**開元釋教目錄二十卷**　（唐）釋智昇撰　**中論四卷**　題（清）龍樹菩薩著　**十誦律比丘戒本一卷十地經論十二卷**　題（北魏）菩提流支等譯　清刻本　六冊
　　缺三十四卷（南海寄歸內法傳一、四，諸經要集四至七，開元釋教目錄一至十三、十五至二十，中論四，十地經論二至四、六至九、十二）

340000－1841－0002145　607023

清乾隆帝御筆冊不分卷　（清）高宗弘曆書　清乾隆四十三年(1778)金水寫本　一冊

340000－1841－0002146　607024

御題棉花圖不分卷　（清）高宗弘曆題詩　（清）方觀承編　清刻藍色印本(白文藍底)　一冊

340000－1841－0002147　607038

耕織圖四十六幅　（清）焦秉貞繪　（清）朱圭鎸刻　清光緒十三年(1887)刻彩繪印本　一冊

340000－1841－0002148　607039

太上黃庭經注三卷陰符經注一卷　（清）石和陽撰　（清）李明徹評閱　清乾隆五十八年(1793)白雲山房刻本　一冊

340000－1841－0002149　607039－1

太上黃庭經注三卷陰符經注一卷　（清）石和陽撰　（清）李明徹評閱　清乾隆五十八年(1793)白雲山房刻本　一冊

340000－1841－0002150　607041

道德經釋義二卷　題（清）純陽真人撰　清嘉慶十四年(1809)羊城汗簡齋刻本　二冊

340000－1841－0002151　607049

翰墨園畫譜彙新初二集　題（清）翰墨園主人編　清光緒十六年(1890)上海鴻寶齋石印本　四冊

340000－1841－0002152　607165

340000－1841－0002152　607165

諧鐸十二卷　（清）沈起鳳撰　清乾隆五十六年(1791)刻本　四冊

340000－1841－0002153　607171

野客叢書三十卷　（宋）王楙撰　明代刻本　四冊

340000－1841－0002154　607173

七修類稿五十一卷續稿七卷　（明）郎瑛撰　清乾隆四十年(1775)耕煙草堂刻本　十六冊

340000－1841－0002155　607175

農書二十二卷　（元）王禎撰　清末石印本　二冊

340000－1841－0002156　607181

仙蹤記略三卷　（清）張鶴輯　清光緒七年(1881)上海文玉堂刻本　四冊

340000－1841－0002157　607183

呻吟語六卷　（明）呂坤撰　明萬曆二十一年(1593)刻本　六冊

340000－1841－0002158　607183

呻吟語六卷　（明）呂坤撰　明萬曆二十一年(1593)刻本　六冊

340000－1841－0002159　607183

呻吟語六卷　（明）呂坤撰　明萬曆二十一年(1593)刻本　六冊

340000－1841－0002160　607185

事物異名錄四十卷　（清）厲荃原輯　（清）關槐增纂　清乾隆五十三年(1788)刻本　十二冊

340000－1841－0002161　607321

紅豆樹館書畫記八卷　（清）陶樑撰　清光緒八年(1882)吳越潘氏韋屯園刻本　六冊

340000－1841－0002162　607357

畫史匯傳七十二卷　（清）彭蘊璨編　清光緒八年(1882)上海掃葉山房刻本　二十四冊

340000－1841－0002163　607371

月令粹編二十四卷　（清）秦嘉謨編　清嘉慶十七年(1812)江都秦氏琳瑯仙館刻本　八冊

340000 - 1841 - 0002164　607372

農政全書六十卷　（明）徐光啟撰　清道光二十三年(1843)上海曙海樓刻本　二十冊

340000 - 1841 - 0002165　607569

清異錄二卷　（宋）陶穀撰　清康熙中陳氏最宜草堂刻本　二冊

340000 - 1841 - 0002166　607712

勸學篇二卷　（清）張之洞撰　清光緒二十四年(1898)兩湖書院石印本　一冊

340000 - 1841 - 0002167　607713

持志塾言二卷　（清）劉熙載撰　清同治六年(1867)刻本　一冊

340000 - 1841 - 0002168　607719

常熟翁相國手札不分卷　（清）翁同和書（清）俞鍾鑾編　清宣統元年(1909)有正書局石印本　一冊

340000 - 1841 - 0002169　607738

談天十八卷　（英國）侯失勒撰　（英國）偉烈亞力口譯　（清）李善蘭冊述　清咸豐元年(1851)刻本　四冊

340000 - 1841 - 0002170　607750

梨園娛老集不分卷　（清）胡翼南著　清宣統元年(1909)大公報鉛印本　一冊

340000 - 1841 - 0002171　607778

鍾山札記四卷　（清）盧文紹撰　清乾隆五十五年(1790)刻本　一冊

340000 - 1841 - 0002172　607848

呻吟語五卷　（明）呂坤撰　（清）陳宏謀評　清光緒五年(1879)刻本　四冊

340000 - 1841 - 0002173　607872

墨緣匯觀四卷　（清）安歧撰　清宣統元年(1909)刻本　二冊　存二卷(一、四)

340000 - 1841 - 0002174　607954

四語匯編八卷　（清）詹坦編　清光緒二十二年至二十四年(1896 - 1898)揚州府學刻本　四冊

340000 - 1841 - 0002175　607960

莊子集解八卷　王先謙撰　清宣統元年(1909)思賢書局刻本　三冊

340000 - 1841 - 0002176　607967

陔餘叢考四十三卷　（清）趙翼撰　清乾隆五十六年(1791)湛貽堂刻本　十一冊

340000 - 1841 - 0002177　607969

墨子間詁十九卷　（清）孫詒讓撰　清宣統二年(1910)刻本　八冊

340000 - 1841 - 0002178　607973

莊子解十二卷　（清）吳世尚注　清雍正四年(1726)易老莊書屋刻本　六冊

340000 - 1841 - 0002179　608063

管子刪評六卷　（明）梅士享撰　明萬曆四十三年(1615)刻本　六冊

340000 - 1841 - 0002180　608098

正學編八卷　（清）潘世恩輯　（清）潘曾瑋疏解　清刻本　八冊

340000 - 1841 - 0002181　608115

水滸圖贊不分卷　（明）杜堇繪　清光緒八年(1882)石印本　一冊

340000 - 1841 - 0002182　608134

典制類林四卷　（清）唐式南輯　清乾隆三十年(1765)刻本　一冊

340000 - 1841 - 0002183　608177

俟命錄十卷　（清）方宗誠撰　清光緒三年(1877)刻本　二冊

340000 - 1841 - 0002184　608179

躬恥齋經世十八篇　（清）宗稷辰撰　清光緒三十年(1904)紹興印書局鉛印本　一冊

340000 - 1841 - 0002185　608194

詩墨一卷新語二卷新書十卷　（漢）孔鮒（漢）陸賈　（漢）賈誼撰　明正德九年(1514)刻本　一冊

340000 - 1841 - 0002186　608195

鹽鐵論十一卷附校勘小識一卷　（漢）桓寬撰　清光緒十七年(1891)思賢講舍刻本　二冊

340000－1841－0002187　608197

澤宮序次舉要二卷附澤宮位次全圖　（清）紅
恩波輯　清光緒二十三年（1897）刻本　二冊

340000－1841－0002188　608242

劇談錄三卷　（清）康駢撰　清光緒三十年
（1904）刻本　一冊

340000－1841－0002189　608276

諸子釋言二卷　（清）丁宴撰　清道光二十四
年（1844）刻本　一冊

340000－1841－0002190　608297

論印絕向一卷續編一卷　（清）沈心撰　（清）
丁敬續編　清光緒五年（1879）杭州葛元煦刻
本　一冊

340000－1841－0002191　608348

游戲三昧不分卷　（清）竹禪篆刻　清光緒元
年（1875）鉛印本　四冊

340000－1841－0002192　608367

南華經解不分卷　（清）方潛評　清光緒二十
二年（1896）桐城方氏刻本　三冊

340000－1841－0002193　608415

湘山野錄三卷續湘山野錄一卷　（宋）釋文瑩
撰　（明）毛晉訂　明末毛氏汲古閣刻本
四冊

340000－1841－0002194　608419

省軒考古類編十二卷　（清）柴紹炳撰　（清）
姚培謙譯　清乾隆二十三年（1758）刻本
八冊

340000－1841－0002195　608427

重訂西青散記八卷　（清）史震林撰　清嘉慶
十年（1805）醉墨樓刻本　四冊

340000－1841－0002196　608438

西山真文忠公讀書記二十二卷　（宋）真得秀
輯　清同治三年（1864）真氏祠刻本　十八冊

340000－1841－0002197　608450

名賢信向錄二卷　（清）釋澹雲　（清）鄧在達
撰　清光緒二十九年（1903）刻本　一冊

340000－1841－0002198　608456

困知記十六卷　（明）羅欽順撰　清咸豐四年
（1854）闕城刻本　四冊

340000－1841－0002199　608461

浪跡叢談十一卷　（清）梁章鉅撰　清道光刻
本　四冊

340000－1841－0002200　608473

西青散記四卷　（清）史震林撰　清乾隆二年
（1737）三餘堂刻本　四冊

340000－1841－0002201　608477

正偽七卷　（清）劉沅撰　清末刻本　三冊

340000－1841－0002202　608478

客齋隨筆十六卷　（宋）洪邁撰　清乾隆五十
九年（1794）鄱陽洪邁刻本　三冊

340000－1841－0002203　608482

子史精華一百六十卷　（清）吳襄等編　清雍
正五年（1727）刻本　三十六冊

340000－1841－0002204　608613

庭訓格言一卷　（清）世宗胤禛輯　清天津河
間廣仁堂刻本　一冊

340000－1841－0002205　608633

孔孟圖歌二卷　江鍾秀輯　清光緒三十年
（1904）山東全省印書局石印本　二冊

340000－1841－0002206　608663

河南邵氏聞見錄前卷二十卷　（宋）邵伯溫撰
　（明）毛晉訂　明崇禎毛氏汲古閣刻本
四冊

340000－1841－0002207　608666

札樸十卷　（清）桂馥撰　清光緒九年（1883）
長沙心矩齋刻本　八冊

340000－1841－0002208　608676

性理標題綜要二十二卷　（明）詹淮纂撰
（明）陳仁錫訂正　明崇禎五年（1632）製錦堂
刻本　十二冊

340000－1841－0002209　608696

漢學商兌三卷　（清）方東樹撰　清光緒二十
六年（1900）浙江書局刻本　四冊

340000 – 1841 – 0002210　608706

孔氏家語十卷　（三國魏）王肅注　明毛氏汲古閣刻本　六冊

340000 – 1841 – 0002211　608709

薛文靖公讀書錄首附傳八卷　（清）薛瑄撰　清咸豐三年(1853)鄢陵書院刻本　四冊

340000 – 1841 – 0002212　608710

薛文靖公讀書錄講義十二卷　（明）薛瑄撰　（明）鄒昌熠講義　清光緒四年(1878)刻本　四冊

340000 – 1841 – 0002213　608725

弘道錄二十五卷　（明）邵經邦撰　（清）邵遠平續　清康熙四十年(1701)刻本　十二冊

340000 – 1841 – 0002214　608738

理學宗傳二十六卷　（清）孫奇峰輯　清康熙六年(1667)刻本　十六冊

340000 – 1841 – 0002215　608770

浮邱子十二卷　（清）湯鵬撰　清同治四年(1865)刻本　四冊

340000 – 1841 – 0002216　608783

薛文清公讀書全錄類編二十卷　（明）薛瑄撰　（明）侯鶴齡編　明萬曆二十七年(1599)侯氏刻本　八冊

340000 – 1841 – 0002217　608787

日知錄三十二卷　（清）顧炎武撰　清康熙三十四年(1695)刻本　六冊

340000 – 1841 – 0002218　608788

性理大全書七十卷　（明）胡廣等撰　明萬曆二十五年(1597)新安吳氏師古齋刻本　二十四冊

340000 – 1841 – 0002219　608793

子書百家四百八十卷　（清）崇文書局輯　清光緒元年(1875)湖北崇文書局刻本　一百十冊

340000 – 1841 – 0002220　608806

二十二子三百三十九卷　（清）浙江書局輯　清光緒元年(1875)浙江書局刻本　八十二冊

340000 – 1841 – 0002221　608818

二程全書六十八卷　（宋）程顥　（宋）程頤撰　清乾隆五十二年(1787)崖沙小嬝嬛山館重校本　十六冊

340000 – 1841 – 0002222　608829

淮南子二十一卷　（漢）劉安撰　（漢）高誘注　清光緒二年(1876)浙江書局刻二十二子本　六冊

340000 – 1841 – 0002223　608830

管子二十四卷　（唐）房玄齡注　（明）劉績補　清光緒二年(1876)浙江書局刻二十二子本　六冊

340000 – 1841 – 0002224　608832

白虎通二卷　（漢）班固撰　（清）汪士漢校　清康熙七年(1668)刻本　一冊

340000 – 1841 – 0002225　608835

漢學商兌三卷　（清）方東樹撰　清道光六年(1826)刻本　四冊

340000 – 1841 – 0002226　608863

荀子二十卷附補遺一卷　（周）荀況撰　（唐）楊倞注　清光緒二年(1876)浙江書局刻本　六冊

340000 – 1841 – 0002227　608886

韓非子二十三卷　（戰國）韓非撰　（清）顧廣圻識誤　清光緒元年(1875)浙江書局刻二十二子本　六冊

340000 – 1841 – 0002228　608919

奇門遁甲大全三十卷金函玉鏡六卷　（三國蜀）諸葛亮　（明）劉基撰　明洪武四年(1371)刻本　十二冊

340000 – 1841 – 0002229　608977

文子纘義十二卷　（宋）杜道堅撰　清光緒三年(1877)浙江書局刻本　二冊

340000 – 1841 – 0002230　608979

茅亭客話十卷　（宋）黃休復集　（明）毛晉訂　明崇禎虞山毛氏汲古閣刻本　一冊

340000 – 1841 – 0002231　608986

聰訓齋語四卷　（清）張英撰　清光緒六年
(1880)龐山刻本　一冊

340000－1841－0002232　609002

增訂圖注本草備要四卷附經絡湯頭歌訣
（清）汪昂撰　清康熙文質堂刻本　三冊

340000－1841－0002233　609010

日知薈說四卷　（清）高宗弘曆撰　清乾隆元
年(1736)內府活字本　四冊

340000－1841－0002234　609019

類腋五十五卷　（清）姚培謙撰　**類腋補遺一
卷**　（清）張翰純撰　清乾隆三十年(1765)檢
香齋刻本　十六冊

340000－1841－0002235　609033

庚子消夏記八卷　（清）孫承澤撰　清光緒四
年(1878)崇川山隱居刻本　四冊

340000－1841－0002236　609035

義門讀書記五十八卷　（清）何焯撰　清康熙
刻本　十六冊

340000－1841－0002237　609063

惜抱軒筆記八卷　（清）姚鼐撰　清同治刻本
　一冊

340000－1841－0002238　609068

墨林今話十八卷續編一卷　（清）蔣寶齡撰
清咸豐二年(1852)刻本　三冊　存八卷(八
至十一、十五至十八)

340000－1841－0002239　609076

五星集腋四卷　（清）廖瀛海輯　清嘉慶刻本
　六冊

340000－1841－0002240　609077

朱子全書六十卷　（宋）朱熹撰　（清）李光地
編　清光緒十六年(1890)山東書局刻本　十
六冊　存五十卷(四至五十三)

340000－1841－0002241　609085

永嘉真覺大師證道歌不分卷　（唐）玄覺撰
（宋）彥淇注　清光緒二十二年(1896)京口丹
徒縣李培楨刻本　一冊

340000－1841－0002242　609086

金湯借箸十二籌十二卷　（明）李盤撰　清咸
豐三年(1853)侯官林氏銅活字印本　三冊

340000－1841－0002243　609104

意林五卷補遺一卷　（唐）馬總輯　（清）張海
鵬補　清光緒元年(1875)崇文書局刻本　一
冊　存三卷(三至五)

340000－1841－0002244　609122

養蠶秘訣不分卷　（清）張文藝編　清光緒刻
本　一冊

340000－1841－0002245　609124

太上感應經注證類編十卷　（清）吳獻甫撰
清同治十二年(1873)刻本　二冊　存四卷
(七至十)

340000－1841－0002246　609133

少儀外傳二卷　（宋）呂祖謙撰　清嘉慶十三
年(1808)海虞張氏刻本　一冊

340000－1841－0002247　609152

醫林纂要探源十卷　（清）汪紱輯　清光緒二
十三年(1897)江蘇書局刻本　八冊　存八卷
(二至九)

340000－1841－0002248　600944

說文校議十五卷　（清）姚文田撰　（清）嚴可
均撰　清同治十三年(1874)歸安姚氏刻本
四冊

340000－1841－0002249　601291

御定駢字類編二百四十卷　（清）聖祖玄燁敕
撰　清光緒十三年(1887)上海同文書局石印
本　四十八冊

340000－1841－0002250　601330

金山錢氏家刻書目十卷　（清）錢培蓀編　清
光緒四年(1878)刻本　四冊

340000－1841－0002251　601344

藏書紀事詩六卷　葉昌熾撰　清光緒二十三
年(1897)江標刻本　十二冊

340000－1841－0002252　601416

藏書紀要不分卷　（清）孫從添撰　明萬曆商
氏半埜堂刻本　一冊

340000－1841－0002253　601526

貸園叢書初集十二種四十九卷　（清）周永年
輯　清乾隆五十四年(1789)歷城周永年據李
文藻刊版刻本　十六冊

340000－1841－0002254　601530

徐位山先生六種　（清）徐文靖撰　清雍正至
乾隆志寧堂刻本　二十四冊

340000－1841－0002255　601544

呂新吾全集六十卷　（明）呂坤撰　明萬曆四
十二年(1614)刻清同治修補本　五冊　存十
九卷（四禮疑一至五、四禮翼一至八、小兒語
一至六）

340000－1841－0002256　601761

湘綺樓全集三十卷　（清）王闓運撰　清宣統
二年(1910)上海國學扶輪社石印本　十二冊

340000－1841－0002257　601774

御選唐詩三十二卷目錄三卷　（清）聖祖玄燁
編　（清）陳延敬注　清康熙五十二年(1713)
內府刻朱墨套印本　十六冊

340000－1841－0002258　601774－1

御選唐詩三十二卷目錄三卷　（清）聖祖玄燁
編　（清）陳延敬注　清康熙五十二年(1713)
內府刻朱墨套印本　十六冊

340000－1841－0002259　601776

御選唐宋詩醇四十七卷文醇五十八卷　（清）
高宗弘曆輯　清乾隆內府刻四色套印本　四
十冊

340000－1841－0002260　601777

御選唐宋詩醇四十七卷　（清）高宗弘曆輯
清乾隆二十五年(1760)紫陽書院刻本　二十
四冊

340000－1841－0002261　601792

鏡花緣全傳一百卷　（清）李汝珍撰　清光緒
十四年(1888)校經山房成記石印本　八冊

340000－1841－0002262　601793

繪圖定國志全傳八卷　（□）□□撰　清宣統
二年(1910)上海章福記書局石印本　八冊

340000－1841－0002263　601796

增評補像全圖金玉緣一百二十回　（清）曹雪
芹撰　清光緒三十四年(1908)求不負齋石印
本　十二冊

340000－1841－0002264　601799

陶廬雜憶一卷附續詠一卷　（清）金武祥撰
清光緒二十四年(1898)廣州金氏刻本　三冊

340000－1841－0002265　601800

譚史志奇八卷　（清）姚彥臣撰　清光緒十四
年(1888)五知堂刻本　四冊

340000－1841－0002266　601809

三國志演義一百廿回六十卷　（元）羅貫中撰
（清）毛宗崗評　清光緒十六年(1890)廣百
宋齋鉛印本　十二冊

340000－1841－0002267　601810

楊龜山先生集六卷　（宋）楊時撰　（清）張伯
行訂　**尹和靖集一卷**　（宋）尹焞撰　（清）張
伯行訂　清同治五年(1866)福州正誼書局刻
本　一冊

340000－1841－0002268　601811

楊椒山先生文集二卷　（明）楊繼盛撰　（清）
張伯行訂　**王學質疑五卷附錄一卷**　（清）張
烈撰　（清）張伯行訂　清同治五年(1866)福
州正誼書局刻本　一冊

340000－1841－0002269　601812

楊大洪集二卷　（明）楊漣撰　（清）張伯行訂
清光緒十三年(1887)福州正誼書局刻本
一冊

340000－1841－0002270　601818

天雨花全傳三十回三十二卷　（清）陶貞懷撰
清光緒十七年(1891)刻本　三十二冊

340000－1841－0002271　601819

落金扇八卷　題（清）吹竽先生編　清同治十
二年(1873)刻本　八冊

340000－1841－0002272　601820

(繡像)玉釧緣三十二卷　（□）□□撰　清道
光二十二年(1842)北京靜觀齋刻本　十六冊

340000－1841－0002273 601824

對山書屋墨徐錄十六卷 (清)毛祥麟撰 清同治九年(1870)刻本 八冊

340000－1841－0002274 601825

夢影緣四十八回 題(清)儻下生撰 清光緒二十一年(1895)竹簡齋石印本 十六冊

340000－1841－0002275 601835

帶經堂詩話三十卷 (清)王士禛撰 (清)張宗櫄輯 清同治十二年(1873)廣州藏修堂刻本 八冊

340000－1841－0002276 601840

集其清英集不分卷 (清)許懋和撰 清光緒二年(1876)藜照堂刻本 一冊

340000－1841－0002277 601841

太傅孫文正公手書遺摺稿 (清)孫家鼐撰 清宣統元年(1909)影印本 一冊

340000－1841－0002278 601917

冰梅詞一刻不分卷 (清)夏文莼輯 清光緒二十九年(1903)刻本 一冊

340000－1841－0002279 601918

蔣綠莊焚餘續草四卷 (清)項慶模撰 清光緒十五年(1889)藍田項氏刻本 一冊

340000－1841－0002280 601923－1

麝塵蓮寸集四卷補遺一卷 (清)汪淵撰 清光緒十六年(1890)染翰齋刻本 二冊

340000－1841－0002281 601925

松石齋詩續三卷 (清)周懋泰撰 清光緒二十五年(1899)海陽刻本 一冊

340000－1841－0002282 601926

韓隱廬詩鈔七卷補遺一卷 (清)黃瑞蓮撰 清光緒三十四年(1908)刻本 一冊 存四卷(一至四)

340000－1841－0002283 601927

方望溪先生文外集不分卷 (清)方苞撰 (清)方傳貴輯 清嘉慶十八年(1813)刻本 一冊

340000－1841－0002284 601928

十花小筑詩鈔一卷 (清)余本愚撰 清光緒十一年(1885)刻本 一冊

340000－1841－0002285 601931

霜紅龕集四十卷附錄三卷年譜一卷 (清)傅山撰 (清)丁寶銓輯 清宣統三年(1911)山陽丁氏刻本 十二冊

340000－1841－0002286 601932

南山集十四卷南山集補遺三卷 (清)戴名世撰 清光緒二十六年(1900)刻本 八冊

340000－1841－0002287 601933

齋中讀書一卷 (清)胡肇昕撰 清光緒二十五年(1899)績溪世澤樓刻本 一冊

340000－1841－0002288 601934

味菜堂詩集四卷 (清)汪淵撰 清光緒二十三年(1897)刻本 一冊

340000－1841－0002289 601935

話雲軒詠史詩二卷 (清)曹振鏞撰 清嘉慶五年(1800)刻本 一冊

340000－1841－0002290 601936

鳴鶴堂文集二卷 (清)任源祥撰 (清)瞿源洙集評 清同治十二年(1873)澹和堂刻本 一冊

340000－1841－0002291 601937

金源紀事詩八卷 (清)湯運泰撰 清同治十二年(1873)淮南書局刻本 四冊

340000－1841－0002292 601938

桝湖文錄八卷 (清)吳敏樹撰 清光緒十九年(1893)長沙思賢講舍刻本 二冊

340000－1841－0002293 601939

八代詩選二十卷 (清)王闓運編 清光緒十六年(1890)江蘇書局刻本 八冊

340000－1841－0002294 601941

古文筆法百篇二十卷 (清)李扶九等輯 清光緒八年(1882)滇南書局刻本 四冊

340000－1841－0002295 601942

古文筆法百篇二十卷 (清)李扶九等輯 清光緒二十四年(1898)兩儀堂刻本 四冊

340000 – 1841 – 0002296　601946

津門古文所見錄四卷　（清）郭師秦輯　清光緒十八年(1892)津門華景安刻本　四冊

340000 – 1841 – 0002297　601947

江左十五子詩選十五卷　（清）宋犖輯　清康熙四十二年(1703)宋氏宛委堂刻本　四冊

340000 – 1841 – 0002298　601950

御製詩初集四十八卷二集一百卷三集一百十二卷　（清）高宗弘曆撰　清乾隆刻本　九十六冊　存二百三十四卷(初集一至四十四，二集一至九十，三集一至二十二、二十六至一百三)

340000 – 1841 – 0002299　601955

楚辭集注八卷　（宋）朱熹撰　清光緒八年(1882)江蘇書局刻本　四冊

340000 – 1841 – 0002300　601956

楚辭集注八卷楚辭後語六卷楚辭辯證二卷（宋）朱熹撰　清光緒八年(1882)江蘇書局刻本　四冊

340000 – 1841 – 0002301　601957

離騷釋十一卷　（清）王闓運撰　清光緒二十七年(1901)刻本　一冊

340000 – 1841 – 0002302　601959

楚辭燈四卷　（清）林雲銘撰　清康熙三十六年(1697)益智堂刻本　四冊

340000 – 1841 – 0002303　601960

楚辭評注十卷　（清）王萌撰　清乾隆三十五年(1770)致和堂刻本　二冊

340000 – 1841 – 0002304　601962

離騷草木疏四卷　（宋）吳仁傑撰　清光緒三年(1877)湖北崇文書局刻本　一冊

340000 – 1841 – 0002305　601964

離騷箋二卷　（清）龔景瀚撰　清光緒三年(1877)湖北崇文書局刻本　一冊

340000 – 1841 – 0002306　601966

楚辭箋注十七卷　（漢）王逸注　（宋）洪興祖補注　清初天德堂刻汲古閣本　六冊

340000 – 1841 – 0002307　601967

楚辭章句十七卷　（漢）王逸注　（宋）洪興祖補注　清光緒九年(1883)書堂山館刻本　六冊

340000 – 1841 – 0002308　601975

陶詩匯評四卷東坡和陶四卷　（晉）陶潛撰（宋）蘇軾撰　（清）溫汝能評　清宣統二年(1910)上海掃葉山房石印本　四冊

340000 – 1841 – 0002309　601978

靖節先生集十二卷　（晉）陶潛撰　（清）陶澍注　年譜考異二卷　（清）陶澍撰　清光緒九年(1883)江蘇書局刻本　四冊

340000 – 1841 – 0002310　601979

靖節先生集十二卷　（晉）陶潛撰　（清）陶澍注　年譜考異二卷　（清）陶澍撰　清光緒九年(1883)江蘇書局刻本　四冊

340000 – 1841 – 0002311　601983

楚辭集注八十四家評點八卷　（宋）朱熹撰清初聽雨齋刻本　六冊

340000 – 1841 – 0002312　601987

庾子山集十六卷　（北周）庾信撰　（清）倪璠注釋　年譜一卷世系圖一卷本傳一卷滕王逌原序一卷庾集總釋一卷　（清）倪璠注　清康熙二十六年(1687)崇岫堂刻本　八冊

340000 – 1841 – 0002313　601988

庾子山集十六卷　（北周）庾信撰　（清）倪璠注釋　年譜一卷世系圖一卷本傳一卷滕王逌原序一卷庾集總釋一卷　（清）倪璠注　清康熙二十六年(1687)崇岫堂刻本　八冊

340000 – 1841 – 0002314　601989

庾子山集十六卷　（北周）庾信撰　（清）倪璠注釋　年譜一卷世系圖一卷本傳一卷滕王逌原序一卷庾集總釋一卷　（清）倪璠注　清康熙崇岫堂刻篤慶堂後印本　十二冊

340000 – 1841 – 0002315　601991

王子安集注二十卷　（唐）王勃撰　清光緒九年(1883)吳縣蔣氏雙唐碑館刻本　八冊

340000 – 1841 – 0002316　601992

顏魯公文集三十卷　（唐）顏真卿撰　清道光二十五年(1845)三長物齋刻本　十二冊

340000 – 1841 – 0002317　601993

重刻校正笠澤叢書四卷補遺詩一卷　（唐）陸龜蒙撰　清雍正九年(1731)刻本　四冊

340000 – 1841 – 0002318　601997

駱賓王文集附考異十卷　（唐）駱賓王撰　清嘉慶二十一年(1816)江都秦氏石研齋刻本　二冊

340000 – 1841 – 0002319　601998

駱賓王文集附考異十卷　（唐）駱賓王撰　清宣統三年(1911)文瑞樓石印本　二冊

340000 – 1841 – 0002320　602001

韓集點勘四卷　（清）陳景雲撰　清同治九年(1870)江蘇書局刻本　一冊

340000 – 1841 – 0002321　602002

昌黎先生全集考異四十卷外集考異十卷集傳考異一卷遺文考異一卷　（唐）韓愈撰　（明）朱吾弼重編　明萬曆三十三年(1605)天德堂刻本　十二冊

340000 – 1841 – 0002322　602003

昌黎先生詩增注證訛十一卷　（唐）韓愈撰（清）顧嗣立注　清道光二十八年(1848)廣陵二酉堂刻本　六冊

340000 – 1841 – 0002323　602004

昌黎先生詩集注十一卷　（唐）韓愈撰　（清）朱彝尊　（清）何焯評　（清）顧嗣立集注　清道光十六年(1836)膺德堂刻三色套印本　四冊

340000 – 1841 – 0002324　602005

昌黎先生詩集注十一卷　（唐）韓愈撰　（清）朱彝尊　（清）何焯評　（清）顧嗣立集注　清道光十六年(1836)膺德堂刻本　三冊　存十卷(二至十一)

340000 – 1841 – 0002325　602013

陸宣公集二十二卷　（唐）陸贄撰　（清）年羹堯重訂　清光緒二十年(1894)鴻寶齋石印本　六冊

340000 – 1841 – 0002326　602016

陸宣公集二十四卷　（唐）陸贄撰　（清）年羹堯重訂　清道光二十七年(1847)刻本　八冊

340000 – 1841 – 0002327　602017

陸宣公集二十二卷　（唐）陸贄撰　（清）年羹堯重訂　清雍正元年(1723)刻本　八冊

340000 – 1841 – 0002328　602018

李習之先生文集二卷　（唐）李翱撰　清宣統三年(1911)上海會問堂書局石印本　二冊

340000 – 1841 – 0002329　602019

溫飛卿詩集九卷　（唐）溫庭筠撰　（清）曾益謙　（清）顧嗣立注　清宣統二年(1910)石印本　四冊

340000 – 1841 – 0002330　602022

孟東野詩集十卷追昔遊詩三卷　（唐）孟郊（唐）李紳撰　清宣統二年(1910)上海著易堂石印本　四冊

340000 – 1841 – 0002331　602024

王右丞集箋注二十八卷首一卷末一卷　（唐）王維撰　（清）趙殿成箋注　清乾隆二年(1737)刻本　八冊

340000 – 1841 – 0002332　602025

張說之文集三十卷　（唐）張說撰　清光緒三十一年(1905)結一廬刻本　四冊

340000 – 1841 – 0002333　602027

昌黎先生集四十卷外集十卷遺文附集傳一卷　（唐）韓愈撰　（唐）李漢編　清同治八年(1869)刻本　十冊

340000 – 1841 – 0002334　602030

杜工部集五家評本二十卷　（唐）杜甫著（明）王世貞評　清光緒二年(1876)翰墨園刻五色套印本　十冊

340000 – 1841 – 0002335　602031

杜工部集五家評本二十卷　（唐）杜甫著（明）王世貞評　清光緒二年(1876)翰墨園刻

五色套印本　十册

340000－1841－0002336　602032
杜詩評注二十五卷附編二卷　（唐）杜甫撰
（清）仇兆鰲注　清康熙三十二年（1693）刻本
　二十八册

340000－1841－0002337　602032－1
杜詩評注二十五卷附編二卷　（唐）杜甫撰
（清）仇兆鰲注　清康熙三十二年（1693）刻本
　二十八册

340000－1841－0002338　602032－2
杜詩評注二十五卷附編二卷　（唐）杜甫撰
（清）仇兆鰲注　清康熙三十二年（1693）刻本
　二十八册

340000－1841－0002339　602034
錢牧齋牋注杜詩二十卷　（唐）杜甫著　（明）
錢謙益注　清宣統三年（1911）時中書局石印
本　八册

340000－1841－0002340　602035
杜律通解四卷　（唐）杜甫撰　（清）李文煒牋
注　清康熙六十年（1721）慈水李氏刻本
三册

340000－1841－0002341　602036
杜律通解四卷　（唐）杜甫撰　（清）李文煒牋
注　清雍正刻本　四册

340000－1841－0002342　602037
讀杜心解六卷首一卷　（唐）杜甫撰　（清）浦
起龍講解　清雍正二年（1724）無錫浦氏寧我
齋刻本　八册

340000－1841－0002343　602037－1
讀杜心解六卷首一卷　（唐）杜甫撰　（清）浦
起龍講解　清雍正二年（1724）無錫浦氏寧我
齋刻本　八册

340000－1841－0002344　602041
杜詩鏡銓二十卷杜文注解二卷　（清）楊倫編
（清）張綬評注　清光緒十八年（1892）鉛印
本　六册

340000－1841－0002345　602045

重訂李義山詩集箋注三卷　（唐）李商隱著
（清）朱鶴齡箋注　（清）程夢星刪補　清乾隆
十一年（1746）紅杏山房刻本　四册

340000－1841－0002346　602046
李義山文集箋注十卷　（唐）李商隱撰　（清）
徐樹穀箋　（清）徐炯注　清康熙四十七年
（1708）徐氏花溪草堂刻本　四册

340000－1841－0002347　602047
樊南文集詳注八卷　（唐）李商隱撰　（清）馮
浩編訂　清乾隆三十年（1765）刻本　八册

340000－1841－0002348　602047
樊南文集詳注八卷　（唐）李商隱撰　（清）馮
浩編訂　清乾隆三十年（1765）刻本　八册

340000－1841－0002349　602048
樊南文集詳注八卷　（唐）李商隱撰　（清）馮
浩編訂　清乾隆四十五年（1780）德聚堂刻本
四册

340000－1841－0002350　602049
樊南文集箋注八卷玉溪生詩詳注三卷　（唐）
李商隱撰　（清）馮浩編訂　清乾隆四十五年
（1780）德聚堂校刻本　八册

340000－1841－0002351　602050
李義山詩集三卷　（唐）李商隱著　（清）朱鶴
齡箋注　清順治十六年（1659）金沙繼溪山房
刻本　四册

340000－1841－0002352　602051
李義山詩集三卷　（唐）李商隱著　（清）朱鶴
齡箋注　清同治九年（1870）刻本　四册

340000－1841－0002353　602058
**白香山詩長慶集二十卷後集十七卷別集一卷
補遺二卷**　（唐）白居易撰　（清）汪立名輯
清康熙四十一年至四十二年（1702－1703）汪
立名一隅草堂刻本　十册

340000－1841－0002354　602059
東坡七集一百十卷　（宋）蘇軾撰　清宣統元
年（1909）寶華盦刻本　四十八册

340000－1841－0002355　602061

蘇詩編注集成一百卷　（宋）蘇軾撰　（清）王文誥編　清光緒十四年(1888)浙江書局刻本　二十四冊

340000－1841－0002356　602063

蘇東坡詩集注三十二卷附本傳年譜　（宋）蘇軾撰　（宋）王十朋注　清康熙三十七年(1698)新安朱從延刻本　十冊

340000－1841－0002357　602063－1

蘇東坡詩集注三十二卷附本傳年譜　（宋）蘇軾撰　（宋）王十朋注　清康熙三十七年(1698)新安朱從延刻本　十冊

340000－1841－0002358　602067

蘇文忠公詩合注五十卷　（宋）蘇軾撰　（清）馮應榴注　清同治九年(1870)刻本　二十四冊

340000－1841－0002359　602073

山谷先生詩集外集十七卷　（宋）黃庭堅撰（宋）史容注　清光緒二十五年(1899)刻本　九冊

340000－1841－0002360　602073

山谷先生詩集內集二十卷　（宋）黃庭堅撰（宋）任淵注　清光緒二十五年(1899)刻本　十冊

340000－1841－0002361　602073

山谷先生詩集別集二卷　（宋）黃庭堅撰（宋）史季溫注　清光緒二十五年(1899)刻本　一冊

340000－1841－0002362　602075

山谷詩內集二十卷外集十七卷別集二卷外集補四卷別集補一卷附年譜十四卷　（宋）黃庭堅撰　（宋）任淵注　（清）翁方綱編　清乾隆五十四年(1789)刻本　二十八冊

340000－1841－0002363　602076

王臨川全集一百卷　（宋）王安石撰　清光緒九年(1883)溧陽繆氏小岹山館刻本　十六冊

340000－1841－0002364　602077

王臨川全集一百卷　（宋）王安石撰　清光緒

九年(1883)刻本　十六冊

340000－1841－0002365　602078

王荊公文集四卷　（宋）王安石撰　清宣統二年(1910)上海會文堂書局石印本　四冊

340000－1841－0002366　602080

曾文定公全集二十卷首一卷末一卷　（宋）曾鞏撰　（清）彭期編訂　清康熙三十二年(1693)刻本　八冊

340000－1841－0002367　602082

徐騎省集三十卷附札記補遺一卷　（宋）徐鉉撰　清光緒十七年(1891)金陵書局刻本　六冊

340000－1841－0002368　602083

蘇學士文集十六卷　（宋）蘇舜欽撰　滄浪小志二卷　（清）宋犖輯　清康熙三十七年(1698)震澤徐氏白華書屋刻本　四冊

340000－1841－0002369　602084

楊龜山先生集四十二卷　（宋）楊時撰　清光緒九年(1883)刻本　十冊

340000－1841－0002370　602085

羅豫章先生集十二卷首一卷末一卷　（宋）羅從顏撰　（清）黃植京編訂　清乾隆二年(1737)江蘇太倉王輅刻本　四冊

340000－1841－0002371　602086

宋王忠文公全集五十卷　（宋）王十朋撰（清）唐傳鉎編　清光緒二年(1876)文奎書房刻本　十六冊

340000－1841－0002372　602087

司馬溫公文集八十二卷　（宋）司馬光撰　清康熙四十七年(1708)刻本　二十四冊

340000－1841－0002373　602095

林和靖詩集四卷拾遺一卷　（宋）林逋撰　清同治十二年(1873)長洲朱氏依抱經堂刻本　二冊

340000－1841－0002374　602101

劍南詩鈔不分卷　（宋）陸游撰　（清）楊大鶴編　清康熙二十四年(1685)愛日堂武進刻本

113

五冊

340000－1841－0002375　602102

宋大家王文公文抄十六卷　（宋）王安石撰
（明）茅坤評　明崇禎四年（1631）茅氏刻本
六冊

340000－1841－0002376　602104

施注蘇詩四十二卷續補遺二卷年譜一卷
（宋）蘇軾撰　（宋）施文之注　（清）邵長蘅
等補注　清康熙三十九年（1700）刻本　十
二冊

340000－1841－0002377　602104－1

施注蘇詩四十二卷續補遺二卷年譜一卷
（宋）蘇軾撰　（宋）施文之注　（清）邵長蘅
等補注　清康熙三十九年（1700）刻本　十
二冊

340000－1841－0002378　602105

角山樓蘇詩評注匯鈔二十卷附錄三卷　（宋）
蘇軾撰　（清）趙克宜輯　清咸豐二年（1852）
刻本　八冊

340000－1841－0002379　602106

蘇文忠公詩集五十卷　（宋）蘇軾撰　（清）紀
昀評　清道光十四年（1834）兩廣節署刻本
十二冊

340000－1841－0002380　602108

林和靖詩集四卷　（宋）林逋撰　（日本）近藤
元粹評訂　清同治二年（1863）青木嵩山堂鉛
印本　二冊

340000－1841－0002381　602109

宋李忠定公奏議選十五卷文集選二十九卷
（宋）李綱撰　（明）左光先選　（明）李春熙
輯　清乾隆二十七年（1762）建寧崇本堂刻本
十六冊

340000－1841－0002382　602110

梁溪先生文集一百八十卷　（宋）李綱撰　年
譜一卷　清刻本　三十二冊

340000－1841－0002383　602111

宋宗忠簡公文集四卷補遺一卷遺事一卷

（宋）宗澤撰　清同治十二年（1873）刻本
四冊

340000－1841－0002384　602111

宋宗忠簡公文集四卷補遺一卷遺事一卷
（宋）宗澤撰　清同治十二年（1873）刻本
六冊

340000－1841－0002385　602117

樵歌三卷　（宋）朱敦儒撰　清光緒二十六年
（1900）刻本　一冊

340000－1841－0002386　602118

羅鄂州小集六卷附羅鄂州遺文一卷　（宋）羅
願撰　（清）程哲輯　清康熙五十二年（1713）
程哲七略書堂刻本　一冊

340000－1841－0002387　602121

竹軒雜著六卷　（宋）林季仲撰　清光緒二年
（1876）瑞安孫氏詒善祠塾刻本　二冊

340000－1841－0002388　602123

水心文集二十九卷補遺一卷　（宋）葉適撰
清光緒八年（1882）瑞安孫氏詒善祠塾刻本
八冊

340000－1841－0002389　602124

歐陽文忠公全集一百五十三卷附錄五卷
（宋）歐陽修撰　清嘉慶二十五年（1820）刻本
二十冊

340000－1841－0002390　602125

歐陽文忠公全集一百五十三卷附錄五卷
（宋）歐陽修撰　清嘉慶二十五年（1820）刻本
三十冊

340000－1841－0002391　602127

范文正公忠宣公全集四十八卷首一卷　（宋）
范仲淹撰　范忠宣公全集二十五卷　（宋）范
純仁撰　附范侍郎公遺文一卷　（宋）范純粹
撰　清康熙四十六年（1707）歲寒堂刻本　十
六冊

340000－1841－0002392　602128

宋范文正忠宣二公全集二十五卷　（宋）范仲
淹撰　（清）范純仁撰　清宣統二年（1910）歲

寒堂刻本　十六冊

340000－1841－0002393　602129

文信國公集二十卷首一卷　（宋）文天祥撰
清光緒二十三年（1897）湘南書局刻本　十
六冊

340000－1841－0002394　602130

廬陵文丞相文山先生全集十六卷　（宋）文天
祥撰　清光緒十三年（1887）仕江周穀詒堂刻
本　十冊

340000－1841－0002395　602131

遺山先生文集四十卷附錄一卷　（金）元好問
撰　清康熙四十六年（1707）劍光閣刻本　二
十冊

340000－1841－0002396　602135

道鄉先生文集四十卷補遺一卷附錄一卷
（宋）鄒浩撰　清光緒二十五年（1899）刻本
六冊

340000－1841－0002397　602137

晞發集十卷遺集二卷遺集補一卷　（宋）謝翱
撰　清康熙四十一年（1702）平湖陸氏刻本
六冊

340000－1841－0002398　602138

松雪齋集十卷外集一卷附行狀一卷　（元）趙
孟頫撰　清清德堂刻元花溪沈氏本　八冊

340000－1841－0002399　602141

金淵集六卷　（元）仇遠撰　清乾隆四十年
（1775）武英殿木活字印本　二冊

340000－1841－0002400　602144

張文忠公文集十一卷詩集六卷　（明）張居正
撰　清宣統三年（1911）醉古堂石印本　四冊

340000－1841－0002401　602145

新刻張太岳文集四十七卷　（明）張居正撰
明萬曆四十年（1612）刻本　十六冊

340000－1841－0002402　602145－1

新刻張太岳文集四十七卷　（明）張居正撰
明萬曆四十年（1612）刻本　十六冊

340000－1841－0002403　602149

徐迪功詩集四卷外集三卷附錄諸家評論
（明）徐禎卿撰　明萬曆十二年（1584）刻本
二冊

340000－1841－0002404　602150

樓山堂集而十七卷　（明）吳應箕撰　清宣統
二年（1910）鉛印本　六冊

340000－1841－0002405　602151

楊忠愍公遺書不分卷　（明）楊繼盛撰　清同
治十一年（1872）刻本　一冊

340000－1841－0002406　602152

楊椒山集二卷　（明）楊繼盛撰　清同治五年
（1866）福州正誼書局刻本　一冊

340000－1841－0002407　602153

楊忠愍公全集四卷　（明）楊繼盛撰　清光緒
九年（1883）甘肅藩署刻本　四冊

340000－1841－0002408　602154

楊忠愍公全集四卷　（明）楊繼盛撰　清道光
元年（1821）思補堂刻本　四冊

340000－1841－0002409　602156

甫田集三十六卷　（明）文徵明撰　清宣統三
年（1911）上海千頃堂書莊鉛印本　十二冊

340000－1841－0002410　602157

陽明先生文集十六卷　（明）王守仁撰　清康
熙二十四年（1685）浙江餘姚王貽樂刻本　三
十二冊

340000－1841－0002411　602158

王文成公全書三十八卷　（明）王守仁撰　明
隆慶二年（1568）刻本　二十四冊

340000－1841－0002412　602159

歸震川先生大全集五十六卷　（明）歸有光撰
清嘉慶四年（1799）玉鑰堂刻本　三十冊

340000－1841－0002413　602161

方學正先生遜志齋集二十四卷首一卷附外紀
一卷拾補一卷　（明）方孝孺撰　清同治十二
年（1873）吳縣孫氏刻本　十六冊

340000－1841－0002414　602166

高季迪先生大全集十八卷　（明）高啟撰　清

康熙三十四年(1695)長洲許氏竹素園刻本
十冊

340000－1841－0002415　602167
左忠毅公文集三卷　(明)左光斗撰　清宣統
三年(1911)文盛書局石印本　三冊

340000－1841－0002416　602168
左忠毅公集五卷　(明)左光斗撰　(清)左輝
春校　清道光二十六年(1846)湘鄉詠史齋刻
本　四冊

340000－1841－0002417　602171
徐文長集三十卷　(明)徐渭撰　清宣統三年
(1911)青藤書屋石印本　八冊

340000－1841－0002418　602172
淮南方孩未先生全集十六卷　(明)方震孺撰
清嘉慶二十二年(1817)刻本　六冊

340000－1841－0002419　602175
明大司馬盧忠肅公集十二卷　(明)盧象升撰
清光緒元年(1875)刻本　八冊

340000－1841－0002420　602176
白沙子全集十卷首一卷末一卷古詩教解二卷
(明)陳獻章撰　清乾隆三十六年(1771)廣
東碧玉樓刻本　十冊

340000－1841－0002421　602177
瓊臺會稿二十五卷　(明)丘濬撰　清光緒五
年(1879)雁峰書院刻本　十四冊

340000－1841－0002422　602177
歸震川先生大全集五十六卷　(明)歸有光撰
清嘉慶四年(1799)玉鑰堂刻本　十四冊

340000－1841－0002423　602178
金忠節公文集八卷　(清)金聲撰　清光緒十
四年(1888)黟邑李氏刻本　六冊

340000－1841－0002424　602179
李空同詩集三十三卷　(明)李夢陽撰　清光
緒二十一年(1895)張氏湘雨樓刻本　六冊

340000－1841－0002425　602180
漢魏六朝百三名家集一百四種一百十九卷
(明)張溥輯　明末婁東張氏刻本　十五冊

340000－1841－0002426　602181
漢魏六朝百三名家集一百四種一百十九卷
(明)張溥輯　明末婁東張氏刻本　十五冊

340000－1841－0002427　602183
漢魏六朝百三名家集一百十四卷　(明)張溥
輯　清光緒十八年(1892)善化章經濟堂刻本
一百冊

340000－1841－0002428　602184
漢魏六朝百三名家集一百十四卷　(明)張溥
輯　清光緒三年(1877)滇南唐氏重壽考堂刻
本　八十冊

340000－1841－0002429　602185
漢魏六朝名家集初刻三十九種　丁福保輯
清宣統三年(1911)無錫丁福保鉛印本　十
二冊

340000－1841－0002430　602186
三影閣秋蟬集不分卷　(明)于鍾元撰　清雍
正十年(1732)抄本　四冊

340000－1841－0002431　602187
荊川文集十八卷　(明)唐順之撰　清康熙五
十一年(1712)唐執玉二南堂刻本　十六冊

340000－1841－0002432　602189
南雷文約四卷　(清)黃宗羲撰　清宣統二年
(1910)上海千頃堂書局石印本　四冊

340000－1841－0002433　602189
南雷文約四卷　(清)黃宗羲撰　清宣統二年
(1910)上海千頃堂書局石印本　四冊

340000－1841－0002434　602194
漁洋山人精華錄箋注十二卷補注一卷　(清)
王士禛撰　(清)金榮箋注　清乾隆鳳翔堂刻
本　六冊

340000－1841－0002435　602197
有正味齋駢文箋注合纂二十四卷　(清)吳錫
麟著　(清)王廣業箋　清光緒十五年(1889)
上海蜚英館石印本　四冊

340000－1841－0002436　602198
有正味齋駢文箋注合纂二十四卷　(清)吳錫

麟著 (清)王廣業箋 清光緒十五年(1889)
上海蜚英館石印本 四冊

340000－1841－0002437 602200
有正味齋駢文箋注十六卷 (清)吳錫麟著
(清)葉聯芬箋 清道光二十年(1840)慈北葉
氏刻本 八冊

340000－1841－0002438 602293
詞林正韻三卷 (清)戈載撰 清光緒十七年
(1891)思賢講舍刻本 二冊

340000－1841－0002439 602357
抱經堂叢書 (清)盧文弨輯 清乾隆至嘉慶
餘姚盧氏刻本 六十二冊

340000－1841－0002440 603199
洞靈小志八卷 (清)郭則澐撰 清同治十三
年(1874)甲戌蜇園刻本 四冊

340000－1841－0002441 603907
張文襄幕府紀聞二卷 (清)讀易者撰 清宣
統二年(1910)鉛印本 二冊

340000－1841－0002442 603943
六合內外瑣言二十卷 (清)屠紳撰 清宣統
三年(1911)上海國學扶輪社石印本 六冊

340000－1841－0002443 603951
昭代名人尺牘二十四卷 (清)家思亭輯 清
光緒三十四年(1908)上海西泠印社石印本
二十四冊

340000－1841－0002444 604043
消暑隨筆四卷 (清)潘世恩輯 清宣統三年
(1911)上海海左書局石印本 三冊

340000－1841－0002445 604048
說鈴五十二種六十六卷 (清)吳震方輯 清
康熙四十四年(1705)刻本 二十冊

340000－1841－0002446 604049
說鈴五十二種六十六卷 (清)吳震方輯 清
康熙四十四年(1705)刻本 二十冊

340000－1841－0002447 604109
鄺齋雜記八卷 (清)陳曇撰 清道光八年
(1828)刻本 二冊

340000－1841－0002448 604111
繪圖增像第五才子書水滸全傳十卷 (元)施
耐庵撰 (清)金聖嘆評 清光緒二十五年
(1899)上海書局石印本 十冊

340000－1841－0002449 604114
圖繪五才子奇書水滸全傳七十回 (元)施耐
庵撰 (清)金聖嘆評 清光緒十四年(1888)
大同書局石印本 八冊

340000－1841－0002450 604121
第五才子書水滸傳七十回 (元)施耐庵撰
(清)金聖嘆評 清雍正十二年(1734)光霽堂
刻本 十六冊

340000－1841－0002451 604122
忠義水滸全書(新鎸李氏藏本)一百二十回附
宣和遺事一卷 (元)施耐庵撰 (明)楊定見
改編 (明)羅貫中纂修 (明)李贄評 清初
刻本 三十二冊

340000－1841－0002452 604123
繡像新本水滸後傳八卷四十四回首一卷
(明)陳忱編輯 (清)蔡元放評定 清乾隆三
十五年(1770)大道堂刻本 六冊

340000－1841－0002453 604126
增補齋省堂儒林外史六十回 (清)吳敬梓撰
 清光緒三十一年(1905)慎記書莊石印本
八冊

340000－1841－0002454 604127
齋省堂增訂儒林外史五十六回 (清)吳敬梓
撰 清同治十三年(1874)齋省堂刻本 十
六幅

340000－1841－0002455 604129
增補齋省堂儒林外史六十卷 (清)吳敬梓撰
 清光緒三十二年(1906)海左書局石印本
六冊

340000－1841－0002456 604136
西游補十六回 (明)董說撰 清光緒元年
(1875)申報館鉛印本 二冊

340000－1841－0002457 604138

西游原旨二十卷一百回　（清）劉一明撰　清
嘉慶八年(1803)常德同善社刻本　二十四冊

340000－1841－0002458　604139

後四游記四十回　（□）□□撰　題(清)天花
才子評　清同治申報館鉛印本　四冊

340000－1841－0002459　604140

新刻批評繡像後西游記八卷四十四回　（□）
□□撰　清大文堂刻本　二冊

340000－1841－0002460　604141

繪圖增像西游記八卷一百回　（清）陳士斌注
解　清光緒十五年(1889)上海廣百宋齋鉛印
本　十冊

340000－1841－0002461　604142

西游真詮一百回六卷　（清）陳士斌撰　（清）
汪象旭評　清溢元堂刻本　六冊

340000－1841－0002462　604143

西游真詮八卷一百回　（清）陳士斌撰　清光
緒十年(1884)蘇州掃葉山房刻本　二十冊

340000－1841－0002463　604144

聊齋釋字題典十六卷　（□）□□撰　清鈔本
八冊

340000－1841－0002464　604145

聊齋志異新評十六卷　（清）蒲松齡撰　（清）
王士正評　（清）但明倫新評　清道光二十二
年(1842)刻本　十六冊

340000－1841－0002465　604146

評注聊齋志異圖泳十六卷　（清）蒲松齡撰
清光緒十四年(1888)上海鴻寶齋石印本
八冊

340000－1841－0002466　604148

聊齋志異新評十六卷　（清）蒲松齡撰　（清）
王士正評　（清）但明倫新評　（清）呂湛恩注
（清）管斯駿　（清）楊繩武校　清光緒十八
年(1892)上海古香閣石印本　八冊

340000－1841－0002467　604149

聊齋志異新評十六卷　（清）蒲松齡撰　（清）
但明倫評　（清）呂湛恩注　（清）秋初

（清）燕詒校　清光緒十二年(1886)上海同文
書局石印本　八冊

340000－1841－0002468　604151

虞初新志二十卷虞初續志十二卷　（清）張潮
等輯　清咸豐元年(1851)小瑯嬛山館刻本
十四冊

340000－1841－0002469　604153

鏡花緣二十卷像贊一卷　（清）李汝珍撰　清
道光十二年(1832)刻本　十一冊

340000－1841－0002470　604154

鏡花緣二十卷像贊一卷　（清）李汝珍撰　清
道光十二年(1832)刻本　十一冊

340000－1841－0002471　604155

繪圖鏡花緣二十卷一百回　（清）李汝珍撰
清光緒二十一年(1895)積山書局石印本
六冊

340000－1841－0002472　604156

繪圖鏡花緣二十卷一百回　（清）李汝珍撰
清光緒十四年(1888)上海點石齋石印本
六冊

340000－1841－0002473　604159

四大奇書第一種六十卷一百二十回　（元）羅
貫中撰　（清）毛宗崗評　清順治元年(1644)
刻本　二十二冊

340000－1841－0002474　604160

繡像三國演義六十卷　（元）羅貫中撰　（清）
毛宗崗評　清光緒十四年(1888)圖書集成局
鉛印本　十二冊

340000－1841－0002475　604162

三國志全圖演義六十卷　（元）羅貫中撰
(清)毛宗崗評　清光緒八年(1882)上海點石
齋石印本　八冊

340000－1841－0002476　604163

增像全圖三國演義六十卷　（元）羅貫中撰
(清)毛宗崗評　清光緒十四年(1888)上海鴻
文書局石印本　十二冊

340000－1841－0002477　604164

118

增像全圖三國志演義第一才子書十二卷
（元）羅貫中撰　（清）毛宗崗評　清宣統元年
（1909）章福記石印本　十二冊

340000－1841－0002478　604169

新刻按鑑演義三國英雄志傳二十卷　（元）羅
貫中撰　明刻本　一冊　存三卷（一至三）

340000－1841－0002479　604170

四大奇書第一種六十卷一百二十回　（元）羅
貫中撰　（清）毛宗崗評　清光緒十四年
（1888）刻本　二十冊

340000－1841－0002480　604171

四大奇書第一種六十卷一百二十回　（元）羅
貫中著　（清）毛宗崗評　清經國堂刻本
十冊

340000－1841－0002481　604172

增評補像全圖金玉緣十五卷首一卷一百二十
回　（清）曹雪芹撰　（清）高鶚續　（清）王
希廉評　清光緒三十四年（1908）求不負齋石
印本　十六冊

340000－1841－0002482　604173

增評補像全圖金玉緣十五卷首一卷一百二十
回　（清）曹雪芹撰　（清）高鶚續　（清）王
希廉評　清光緒三十四年（1908）求不負齋石
印本　十六冊

340000－1841－0002483　604175

繡像批點紅樓夢一百二十卷　（清）曹雪芹撰
（清）高鶚續　清刻本　八冊

340000－1841－0002484　604180

增評補像全圖金玉緣十五卷首一卷一百二十
回　（清）曹雪芹撰　（清）高鶚續　（清）王
希廉評　清光緒十八年（1892）石印本　十
六冊

340000－1841－0002485　604181

新評繡像紅樓夢全傳一百二十卷　（清）曹雪
芹撰　（清）高鶚續　（清）王希廉評　清道光
十二年（1832）刻本　二十四冊

340000－1841－0002486　604182

紅樓復夢不分卷　題（清）紅香閣小和山樵南
陽氏編輯　清光緒申報館鉛印本　十冊

340000－1841－0002487　604184

繡像紅樓夢補四卷四十八回　（清）歸鋤子撰
清光緒二十五年（1899）圖書集成局鉛印本
四冊

340000－1841－0002488　604185

繡像紅樓夢補四卷四十八回　（清）歸鋤子撰
清光緒二十五年（1899）圖書集成局鉛印本
四冊

340000－1841－0002489　604187

增評補圖石頭記一百二十卷一百二十回
（清）曹雪芹撰　（清）高鶚續　（清）王希廉
（清）姚燮總評　清光緒十八年（1892）鉛印
本　八冊

340000－1841－0002490　604193

蕩寇志七十卷末結子一卷　（清）俞萬春撰
清咸豐七年（1857）東籬山人刻本　十二冊

340000－1841－0002491　604195

精訂綱鑑廿四史通俗演義二十六卷四十四回
（清）呂撫撰　清光緒二十一年（1895）珍藝
書局鉛印本　六冊

340000－1841－0002492　604196

于少保萃忠全傳十卷　（明）孫高亮撰　清道
光十五年（1835）松江府南匯縣周浦鎮雙璧堂
于氏刻本　六冊

340000－1841－0002493　604197

聊齋志異新評十六卷　（清）蒲松齡撰　（清）
但明倫評　清同治十一年（1872）粵東三元堂
刻本　十六冊

340000－1841－0002494　604198

繪像孔公案四卷四十八回　（清）安和撰　清
光緒上海書局石印本　四冊

340000－1841－0002495　604199

聖朝鼎盛萬年春七十六回　（清）□□撰　清
光緒三十年（1904）上海書局石印本　十二冊

340000－1841－0002496　604200

繪圖青泥蓮花記十三卷 （明）梅鼎祚纂集
清宣統二年（1910）京都自強書局石印本
四冊

340000－1841－0002497　604202
嶺南逸史二十八回 （清）黃耐庵撰　題（清）
花溪逸士編　清嘉慶刻本　六冊

340000－1841－0002498　604204
繡像繪圖青樓夢六十四回 （清）俞達撰
（清）鄒弢評　清光緒二十一年（1895）上海書
局石印本　八冊

340000－1841－0002499　604207
施公案奇聞八卷 （□）□□撰　清嘉慶二十
五年（1820）刻本　四冊

340000－1841－0002500　604208
說唐前傳十卷說唐小英雄傳二卷說唐薛家府
傳六卷　題（清）如蓮居士編　清小酉山房刻
本　十八冊

340000－1841－0002501　604216
西湖佳話古今遺跡十六卷 題（清）古吳墨浪
子輯　清乾隆五十一年（1786）刻本　六冊

340000－1841－0002502　604218
百圭志四卷十六回 （清）崔象川輯　（清）何
晴川評　清嘉慶十年（1805）刻本　四冊

340000－1841－0002503　604219
小五義一百二十四卷一百二十四回 （清）石
玉崑撰　清光緒十六年（1890）刻本　二十
四冊

340000－1841－0002504　604220
南北宋演義全傳二十卷 （明）熊大木撰　題
（明）研山石樵訂正　題（明）織里綺人校閱
清集文堂刻本　十冊

340000－1841－0002505　604222
蘭苕館外史里乘十卷 （清）許叔平撰　清光
緒五年（1879）刻本　十冊

340000－1841－0002506　604223
蘭苕館外史里乘十卷 （清）許叔平撰　清光
緒五年（1879）刻本　十冊

340000－1841－0002507　604228
林蘭香八卷 題（清）隨緣下士編　題（清）寄
旅散人批點　清道光十八年（1838）刻本　十
二冊

340000－1841－0002508　604229
繡像中東大戰演義四卷 （清）洪興全撰　清
光緒二十六年（1900）石印　四冊

340000－1841－0002509　604237
新鐫批評出相韓湘子三十回 （明）楊爾曾撰
清嘉慶二十五年（1820）歲月樓刻本　十
二冊

340000－1841－0002510　604238
爭春園全傳四十八卷 （清）寄生氏撰　清同
治二年（1863）維揚集經堂刻本　十冊

340000－1841－0002511　604242
繡像東周列國志二十三卷 （明）馮夢龍撰
（清）蔡元放評點　清光緒十二年（1886）文英
堂刻本　十二冊

340000－1841－0002512　604245
傳家寶初集八卷二集八卷三集八卷四集八卷
（清）石成金撰　清乾隆四年（1739）刻嘉慶
十年（1805）補刻本　三十冊　存三十一卷
（初集八卷，二集八卷，三集八卷，四集一至
五、七至八）

340000－1841－0002513　604247
快心編初集五卷十回二集五卷十回三集六卷
十二回　題（清）天花才子編輯　題（清）天花
才子評　清光緒元年（1875）上海申報館鉛印
本　十冊

340000－1841－0002514　604262
西廂記二卷 （元）王實甫撰　明毛氏汲古閣
刻本　二冊

340000－1841－0002515　604263
繡像第六才子書附六才子西廂文八卷 （元）
王實甫撰　（清）金聖嘆評　清嘉慶五年
（1800）文盛堂刻本　六冊

340000－1841－0002516　604264

貫華堂第六才子書附才子西廂文八卷　（元）
王實甫撰　（清）金聖嘆評　清康熙本衙精刻
本　六冊

340000－1841－0002517　604265

貫華堂第六才子書西廂記八卷附才子西廂文
才子西廂醉心篇　（元）王實甫撰　（清）金聖
嘆評　（清）陳維松訂　清醉心齋刻本　六冊

340000－1841－0002518　604267

貫華堂第六才子書（西廂記）八卷　（元）王實
甫撰　（清）金聖嘆評　清初刻本　二冊　存
四卷(一至四)

340000－1841－0002519　604271

增像第六才子書（西廂記）五卷　（元）王實甫
撰　（清）金聖嘆評　清光緒十八年(1892)誦
芬閣石印本　五冊

340000－1841－0002520　604272

此宜閣金批西廂記六卷首一卷末一卷　（元）
王實甫撰　（清）金聖嘆評　清此宜閣刻朱墨
套印本　八冊

340000－1841－0002521　604275

增補箋注繪像第六才子西廂釋解八卷　（元）
王實甫撰　（元）關漢卿續　（清）金人瑞評
（清）鄭汝寧音義　清康熙八年(1669)致和堂
刻本　八冊

340000－1841－0002522　604278

成裕堂繪像第七才子書琵琶記六卷　（元）高
明撰　（清）毛聲山評　清雍正十三年(1735)
程士任成裕堂刻本　六冊

340000－1841－0002523　604278－1

成裕堂繪像第七才子書琵琶記六卷　（元）高
明撰　（清）毛聲山評　清雍正十三年(1735)
程士任成裕堂刻本　六冊

340000－1841－0002524　604283

陳眉公批評琵琶記附釋義二卷　（元）高明撰
（明）陳繼儒評　清宣統二年(1910)貴池劉
氏暖紅室刻匯刻傳奇第二種本　一冊

340000－1841－0002525　604284

第六才子書五卷首一卷　（元）王實甫撰
（清）金聖嘆評　清康熙五十九年(1720)暨陽
靈樵居士抄本　二冊

340000－1841－0002526　604285

巧團圓傳奇二卷　（清）李漁撰　題（清）莫愁
釣客　題（清）睡鄉祭酒評　清乾隆五十七年
(1792)步月樓刻本　二冊

340000－1841－0002527　604286

奈何天傳奇二卷　（明）李漁撰　題（清）紫珍
道人批評　清刻笠翁十種曲本　二冊

340000－1841－0002528　604287

第七才子書琵琶記六卷　（元）高明撰　（清）
毛聲山評　清雍正十三年(1735)兩儀堂刻本
六冊

340000－1841－0002529　604289

鏡香園第七才子書琵琶記十二卷首一卷
（元）高明撰　（清）毛聲山評　清乾隆十一年
(1746)張元振刻本　六冊

340000－1841－0002530　604290

琵琶記二卷　（元）高明撰　明毛氏汲古閣刻
六十種曲本　二冊

340000－1841－0002531　604292

繪風亭評第七才子書琵琶記六卷　（元）高明
撰　（清）毛聲山評　寫情篇一卷　（清）陳方
平輯　清雍正元年(1723)三多齋刻本　六冊

340000－1841－0002532　604292－1

繪風亭評第七才子書琵琶記六卷　（元）高明
撰　（清）毛聲山評　寫情篇一卷　（清）陳方
平輯　清雍正元年(1723)三多齋刻本　七冊

340000－1841－0002533　604297

曇花記二卷　（明）屠隆撰　明刻本　二冊

340000－1841－0002534　604300

桃花扇傳奇二卷　（清）孔尚任撰　清康熙四
十七年(1708)刻本　四冊

340000－1841－0002535　604301

桃花扇傳奇四卷　（清）孔尚任撰　清光緒二
十一年(1895)蘭雪堂刻本　五冊

340000－1841－0002536　604303

桃花扇二卷 （清）孔尚任撰　清康熙抄本
四冊

340000－1841－0002537　604306

長生殿傳奇二卷 （清）洪昇填詞 （清）舒鳧
論文　清光緒十三年(1887)蜚英館石印本
四冊

340000－1841－0002538　604308

長生殿傳奇二卷 （清）洪昇撰　清康熙稗畦
草堂刻本　四冊

340000－1841－0002539　604309

長生殿二卷 （清）洪昇填詞 （清）吳人論文
　（清）徐麟樂句　清光緒元年(1875)滬城李
鍾元刻本　四冊

340000－1841－0002540　604328

分類字錦六十四卷 （清）何焯等撰　清康熙
六十一年(1722)內府刻本　六十四冊

340000－1841－0002541　604339

燕子箋記二卷 （明）阮大鋮撰　清同治十三
年(1874)刻本　二冊

340000－1841－0002542　604341

新鐫繡像玉茗堂牡丹亭還魂記二卷附錄或問
　（明）湯顯祖撰　題(清)吳山三婦合評　清
夢園刻本　四冊

340000－1841－0002543　604344

釣天樂二卷 （清）尤侗撰　清康熙四年
(1665)刻本　八冊

340000－1841－0002544　604344－2

繡像牡丹亭還魂記八卷 （明）湯顯祖撰　清
芥子園刻本　六冊

340000－1841－0002545　604344－3

繡像牡丹亭還魂記八卷 （明）湯顯祖撰　清
芥子園刻本　八冊

340000－1841－0002546　604345

牡丹亭還魂記八卷 （明）湯顯祖撰　清玉振
堂刻本　八冊

340000－1841－0002547　604346

邯鄲夢傳奇二卷 （明）湯顯祖撰　清刻本
二冊

340000－1841－0002548　604348

脊令原傳奇二卷 （清）黃燮清撰　清光緒二
十年(1894)刻本　一冊

340000－1841－0002549　604349

帝女花傳奇二卷 （清）黃燮清撰 （清）孫福
海校　清同治四年(1865)刻本　一冊

340000－1841－0002550　604350

帝女花二卷 （清）黃燮清撰　清同治四年
(1865)刻本　一冊

340000－1841－0002551　604354

藏園九種曲十三卷 （清）蔣士銓撰　清乾隆
蔣氏紅雪樓刻本　八冊

340000－1841－0002552　604355

紅雪樓九種曲十三卷 （清）蔣士銓撰　清乾
隆四十六年(1781)蔣氏紅雪樓刻本　十二冊

340000－1841－0002553　604356

紅雪樓九種曲十三卷 （清）蔣士銓撰　清乾
隆四十六年(1781)蔣氏紅雪樓刻本　四冊
存十卷(雪中人一卷、桂林霜二卷、一片石一
卷、第二碑一卷、四絃秋一卷、香祖樓二卷、空
穀香傳奇二卷)

340000－1841－0002554　604358

瓶花齋集十卷 （明）袁宏道撰　清宣統三年
(1911)抱殘守缺齋影印本　四冊

340000－1841－0002555　604359

陳臥子先生安雅堂稿十五卷附兵垣奏議二卷
　（明）陳子龍撰　清宣統二年(1910)上海時
中書局鉛印本　八冊

340000－1841－0002556　604360

唐荊川先生文集十二卷外集三卷補遺五卷
（明）唐順之撰　清光緒三十年(1904)江南書
局刻本　十冊

340000－1841－0002557　604362

蔡中郎集十卷附外紀一卷 （漢）蔡邕撰　清
咸豐二年(1852)海源閣刻本　三冊

340000－1841－0002558　604372

文府滑稽二卷　（明）鄒迪光　（明）鄒同光輯
明萬曆三十七年(1609)刻本　二冊

340000－1841－0002559　604384

閩詩錄五集四十一卷　（清）鄭傑輯　（清）陳
衍補訂　清宣統三年(1911)刻本　十冊

340000－1841－0002560　604401

國朝文匯甲前集二十卷甲集六十卷乙集七十
卷丙集三十卷丁集二十卷　（清）王文濡等編
清宣統元年(1909)上海國學扶輪社石印本
一百冊

340000－1841－0002561　604418

雅雨堂叢書十三種一百三十八卷　（清）盧見
曾輯　清乾隆二十一年(1756)山東德州雅雨
堂刻本　二十二冊

340000－1841－0002562　604418－1

雅雨堂叢書十三種一百三十八卷　（清）盧見
曾輯　清乾隆二十一年(1756)山東德州雅雨
堂刻本　二十二冊

340000－1841－0002563　604435

濂洛風雅八卷　（清）張伯行輯　清同治五年
(1866)福州正誼書局刻本　二冊

340000－1841－0002564　604435

濂洛風雅八卷　（清）張伯行輯　清同治五年
(1866)福州正誼書局刻本　二冊

340000－1841－0002565　604442

涇川叢書四十五種五十八卷續涇川叢書七種
二十七卷　（清）趙徵輯　清道光十二年
(1832)涇縣趙氏古墨齋刻本　二十四冊

340000－1841－0002566　604524

六朝文絜四卷　（清）許槤輯評　清光緒三年
(1877)讀有用書齋刻朱墨套印本　二冊

340000－1841－0002567　604525

四六叢話三十三卷附選詩叢話一卷　（清）孫
梅輯　清光緒七年(1881)蘇州刻本　十二冊

340000－1841－0002568　604529

御選唐宋詩醇四十七卷　（清）高宗弘曆輯

清光緒七年(1881)浙江書局刻本　二十冊

340000－1841－0002569　604530

御選唐宋文醇五十八卷　（清）允祿等編　清
光緒三年(1877)浙江書局刻本　十冊　存二
十七卷(一至二十七)

340000－1841－0002570　604531

十種唐詩選　（唐）殷璠輯　（清）王士禎刪纂
清康熙二十六年(1687)羅延齋刻本　五冊

340000－1841－0002571　604532

唐詩三百首注釋附續選六卷　（清）孫洙編
（清）章燮注　清光緒十六年(1890)刻本
三冊

340000－1841－0002572　604533

唐詩三百首注釋附續選六卷　（清）孫洙編
（清）章燮注　清光緒十六年(1890)石渠山房
刻本　三冊

340000－1841－0002573　604535

王摩詰集六卷孟浩然集四卷高常詩集十卷岑
嘉州集八卷　（唐）岑參等撰　清光緒十年
(1884)上海同文書局石印本　八冊

340000－1841－0002574　604537

唐詩三百首補注八卷　（清）陳婉俊編　清光
緒十二年(1886)善成堂刻本　四冊

340000－1841－0002575　604538

唐詩三百首不分卷　（清）孫洙輯　清光緒十
四年(1888)常郡千秋坊宛委山莊刻本　二冊

340000－1841－0002576　604539

唐人選唐詩八種二十三卷　（明）魏完初輯
清康熙三十二年(1693)南海黃虞學稼草堂刻
本　二十冊

340000－1841－0002577　604540

唐詩觀瀾集二十四卷　（清）李因培選評　清
乾隆二十四年(1759)刻本　八冊

340000－1841－0002578　604661

宋洪魏公進萬首唐人絕句四十卷目錄四卷
(宋)洪邁編　（明）趙宦光　（明）黃習遠重
訂　明萬曆三十四年(1606)寒山趙氏小宛堂

刻本　二十四冊

340000－1841－0002579　604661－1

宋洪魏公進萬首唐人絕句四十卷目錄四卷
(宋)洪邁編　(明)趙宦光　(明)黃習遠重
訂　明萬曆三十四年(1606)寒山趙氏小宛堂
刻本　二十四冊

340000－1841－0002580　604664

紫峰陳先生文集十三卷　(明)陳琛撰　清乾
隆三十三年(1768)刻光緒十七年(1891)印本
五冊

340000－1841－0002581　604665

湘綺樓箋啟八卷　(清)王闓運撰　清光緒三
十三年(1907)長沙刻本　四冊

340000－1841－0002582　604666

湘綺樓筆啟八卷詩集十四卷文集八卷　(清)
王闓運撰　清光緒三十三年(1907)長沙刻本
十冊

340000－1841－0002583　604667

**湘綺樓箋啟八卷詩集十四卷詩別集三卷文集
八卷**　(清)王闓運撰　清光緒三十年(1904)
衡陽程氏竹醒樓藏書刻本　十三冊

340000－1841－0002584　604668

古文辭類纂七十四卷　(清)姚鼐輯　清光緒
二十年(1894)湖南書局刻本　十六冊

340000－1841－0002585　604669

古文辭類纂七十四卷　(清)姚鼐輯　清嘉慶
興縣合河康氏刻本　十二冊

340000－1841－0002586　604670

古文辭類纂十五卷　(清)姚鼐纂集　**續古文
辭類纂十卷**　王先謙纂集　清光緒二十四年
(1898)上海慎記書莊石印本　八冊

340000－1841－0002587　604673

續古文辭類纂三十四卷　王先謙輯　清光緒
三十三年(1907)上海商務印書館鉛印本
四冊

340000－1841－0002588　604675

續古文辭類纂三十四卷　王先謙輯　清光緒

八年(1882)虛受堂王氏刻本　八冊

340000－1841－0002589　604688

**柏梘山房文集十六卷文續集一卷駢體文二卷
詩十卷詩續集二卷**　(清)梅曾亮撰　清宣統
三年(1911)上海國學扶輪社石印本　八冊

340000－1841－0002590　604689

白華絳柎閣詩集十卷　(清)李慈銘撰　清光
緒十七年(1891)越縵堂石印本　六冊

340000－1841－0002591　604690

白華絳柎閣詩集十卷　(清)李慈銘撰　清光
緒十六年(1890)石印本　六冊

340000－1841－0002592　604695

頻羅庵遺集十六卷　(清)梁同書撰　清嘉慶
二十二年(1817)仁和陸貟一刻本　五冊

340000－1841－0002593　604699

船山詩鈔二十卷　(清)張問陶撰　清嘉慶十
三年(1808)刻本　五冊

340000－1841－0002594　604702

綠蘿書屋遺集四卷附錄一卷　(清)羅文俊撰
清光緒二十三年(1897)穗城刻本　三冊

340000－1841－0002595　604704

成志堂詩集外集十五卷　(清)沈榮昌撰　清
嘉慶十年(1805)刻本　二冊

340000－1841－0002596　604706

巢經巢詩鈔九卷後集四卷　(清)鄭珍撰　清
末刻本　四冊

340000－1841－0002597　604707

巢經巢詩鈔九卷後集四卷　(清)鄭珍撰　清
咸豐四年(1854)刻本　四冊

340000－1841－0002598　604708

大雲山房文稿初集四卷二集四卷　(清)惲敬
撰　清光緒十四年(1888)官書處刻本　八冊

340000－1841－0002599　604709

白圭堂詩鈔八卷續鈔六卷　(清)江之紀撰
清同治三年(1864)刻本　二冊

340000－1841－0002600　604710

白圭堂詩鈔八卷 （清）江之紀撰 清同治三年(1864)刻本 二冊

340000 – 1841 – 0002601 604711

懷古田舍詩節鈔六卷 （清）徐榮撰 清同治三年(1864)錦城刻本 六冊

340000 – 1841 – 0002602 604712

懷古田舍詩節鈔六卷 （清）徐榮撰 清同治三年(1864)錦城刻本 五冊 存五卷(一至五)

340000 – 1841 – 0002603 604713

百一山房集十卷 （清）應時良撰 清光緒十八年(1892)海寧鍾氏刻本 四冊

340000 – 1841 – 0002604 604714

漁洋山人文略十四卷 （清）王士禎撰 清康熙三十四年(1695)刻本 五冊

340000 – 1841 – 0002605 604715

題襟館倡和集四卷 （清）許奉恩等撰 清同治十一年(1872)兩淮運署刻本 二冊

340000 – 1841 – 0002606 604716

亭林詩集五卷 （清）顧炎武撰 清蓬瀛閣刻顧亭林遺書本 一冊

340000 – 1841 – 0002607 604717

南華詩鈔十五卷首一卷 （清）張鵬羽中撰 清乾隆三年至七年(1738 – 1742)刻本 六冊

340000 – 1841 – 0002608 604718

蔣石齋文集二十六卷蔣石齋詩集五十卷蔣石齋十國詞箋略一卷 （清）錢載撰 清光緒四年(1878)蘇州府署刻本 十冊

340000 – 1841 – 0002609 604719

汪鈍翁文鈔十二卷 （清）汪琬撰 （清）宋犖選訂 清康熙刻本 五冊

340000 – 1841 – 0002610 604720

碧雲秋露詞二卷 （清）黃衡撰 清光緒二年(1876)歸化縣署刻本 一冊

340000 – 1841 – 0002611 604780

師鄭堂駢文二卷 （清）孫同康撰 清光緒二十一年(1895)刻本 一冊

340000 – 1841 – 0002612 605001

兩漢策要十二卷 （宋）陶叔獻編 清乾隆五十六年(1791)如皋張朝樂仿元刻本 二十冊

340000 – 1841 – 0002613 605147

西京雜記二卷 （漢）劉歆撰 清乾隆五十一年(1786)刻本 一冊

340000 – 1841 – 0002614 605162

白香詞譜箋四卷 （清）舒夢蘭輯 （清）謝朝徵箋 清光緒十一年(1885)刻本 二冊

340000 – 1841 – 0002615 605173

填詞圖譜六卷填詞圖譜續集三卷詞韻二卷附古韻通略一卷 （清）賴以邠撰 （清）查曾榮 （清）王又華輯 清刻本 十冊

340000 – 1841 – 0002616 605174

玉鳧詞二卷 （清）董俞撰 （清）王士祿 （清）鄒祇謨評 清康熙孫默留松閣刻國朝名家詩餘本 一冊

340000 – 1841 – 0002617 605175

宋名家詞六十一種九十卷 （明）毛晉編 明崇禎毛氏汲古閣刻本 二十冊 存十八卷(樂章集一卷、東坡詞一卷、山谷詞一卷、淮海詞一卷、小山詞一卷、放翁詞一卷、梅溪詞一卷、石林詞一卷、酒邊詞二卷、溪堂詞一卷、竹山詞一卷、書舟詞一卷、竹屋癡語一卷、竹齋詩餘一卷、金穀遺音一卷、和清真詞一卷、後村別調一卷)

340000 – 1841 – 0002618 605175

烏絲詞四卷 （清）陳維崧撰 （清）王士禎 （清）鄒祇謨評 清康熙孫默留松閣刻國朝名家詩餘本 一冊 存二卷(一至二)

340000 – 1841 – 0002619 605176

二鄉亭詞二卷 （明）宋琬撰 （清）曹爾堪 （清）尤侗評 清康熙孫默留松閣刻國朝名家詩餘本 一冊

340000 – 1841 – 0002620 605177

二十四家詞選二卷 （清）陳棨永輯 清鍾德堂刻本 二冊

340000 – 1841 – 0002621　　605178

詞學全書四種四十五卷　（清）毛光舒撰
（清）查培繼輯　清康熙十八年(1679)鴻寶堂
刻本　六冊

340000 – 1841 – 0002622　　605180

夢窗甲乙丙丁稿四卷附補遺札記一卷　（宋）
吳文英撰　清光緒二十五年(1899)四印齋刻
本　一冊

340000 – 1841 – 0002623　　605181

芙蓉山館詞鈔二卷拗蓮詞一卷移箏詞一卷
（清）楊芳燦撰　清光緒十七年(1891)刻本
一冊

340000 – 1841 – 0002624　　605183

半塘定稿二卷　（清）王鵬運撰　清光緒三十
一年(1905)廣州刻本　一冊

340000 – 1841 – 0002625　　605184

半塘填詞定稿二卷附半塘賸稿一卷　（清）王
鵬運撰　清光緒三十一年(1905)小放下庵刻
本　一冊

340000 – 1841 – 0002626　　605196

山中白雲詞八卷　（宋）張炎撰　清宣統三年
(1911)龍文閣書莊石印本　四冊

340000 – 1841 – 0002627　　605311

揚州方言韻語長短句　（清）夢雨老人編　清
手抄本　一冊

340000 – 1841 – 0002628　　605312

簷曝雜記六卷　（清）趙翼撰　清嘉慶刻本
一冊

340000 – 1841 – 0002629　　605318

文選音義不分卷　（清）余蕭客撰　清光緒二
十一年(1895)石印本　一冊

340000 – 1841 – 0002630　　605320

珠塔緣二十四回不分卷　（清）懷周主人編
清光緒十九年(1893)上海書局石印本　四冊

340000 – 1841 – 0002631　　605321

寶研堂集四卷　（清）舒化民撰　清同治三年
(1864)刻本　二冊　存三卷(二至四)

340000 – 1841 – 0002632　　605324

詠古題對帖體詩鈔二卷　（清）朱培文撰　清
道光十八年(1838)刻本　一冊

340000 – 1841 – 0002633　　605325

駢體文鈔三十一卷　（清）李兆洛輯　清同治
六年(1867)婁江徐氏刻本　八冊

340000 – 1841 – 0002634　　605353

微尚齋詩兩卷雨屋深鐙詞一卷　繆荃孫撰
清宣統三年(1911)刻本　一冊

340000 – 1841 – 0002635　　605360

金文雅十二卷　（清）莊仲方編　清光緒十七
年(1891)江蘇書局刻本　四冊

340000 – 1841 – 0002636　　605361

金文最六十卷　（清）張金吾輯　清光緒二十
一年(1895)蘇州書局刻本　十六冊

340000 – 1841 – 0002637　　605362

金文最一百二十卷　（清）張金吾輯　清光緒
八年(1882)粵雅堂刻本　三十六冊

340000 – 1841 – 0002638　　605363

古文眉詮七十九卷首一卷　（清）浦起龍輯
清乾隆九年(1744)三吳書院刻本　三十二冊

340000 – 1841 – 0002639　　605364

宋文鑒一百五十卷　（宋）呂祖謙輯　清光緒
十二年(1886)江蘇書局刻本　二十四冊

340000 – 1841 – 0002640　　605365

宋文鑒一百五十卷　（宋）呂祖謙輯　清光緒
十二年(1886)江蘇書局刻本　二十四冊

340000 – 1841 – 0002641　　605366

南宋文録録二十四卷　（清）董兆熊輯　（清）
黃彭年重輯　清光緒十七年(1891)江蘇書局
刻本　六冊

340000 – 1841 – 0002642　　605367

南宋文範七十卷南宋文範外編四卷　（清）莊
仲方編　清光緒十四年(1888)江蘇書局刻本
十六冊

340000 – 1841 – 0002643　　605371

常郡八邑藝文志十二卷　（清）盧文弨輯　清

光緒十六年(1890)刻本　十六冊

340000－1841－0002644　605372

海虞文徵三十卷目錄二卷　(清)邵松年撰
清光緒三十一年(1905)鴻文書局石印本　十
六冊

340000－1841－0002645　605375

顯志堂集十二卷夢奈詩稿一卷　(清)馮桂芬
撰　清光緒二年(1876)馮氏校邠廬刻本
六冊

340000－1841－0002646　605376

顯志堂稿十二卷　(清)馮桂芬撰　清光緒二
年(1876)馮氏校邠廬刻本　十冊

340000－1841－0002647　605377

國朝詩賦匯海前集十卷後集二卷補遺一卷
(清)黃爵滋輯　清道光十年(1830)刻本
二冊

340000－1841－0002648　605378

御定歷代賦匯一百四十卷外集二十卷逸句二
卷補遺二十二卷目錄三卷　(清)陳元龍輯
清光緒十二年(1886)上海點石齋石印本　十
六冊

340000－1841－0002649　605381

御定歷代賦匯一百四十卷外集二十卷逸句二
卷補遺二十二卷目錄三卷　(清)陳元龍輯
清康熙四十五年(1706)刻本　四十二冊

340000－1841－0002650　605382

小檀樂室匯刻閨秀詞十集閨秀詞鈔十六卷補
遺一卷續補遺四卷　(清)徐乃昌輯　清光緒
二十一年至宣統元年(1895－1909)南陵徐氏
刻本　十二冊

340000－1841－0002651　605383

歷朝詩約選九十二卷　(清)劉大櫆編　清光
緒二十三年(1897)文征閣刻本　二十四冊

340000－1841－0002652　605384

宋詩紀事一百卷　(清)厲鶚輯　清乾隆十一
年(1746)厲鶚樊榭山房刻本　三十二冊

340000－1841－0002653　605385

宋詩紀事一百卷　(清)厲鶚輯　清乾隆十一
年(1746)厲鶚樊榭山房刻本　八冊　存三十
卷(七十一至一百)

340000－1841－0002654　605406

西圃集詩十卷　(清)潘遵祁撰　清同治十一
年(1872)刻本　二冊

340000－1841－0002655　605407

西圃集詩十卷　(清)潘遵祁撰　清同治十一
年(1872)刻本　一冊　存五卷(一至五)

340000－1841－0002656　605408

西圃文集四卷補遺二卷　(清)潘遵祁撰　清
光緒八年(1882)刻本　二冊

340000－1841－0002657　605410

朱子分類文選九卷　(宋)朱熹撰　(清)朱澤
澐編　清咸豐三年(1853)刻本　四冊

340000－1841－0002658　605411

宋代五十六家詩集不分卷　(清)坐春書塾輯
清宣統二年(1910)北京龍文閣石印本
六冊

340000－1841－0002659　605418

學海堂集初集十六卷　(清)阮元輯　學海堂
集二集二十二卷　(清)吳蘭修輯　學海堂集
三集二十四卷　(清)張維屏輯　學海堂四集
二十八卷　(清)金錫齡輯　清道光五年至光
緒十二年(1825－1886)啟秀山房刻本　四
十冊

340000－1841－0002660　605419

學海堂集初集十六卷　(清)阮元輯　學海堂
二集二十二卷　(清)吳蘭修輯　學海堂三集
二十四卷　(清)張維屏輯　清道光五年至咸
豐九年(1825－1859)啟秀山房刻本　三十
二冊

340000－1841－0002661　605425

戴氏遺書附水經注算經十書　(清)戴震撰
(清)孔繼涵輯　清乾隆四十二年(1777)山東
曲阜孔繼涵微波榭刻本(部分配補清乾隆四
十四年山東曲阜孔繼涵微波榭刻本)　十
八冊

340000－1841－0002662　605431
詁經精舍文集十四卷　(清)阮元輯　清嘉慶六年(1801)揚州阮氏瑯嬛仙館刻本　十二册

340000－1841－0002663　605433
高子遺書十七卷　(明)高攀龍撰　清乾隆七年(1742)華希閔刻本　十册

340000－1841－0002664　605434
高子遺書十二卷附錄年譜一卷　(明)高攀龍撰　清光緒二年(1876)刻本　十三册

340000－1841－0002665　605435
倭文端公遺書八卷首二卷末一卷　(清)倭仁撰　清光緒元年(1875)六安涂氏求我齋刻本　四册

340000－1841－0002666　605436
倭文端公遺書十卷首二卷　(清)倭仁撰　清光緒三年(1877)粵東翰元樓刻本　六册

340000－1841－0002667　605449
絕妙好詞箋七卷附續鈔二卷　(宋)周密輯　(清)查為仁　(清)厲鶚箋　清同治十一年(1872)會稽章氏刻本　四册

340000－1841－0002668　605464
納書楹正集四卷續集四卷外集二卷補遺四卷納書楹正集曲譜全集八卷　(清)葉堂訂譜　(清)王文治參訂　清道光二十八年(1848)刻本　二十册

340000－1841－0002669　605465
納書楹曲譜正集四卷續集四卷外集二卷補遺四卷納書楹四夢全譜八卷　(清)葉堂訂譜　(清)王文治參訂　清乾隆五十七年至五十九年(1792－1794)納書楹刻本　二十六册

340000－1841－0002670　605468
六十種曲十二集一百二十卷　(明)毛晉輯　明末毛氏汲古閣刻本　一百二十册

340000－1841－0002671　605469
國朝詞綜四十八卷詞綜三十八卷明詞綜十二卷國朝詞綜二集八卷　(清)王昶撰　清嘉慶七年(1802)三泖漁莊刻本　三十二册

340000－1841－0002672　605470
歷朝詞綜一百六卷　(清)朱彝尊　(清)王昶輯　清光緒二十八年(1902)綠蔭堂福記刻本　二十册

340000－1841－0002673　605471
國朝詞綜續編二十四卷　(清)黃燮清編撰　清同治十二年(1873)湖北刻本　八册

340000－1841－0002674　605481
自怡軒詞選八卷　(清)許寶善評選　(清)俞黿輯　清嘉慶元年(1796)刻本　二册

340000－1841－0002675　605482
詞律二十卷　(清)萬樹撰　清康熙二十六年(1687)保滋堂刻本　十册

340000－1841－0002676　605484
玉泉樵子曲譜四種不分卷　(清)許善長撰　清光緒九年至十一年(1883－1885)碧聲唫館刻本　四册

340000－1841－0002677　605485
名家詞鈔不分卷　(清)聶先　(清)曾王孫輯　清康熙綠蔭堂刻本　二十册

340000－1841－0002678　605505
賦學正鵠集釋十一卷　(清)李元度撰　清光緒十八年(1892)上海煥文書局石印本　二册

340000－1841－0002679　605506
賦學正鵠十一卷　(清)李元度撰　清光緒四年(1878)刻本　五册　存十卷(一至十)

340000－1841－0002680　605507
平舫草堂賦略不分卷　(清)翟妨撰　清道光二十六年(1846)聽雪山房刻本　二册

340000－1841－0002681　605508
靜修堂詞賦課鈔十五卷　(清)胡敬輯　清道光二十二年(1842)刻本　六册

340000－1841－0002682　605509
七十家賦鈔六卷　(清)張惠言輯　清道光元年(1821)合河康氏刻本　四册

340000－1841－0002683　605510
七十家賦鈔六卷　(清)張惠言輯　清道光元

年(1821)合河康氏刻本　　四册

340000－1841－0002684　605511

七十家賦鈔六卷　（清）張惠言輯　清光緒八年(1882)廣東經史閣刻本　　四册

340000－1841－0002685　605512

七十家賦鈔附札記六卷　（清）張惠言輯　清光緒二十三年(1897)江蘇書局刻本　　五册

340000－1841－0002686　605514

駢體文鈔三十一卷　（清）李兆洛輯　清光緒八年(1882)滬上合訂康氏家塾刻本　　八册

340000－1841－0002687　605515

國朝駢體正宗十二卷　（清）曾燠輯　清嘉慶十一年(1806)賞雨茅屋刻本　　六册

340000－1841－0002688　605516

國朝駢體正宗續編八卷　（清）張鳴珂輯　清光緒十四年(1888)刻本　　四册

340000－1841－0002689　605518

漁洋山人古詩選三十二卷惜抱軒今體詩鈔十八卷　（清）王士禎撰　（清）姚鼐輯　清同治七年(1868)湘鄉曾氏刻本　　十二册

340000－1841－0002690　605518

漁洋山人古詩選三十二卷惜抱軒今體詩鈔十八卷　（清）王士禎撰　（清）姚鼐輯　清同治七年(1868)湘鄉曾氏刻本　　十二册

340000－1841－0002691　605519

嶺南三大家詩選二十四卷　（清）王準輯　清同治七年(1868)南海陳氏刻本　　六册

340000－1841－0002692　605520

仙跡詩選六卷　（清）火西月編　清宣統三年(1911)鉛印本　　二册　存二卷(一至二)

340000－1841－0002693　605522

御製避暑山莊圓明園圖詠不卷　（清）聖祖玄燁　（清）高宗弘曆撰　清光緒大同書局石印本　　二册

340000－1841－0002694　605523

御製全韻詩四卷　（清）高宗弘曆撰　清乾隆于敏中寫樣本　　五册

340000－1841－0002695　605524

蒙香室賦録二卷　（清）馮煦撰　清光緒十一年(1885)刻本　　二册

340000－1841－0002696　605529

袁文箋正十六卷補注一卷附增訂箋正四卷（清）袁枚撰　（清）石韞玉箋　清光緒十四年(1888)上海蜚英館石印本　　三册

340000－1841－0002697　605530

袁文箋正十六卷補注一卷附增訂箋正四卷（清）袁枚撰　（清）石韞玉箋　清光緒十四年(1888)上海蜚英館石印本　　三册

340000－1841－0002698　605548

東塾集六卷坿申范一卷　（清）陳澧撰　清光緒十八年(1892)廣州菊坡精舍刻本　　三册

340000－1841－0002699　605549

白茅堂集四十六卷耳提録全集一卷　（清）顧景星撰　清光緒二十八年(1902)刻本　　二十册

340000－1841－0002700　605550

紀文達公遺集文集十六卷詩集十六卷　（清）紀昀撰　清嘉慶十七年(1812)廣州刻本　　十二册

340000－1841－0002701　605551

紀文達公集十六卷　（清）紀昀撰　清嘉慶十七年(1812)紀馨刻本　　十册

340000－1841－0002702　605552

袁文箋正十六卷補注一卷　（清）袁枚撰（清）石韞玉箋　清嘉慶十七年(1812)刻本　　四册

340000－1841－0002703　605553

八家四六文注八卷　（清）吳鼐輯　（清）許貞幹等注　清光緒十七年(1891)刻本　　十六册

340000－1841－0002704　605554

八家四六文注八卷附補注一卷　（清）吳鼐輯　（清）許貞幹注　清光緒十八年(1892)上海文瑞樓印行鉛印本　　八册

340000－1841－0002705　605555

八家四六文注八卷 （清）吳鼒輯 （清）許貞幹注 清光緒十八年（1892）上海圖書集成印書局鉛印本 八冊

340000－1841－0002706 605566

柳亭詩話十九卷 （清）宋長白撰 清康熙四十四年（1705）天茁園刻本 四冊

340000－1841－0002707 605581

想當然耳八卷 （清）鄒鍾撰 清同治十年（1871）聚興堂刻本 四冊

340000－1841－0002708 605586

再造天十六卷 （清）侯香葉撰 清同治八年（1869）香葉閣刻本 八冊

340000－1841－0002709 605605

小嫏嬛山館匯刊類書十二種二十三卷 （明）楊慎等編 （清）李調元校 清咸豐元年（1851）刻本 八冊

340000－1841－0002710 605606

松筠閣鈔異十二卷 （清）高承勳輯 清道光八年（1828）刻本 五冊

340000－1841－0002711 605647

郎潛紀聞初筆七卷二筆八卷三筆六卷 （清）陳康祺著 清宣統二年（1910）上海掃葉山房石印本 十冊

340000－1841－0002712 605660

晦庵先生朱文公文集一百卷續集五卷別集七卷 （宋）朱熹撰 清康熙二十七年（1688）刻本 四十八冊

340000－1841－0002713 605672

病榻夢痕錄二卷餘錄一卷 （清）汪輝祖撰 清同治十年（1871）寶經堂刻本 三冊

340000－1841－0002714 605675

隨園文鈔二卷 （清）袁枚撰 清宣統二年（1910）上海國學扶輪社石印本 二冊

340000－1841－0002715 605688－1

揅經室續集十四卷 （清）阮元撰 清道光三年（1823）儀征阮氏文選樓刻本 二十四冊

340000－1841－0002716 605689

揅經室續集十四卷 （清）阮元撰 清道光三年（1823）儀征阮氏文選樓刻本 一冊 存三卷（六至八）

340000－1841－0002717 605692

繪圖永慶昇平前傳二十四卷後傳二十五卷 （清）郭廣瑞輯 清光緒二十六年（1900）申昌書局石印本 八冊

340000－1841－0002718 605711

求志居存稿六卷 （清）李再榮撰 清光緒十四年（1888）粵華公司鉛印本 一冊

340000－1841－0002719 605712

求志居存稿六卷 （清）李再榮撰 清光緒十四年（1888）粵華公司鉛印本 一冊

340000－1841－0002720 605713

棣垞集四卷首一卷外集三卷 （清）朱啟連撰 清光緒二十六年（1900）刻本 二冊

340000－1841－0002721 605718

硯雲乙編 （清）金忠淳編 清光緒上海申報館鉛印本 三冊

340000－1841－0002722 605721

增補箋注繪像第六才子西廂釋解八卷 （元）王實甫撰 （元）關漢卿續 （清）金人瑞評 （清）鄭汝寧音義 清光緒十三年（1887）上海石印本 四冊

340000－1841－0002723 605724

嘯亭雜錄八卷續錄二卷 （清）昭槤撰 清光緒六年（1880）刻本 十二冊

340000－1841－0002724 605731

三宋人集四十八卷 （清）方功惠輯 清光緒七年（1881）巴陵方氏碧琳瑯館刻本 六冊

340000－1841－0002725 605732

三宋人集四十八卷 （清）方功惠輯 清光緒七年（1881）巴陵方氏碧琳瑯館刻本 六冊

340000－1841－0002726 605736

全蜀藝文之志六十四卷 （明）楊慎輯 清光緒十七年（1891）雨餘山房刻本 十二冊

340000－1841－0002727 605749

曬書堂文集十二卷外集二卷別集一卷　（清）郝懿行撰　（清）周悅讓編　清光緒十年(1884)東路廳署刻本　十六冊

340000－1841－0002728　605757

養一齋四書文不分卷　（清）潘德輿撰　清道光十七年(1837)刻本　四冊

340000－1841－0002729　605761

有正味齋駢文箋注十六卷　（清）吳錫麒撰（清）葉聯芬箋注　清同治七年(1868)慈北葉氏刻本　四冊

340000－1841－0002730　605761

有正味齋駢文箋注十六卷　（清）吳錫麒撰（清）葉聯芬箋注　清同治七年(1868)慈北葉氏刻本　四冊

340000－1841－0002731　605762

有正味齋駢體文二十四卷　（清）吳錫麒撰（清）王廣業箋　清咸豐十年(1860)青箱塾刻本　十冊

340000－1841－0002732　605763

有正味齋全集七十一卷　（清）吳錫麒撰　清嘉慶同人堂刻本　十六冊

340000－1841－0002733　605765

摘錄庸盦全集不分卷　（清）薛福成撰　（清）仲騫鈔　清宣統元年(1909)鈔本　一冊

340000－1841－0002734　605766

庸盦文編四卷續編二卷海外文編四卷　（清）薛福成撰　清光緒二十四年(1898)傅經堂刻本　十冊

340000－1841－0002735　605767

東洲草堂詩鈔文鈔五十卷附眠琴閣遺文一卷遺詩二卷浣月樓遺詩二卷　（清）何紹基撰　清同治六年(1867)長沙刻本　十二冊

340000－1841－0002736　605768

錢南國先生遺集五卷　（清）錢灃撰　清同治十一年(1872)刻本　二冊

340000－1841－0002737　605769

孫淵如先生全集　（清）孫星衍撰　清光緒二

十年(1894)湖南思賢書局刻本　十冊

340000－1841－0002738　605770

鑒止水齋集二十卷　（清）許宗彥撰　清咸豐八年(1858)刻本　六冊

340000－1841－0002739　605771

小萬卷齋詩稿三十二卷詩續稿十三卷文稿二十四卷經進稿四卷　（清）朱琦撰　清光緒十一年(1885)嘉樹山房刻本　二十四冊

340000－1841－0002740　605772

寒松堂全集十二卷　（清）魏象樞撰　寒松老人年譜一卷　（清）魏象樞述　（清）魏學誠等錄　清嘉慶十六年(1811)刻本　十三冊

340000－1841－0002741　605773

定盦全集十卷附年譜　（清）龔自珍撰　（清）薛鳳昌校訂　清宣統二年(1910)上海時中書局鉛印本　八冊

340000－1841－0002742　605780

小萬卷齋詩稿二十四卷　（清）朱琦撰　清光緒十一年(1885)嘉樹山房刻本　十二冊

340000－1841－0002743　605782

船山詩草二十卷　（清）張問陶撰　清宣統二年(1910)上海掃葉山房石印本　六冊

340000－1841－0002744　605790

小謨觴館詩文集注八卷詩續集注二卷詩餘附錄注一卷文集注四卷文續集注二卷　（清）彭兆蓀撰　清光緒二十年(1894)泉唐汪氏刻本　八冊

340000－1841－0002745　605791

青門簏稿十六卷旅稿六卷勝稿八卷　（清）邵長蘅撰　清光緒二十二年(1896)刻本　十二冊

340000－1841－0002746　605795

閣學公集十五卷　（清）袁保齡撰　清宣統三年(1911)天津清芬閣鉛印本　十五冊

340000－1841－0002747　605799

希古堂文集乙集六卷　（清）譚宗浚撰　清光緒十三年(1887)刻本　三冊

340000 - 1841 - 0002748　605800

南畇文稿十二卷　（清）彭定求撰　清光緒七年(1881)刻本　六冊

340000 - 1841 - 0002749　605800

南畇詩稿不分卷　（清）彭定求撰　清光緒七年(1881)刻本　六冊

340000 - 1841 - 0002750　605801

思綺堂文集十卷　（清）章藻功撰　清康熙六十一年(1722)聚錦堂刻本　十冊

340000 - 1841 - 0002751　605801 - 1

思綺堂文集十卷　（清）章藻功撰　清康熙六十一年(1722)聚錦堂刻本　十冊

340000 - 1841 - 0002752　605802

二希堂文集十一卷首一卷　（清）蔡世遠撰　清乾隆四十八年(1783)刻本　六冊

340000 - 1841 - 0002753　605803

是汝師齋遺詩一卷　（清）朱次琪撰　清光緒十一年(1885)刻本　一冊

340000 - 1841 - 0002754　605804

柏梘山房集三十一卷　（清）梅曾亮撰　清咸豐六年(1856)刻本　十冊

340000 - 1841 - 0002755　605805

倚晴樓詩集十二卷續集四卷詩餘四卷　（清）黃爕清撰　清咸豐七年至同治九年(1857 - 1870)刻本　四冊

340000 - 1841 - 0002756　605806

五百四峰堂詩鈔二十五卷　（清）黎簡撰　清嘉慶元年(1796)農香亭刻本　八冊

340000 - 1841 - 0002757　605809

一行居集八卷附集一卷　（清）彭紹升撰　清道光五年(1825)刻本　四冊

340000 - 1841 - 0002758　605810

二林居集二十四卷　（清）彭紹升撰　清光緒七年(1881)刻本　六冊

340000 - 1841 - 0002759　605811

卷施閣文集乙編八卷續編一卷　（清）洪亮吉撰　清光緒二十一年(1895)善化章氏經濟堂

刻本　四冊

340000 - 1841 - 0002760　605813

鮚埼亭集三十八卷經史問答十卷鮚埼亭集外編五十卷首一卷　（清）全祖望撰　（清）史夢蛟校　清嘉慶九年(1804)餘姚史夢蛟借樹山房刻同治十一年(1872)印本　二十四冊

340000 - 1841 - 0002761　605814

鮚埼亭集三十八卷經史問答十卷鮚埼亭集外編五十卷首一卷　（清）全祖望撰　（清）史夢蛟校　清嘉慶九年(1804)餘姚史夢蛟借樹山房刻本　十冊

340000 - 1841 - 0002762　605817

曝書亭集八十卷附錄一卷　（清）朱彝尊撰　清康熙五十三年(1714)刻本　十二冊

340000 - 1841 - 0002763　605817 - 1

曝書亭集八十卷附錄一卷　（清）朱彝尊撰　清康熙五十三年(1714)刻本　十二冊

340000 - 1841 - 0002764　605817 - 2

曝書亭集八十卷附錄一卷　（清）朱彝尊撰　清康熙五十三年(1714)刻本　十二冊

340000 - 1841 - 0002765　605818

曝書亭集詩注二十二卷年譜一卷　（清）朱彝尊撰　清康熙五十三年(1714)刻本　十冊

340000 - 1841 - 0002766　605820

道古堂文集四十八卷詩集二十六卷　（清）杭世駿撰　清乾隆四十一年(1776)刻本　四十冊

340000 - 1841 - 0002767　605821

道古堂詩集二十六卷　（清）杭世駿撰　清乾隆三十二年(1767)刻本　五冊

340000 - 1841 - 0002768　605822

全謝山文鈔十六卷　（清）全祖望撰　清宣統二年(1910)國學扶輪社刻本　八冊

340000 - 1841 - 0002769　605825

句徐土音三卷附甬上族望表　（清）全祖望撰　清嘉慶十九年(1814)刻本　二冊

340000 - 1841 - 0002770　605828

虚受堂文集十六卷詩存十八卷年譜三卷　王
先謙撰　清光緒三十四年(1908)長沙刻本
十七冊

340000－1841－0002771　605829

虚受堂文集十六卷　王先謙撰　清宣統二年
(1910)上海國學書社石印本　六冊

340000－1841－0002772　605830

龍川先生詩鈔不分卷　(清)李晴峰撰　清光
緒三十三年(1907)南城草堂鉛印本　一冊

340000－1841－0002773　605832

述學內篇三卷外篇三卷補遺一卷別錄一卷
(清)汪中撰　清同治八年(1869)揚州書局刻
本　二冊

340000－1841－0002774　605834

方望溪先生全集不分卷　(清)方苞撰　(清)
戴鈞衡編　清宣統二年(1910)上海集成圖書
公司鉛印本　十冊

340000－1841－0002775　605843

安雅堂拾遺文集二卷詩集不分卷　(清)宋琬
撰　清乾隆十一年(1746)刻本　四冊

340000－1841－0002776　605847

鐵橋漫稿八卷　(清)嚴可均撰　清光緒十一
年(1885)長州蔣氏心矩齋刻本　四冊

340000－1841－0002777　605849

素心閣詩草二卷　(清)鄭蕙撰　清光緒九年
(1883)刻本　一冊

340000－1841－0002778　605850

素心閣詩草二卷　(清)鄭蕙撰　清光緒九年
(1883)刻本　一冊

340000－1841－0002779　605851

素心閣詩草二卷　(清)鄭蕙撰　清光緒九年
(1883)刻本　一冊

340000－1841－0002780　605852

素心閣詩草二卷　(清)鄭蕙撰　清光緒九年
(1883)刻本　一冊

340000－1841－0002781　605853

素心閣詩草二卷　(清)鄭蕙撰　清光緒九年
(1883)刻本　一冊

340000－1841－0002782　605854

素心閣詩草二卷　(清)鄭蕙撰　清光緒九年
(1883)刻本　一冊

340000－1841－0002783　605855

素心閣詩草二卷　(清)鄭蕙撰　清光緒九年
(1883)刻本　一冊

340000－1841－0002784　605856

素心閣詩草二卷　(清)鄭蕙撰　清光緒九年
(1883)刻本　一冊

340000－1841－0002785　605857

尺岡草堂遺集十二卷　(清)陳璞撰　清光緒
十五年(1889)刻本　八冊

340000－1841－0002786　605858

尺岡草堂遺集十二卷　(清)陳璞撰　清光緒
十五年(1889)刻本　四冊　存八卷(尺岡草
堂遺詩一至八)

340000－1841－0002787　605859

天岳山館文鈔四十卷　(清)李元度撰　清光
緒六年(1880)爽谿精舍刻本　二十冊

340000－1841－0002788　605860

陳檢討集二十卷　(清)陳維崧撰　(清)程師
恭注　清同治十三年(1874)大文堂刻本
七冊

340000－1841－0002789　605861

陳檢討集二十卷　(清)陳維崧撰　(清)程師
恭注　清康熙三十三年(1694)刻本　六冊

340000－1841－0002790　605864

堯峰文鈔四十卷　(清)汪琬撰　清宣統二年
(1910)集成圖書公司石印本　八冊

340000－1841－0002791　605865

松桂堂全集三十七卷南淮集三卷延露詞三卷
　(清)彭孫遹撰　清宣統三年(1911)掃葉山
房石印本　十二冊

340000－1841－0002792　605869

午亭文編五十卷　(清)陳廷敬撰　(清)林佶
輯　清乾隆四十三年(1778)刻本　十六冊

340000－1841－0002793　605870

受恒受漸齋詩文集十二卷　（清）沈曰富撰
清光緒十三年(1887)刻本　四冊

340000－1841－0002794　605872

受恒受漸齋詩文集十二卷　（清）沈曰富撰
清光緒十三年(1887)刻本　四冊

340000－1841－0002795　605873

受恒受漸齋詩文集十二卷　（清）沈曰富撰
清光緒十三年(1887)刻本　四冊

340000－1841－0002796　605873

受恒受漸齋詩文集十二卷　（清）沈曰富撰
清光緒十三年(1887)刻本　四冊

340000－1841－0002797　605874

研六室文鈔十卷補遺一卷　（清）胡培翬撰
清光緒四年(1878)世澤樓刻本　四冊

340000－1841－0002798　605875

常州賦一卷　（清）褚邦慶撰　清乾隆四十年
(1775)刻本　一冊

340000－1841－0002799　605882

安吳四種三十六卷　（清）包世臣撰　清同治
十一年(1872)刻本　九冊　存十六卷(一至
十六)

340000－1841－0002800　605883

安吳四種三十六卷　（清）包世臣撰　清同治
十一年(1872)刻本　九冊　存十六卷(一至
十六)

340000－1841－0002801　605884

劍光樓詩鈔四卷文鈔一卷　（清）儀克中撰
清光緒八年(1882)廣州學海堂刻本　一冊

340000－1841－0002802　605885

嶺南集八卷　（清）杭世駿撰　清光緒七年
(1881)廣州學海堂刻本　二冊

340000－1841－0002803　605891

甘泉鄉人稿二十四卷附年譜一卷邠農偶吟稿
一卷　（清）錢泰吉撰　清同治十一年(1872)
刻本　五冊

340000－1841－0002804　605898

陳禮部文集一卷　（清）陳其錕撰　清咸豐六
年(1856)刻本　一冊

340000－1841－0002805　605899

梅窩詩鈔三卷　（清）陳良玉撰　清光緒元年
(1875)刻本　一冊

340000－1841－0002806　605900

七頌堂文集二卷　（清）劉體仁撰　清同治七
年(1868)刻本　二冊

340000－1841－0002807　605902

棣垞集四卷　（清）朱啟連撰　清光緒二十六
年(1900)刻本　二冊

340000－1841－0002808　605906

太鶴山人集十三卷　（清）端木國瑚撰　清道
光二十年(1840)刻本　六冊

340000－1841－0002809　605907

鶴鳴集六卷　（清）方績撰　清光緒十五年
(1889)刻本　一冊

340000－1841－0002810　605908

待廬遺集二卷　（清）方澤撰　清光緒十五年
(1889)刻本　一冊

340000－1841－0002811　605909

補過軒四書文不分卷　（清）魯一同撰　清咸
豐元年(1851)刻本　一冊

340000－1841－0002812　605913

湖海樓詩集十三卷文集六卷儷體文集二卷詞
集二十卷　（清）陳維崧撰　清乾隆六十年
(1795)浩然堂刻本　二十冊

340000－1841－0002813　605914

遜學齋文鈔十卷詩鈔十卷文續鈔五卷詩續鈔
五卷　（清）孫衣言撰　清同治至光緒刻本
十一冊

340000－1841－0002814　605915

通甫類稿四卷續編二卷　（清）魯一同撰　清
咸豐九年(1859)刻本　三冊

340000－1841－0002815　605917

敬業堂詩集五十卷　（清）查慎行撰　清康熙
五十八年(1719)雍正增修本　十二冊

340000 - 1841 - 0002816　605918

豸華堂文鈔十二卷　（清）金應麟撰　清光緒
元年(1875)刻本　四冊

340000 - 1841 - 0002817　605919

蛟川先正文存二十卷　（清）陳繼聰輯　清光
緒八年(1882)刻本　十冊

340000 - 1841 - 0002818　605924

草草草堂詩草二卷　（清）何仁山撰　（清）何
壽泉箋注　清光緒十一年(1885)刻本　二冊

340000 - 1841 - 0002819　605925

梧生文鈔十卷　（清）傅桐撰　清光緒三年至
七年(1877 - 1881)刻本　六冊

340000 - 1841 - 0002820　605926

亦有生齋樂府二卷　（清）趙懷玉撰　清光緒
木活字印本　一冊

340000 - 1841 - 0002821　605927

丹徒張氏三家詩集十四卷　（清）張自坤等撰
清道光三年(1823)刻本　六冊

340000 - 1841 - 0002822　605928

癸巳存稿十五卷　（清）俞正燮撰　清道光十
六年(1836)求日益齋刻本　八冊

340000 - 1841 - 0002823　605929

癸巳存稿十五卷　（清）俞正燮撰　清光緒十
年(1884)刻本　六冊

340000 - 1841 - 0002824　605930

癸巳存稿十五卷　（清）俞正燮撰　清光緒十
年(1884)刻本　六冊

340000 - 1841 - 0002825　605931

復莊詩問三十四卷　（清）姚燮撰　清道光二
十八年(1848)大梅山館刻本　八冊

340000 - 1841 - 0002826　605932

清吟堂全集六十一卷　（清）高士奇撰　清康
熙三十七年至三十九年(1698 - 1700)朗誦堂
刻本　十冊

340000 - 1841 - 0002827　605933

遍行堂集十六卷　（清）今壁撰　清宣統三年
(1911)上海國學扶輪社鉛印本　八冊

340000 - 1841 - 0002828　605937

陋軒詩集十二卷陋軒詩續二卷　（清）吳嘉紀
撰　清道光二十年(1840)泰州夏氏刻本
五冊

340000 - 1841 - 0002829　605938

寒支二集六卷　（清）李世熊撰　**年譜一卷**
清道光八年(1828)木活字印本　十二冊

340000 - 1841 - 0002830　605959

篤素堂集鈔三卷　（清）張英撰　清光緒十七
年(1891)江蘇書局刻本　一冊

340000 - 1841 - 0002831　605960

篤素堂集鈔三卷　（清）張英撰　清光緒十七
年(1891)江蘇書局刻本　一冊

340000 - 1841 - 0002832　605961

切問齋集十六卷　（清）陸耀撰　清乾隆五十
七年(1792)暉吉堂刻本　八冊

340000 - 1841 - 0002833　605962

寶綸堂文鈔八卷寶綸堂詩鈔六卷　（清）齊召
南撰　清嘉慶十三年(1808)刻本　六冊

340000 - 1841 - 0002834　605964

幼學堂文稿一卷　（清）沈欽韓撰　清光緒番
禺徐紹棨刻民國九年(1920)印本　一冊

340000 - 1841 - 0002835　605965

朱九江先生集注不分卷　（清）張啟煌撰　清
同治九年(1870)刻本　二冊

340000 - 1841 - 0002836　605967

忠雅堂文集十二卷　（清）蔣士銓撰　清嘉慶
二十一年(1816)刻本　六冊

340000 - 1841 - 0002837　605968

忠雅堂文集十二卷　（清）蔣士銓撰　清嘉慶
二十一年(1816)刻本　八冊

340000 - 1841 - 0002838　605972

三魚堂文集三十卷　（清）陸隴其撰　清宣統
三年(1911)掃葉山房石印本　八冊

340000 - 1841 - 0002839　605976

施愚山全集八十四卷　（清）施閏章撰　**隨村
遺詩六卷施氏家風述略二卷年譜四卷**　（清）

施瑮著 （清）杭世駿訂 清宣統三年(1911)上海國學扶輪社石印本 二十冊

340000－1841－0002840 606028
司馬文正公傳家集八十卷 （宋）司馬光撰（清）陳弘謀訂 **附年譜** （清）陳弘謀編 清乾隆六年(1741)培遠堂刻本 十二冊

340000－1841－0002841 606028－1
司馬文正公傳家集八十卷 （宋）司馬光撰（清）陳弘謀訂 **附年譜** （清）陳弘謀編 清乾隆六年(1741)培遠堂刻本 十二冊

340000－1841－0002842 606031
廬陽三賢集不分卷 （宋）包拯撰 清光緒元年(1875)合肥張氏毓秀堂刻本 四冊

340000－1841－0002843 606039
文心雕龍十卷 （南朝梁）劉勰撰 （清）黃叔琳注 （清）紀昀評 清光緒二十一年(1895)刻本 四冊

340000－1841－0002844 606040
文心雕龍十卷 （南朝梁）劉勰撰 （清）黃叔琳注 （清）紀昀評 清道光十三年(1833)刻本 四冊

340000－1841－0002845 606045
文則二卷附校語一卷 （宋）陳騤撰 清嘉慶二十二年(1817)刻本 一冊

340000－1841－0002846 606046
古文翼八卷 （清）唐德宜編 清光緒十二年(1886)漢口李氏森寶齋刻本 八冊

340000－1841－0002847 606047
古文翼八卷 （清）唐德宜編 清光緒十二年(1886)漢口李氏森寶齋刻本 十二冊

340000－1841－0002848 606048
文選旁證四十六卷 （清）梁音鉅撰 清光緒八年(1882)吳下刻本 十二冊

340000－1841－0002849 606049
文選補遺四十卷 （宋）陳仁子輯 （元）譚紹烈纂 清乾隆八年(1743)茶陵東山書院刻本 十六冊

340000－1841－0002850 606050
文選注六十卷 （南朝梁）昭明太子蕭統輯 （唐）李善注 （民國）何焯評 清乾隆三十七年(1772)海錄軒刻朱墨套印本 十二冊

340000－1841－0002851 606051
新刊文選考注前集十五卷後集十四卷 （南朝梁）蕭統輯 （唐）李善等注 清康熙二十七年(1688)刻本 二十四冊

340000－1841－0002852 606054
文選注六十卷附考異十卷 （南朝梁）昭明太子蕭統撰 （唐）李善注 清光緒上海鴻文書局石印本 四冊

340000－1841－0002853 606056
西漢文選四卷 （清）儲欣輯評 清雍正元年(1723)受祉堂刻本 四冊

340000－1841－0002854 606057
古文析義十六卷 （清）林雲銘評注 清刻本 六冊 存六卷(三、十一至十五)

340000－1841－0002855 606058
古文析義十六卷 （清）林雲銘輯 清康熙二十一年(1682)刻本 六冊

340000－1841－0002856 606059
古文析義十六卷 （清）林雲銘輯 清康熙五十五年(1716)芥子園刻本 十二冊

340000－1841－0002857 606060
古文析義十六卷 （清）林雲銘輯 清康熙五十五年(1716)英德堂刻本 八冊

340000－1841－0002858 606060
古文析義十六卷 （清）林雲銘輯 清康熙五十五年(1716)英德堂刻本 八冊

340000－1841－0002859 606088
宋學士全集三十二卷附錄二卷補遺八卷 （明）宋濂撰 清同治至光緒永康胡氏刻本 十三冊 存三十卷(一至二十、附錄二卷、補遺八卷)

340000－1841－0002860 606089
宋文憲公全集八十三卷潛溪錄六卷 （明）宋

濂撰　清宣統三年(1911)四明七千卷樓孫氏刻本　二十八冊

340000－1841－0002861　606090
太史升菴全集八十一卷　(明)楊慎撰　清道光二十四年(1844)刻本　二十四冊

340000－1841－0002862　606090
升菴外集一百卷　(明)楊慎撰　清道光二十四年(1844)刻本　二十四冊

340000－1841－0002863　606101
夏節愍全集十卷首一卷末一卷補遺二卷 (明)夏允彝撰　(清)王述庵鑒定　(清)莊師洛輯　(清)陳均　(清)何其偉編　清同治八年(1869)刻本　二冊

340000－1841－0002864　606102
陳忠裕全集三十卷首四卷末一卷附兵桓奏議三十七札　(明)陳子龍撰　(清)王昶輯　清嘉慶八年(1803)韡山草堂刻本　十冊

340000－1841－0002865　606104
秫坡黎先生集八卷　(明)黎貞撰　清光緒元年(1875)刻本　四冊

340000－1841－0002866　606106
陶文毅公全集六十四卷首一卷末一卷　(清)陶澍撰　清道光三十年(1850)兩淮淮北士民公刻本　二十四冊

340000－1841－0002867　606111
夢筆生花三十二卷　(清)繆艮輯　清光緒二十年(1894)上海積山書局石印本　六冊

340000－1841－0002868　606112
來生福三十六回　題(清)湖稿生撰　清同治九年(1870)聚錦堂刻本　二十四冊

340000－1841－0002869　606112
來生福三十六回　題(清)湖稿生撰　清同治九年(1870)聚錦堂刻本　二十四冊

340000－1841－0002870　606121
紅樓夢傳奇八卷　(清)陳鍾麟詞　(清)俞思謙評　清道光二十六年(1846)長沙刻本　四冊

340000－1841－0002871　606124
紅樓夢散套十六卷附曲譜不分卷　(清)荊石山民(黃兆魁)填詞　清蟾波閣刻本　六冊

340000－1841－0002872　606125
紅樓夢散套十六卷附曲譜不分卷　(清)荊石山民(黃兆魁)填詞　清蟾波閣刻本　六冊

340000－1841－0002873　606126
紅樓夢散套十六卷附曲譜不分卷　(清)荊石山民(黃兆魁)填詞　清蟾波閣刻本　六冊

340000－1841－0002874　606127
紅樓夢散套十六卷附曲譜不分卷　(清)荊石山民(黃兆魁)填詞　清蟾波閣刻本　六冊

340000－1841－0002875　606139
繪圖馬潛龍走國全傳五卷　(清)□□撰　清宣統元年(1909)茂記書莊石印本　六冊

340000－1841－0002876　606139
繪圖馬潛龍走國全傳五卷　(清)□□撰　清宣統元年(1909)茂記書莊石印本　六冊

340000－1841－0002877　606139
繪圖馬潛龍走國全傳五卷　(清)□□撰　清宣統元年(1909)茂記書莊石印本　六冊

340000－1841－0002878　606142
鴻雪因緣圖記三集　(清)麟慶撰　清光緒十二年(1886)同文書局石印本　三冊

340000－1841－0002879　606162
英雄譜二十六卷　(□)□□撰　清光緒六年(1880)手抄本　二十冊

340000－1841－0002880　606167
名家詞鈔不分卷　(清)聶先　(清)曾王孫輯　清刻本　二冊

340000－1841－0002881　606180
御定全唐詩錄一百卷　(清)徐倬編　(清)徐元正編　清康熙四十五年(1706)內府刻本　二十冊

340000－1841－0002882　606180－1
御定全唐詩錄一百卷　(清)徐倬編　(清)徐元正編　清康熙四十五年(1706)內府刻本

二十册

340000－1841－0002883　606181

敦艮吉齋文存四卷詩存三卷附劫餘小錄一卷
　（清）徐子苓撰　清同治五年（1866）刻本
六册

340000－1841－0002884　606184

文選各家詩集四卷　（清）陳光明輯　（清）嚴
琳校　清光緒五年（1879）醉經堂刻本　二册

340000－1841－0002885　606191

戴東原集十二卷年譜一卷札記一卷　（清）戴
震撰　清宣統二年（1910）渭南嚴氏考義家塾
刻本　六册

340000－1841－0002886　606193

劉海峰文集八卷古體詩五卷今體詩六卷
（清）劉大櫆撰　清同治十三年（1874）劉繼邢
邱刻本　八册

340000－1841－0002887　606194

劉海峰文集八卷古體詩五卷今體詩六卷
（清）劉大櫆撰　清同治十三年（1874）劉繼邢
邱刻本　八册

340000－1841－0002888　606198

湖州詞徵二十四卷　（清）朱祖謀輯　清宣統
三年（1911）刻本　四册

340000－1841－0002889　606207

國朝畿輔詩傳六十卷　（清）陶樑輯　清道光
十九年（1839）紅豆樹館刻本　十六册

340000－1841－0002890　606208

列朝詩集八十一卷　（清）錢謙益編　清初刻
本　二十六册

340000－1841－0002891　606212

西河合集一百十八種四百九十七卷首二卷
（清）毛奇齡撰　清康熙中李塨等刻本　一百
二十册

340000－1841－0002892　606256

欽定熙朝雅頌集一百六卷首集二十六卷餘集
二卷　（清）鉄保輯　（清）朱珪　（清）紀昀
　（清）彭元瑞校閱　（清）法式善等編次　清

嘉慶九年（1804）刻本　二十册

340000－1841－0002893　606257

明文在一百卷　（清）薛熙編　清光緒十五年
（1889）江蘇書局刻本　十册

340000－1841－0002894　606258

唐文萃一百卷補遺二十六卷　（宋）姚鉉輯
清光緒九年（1883）江蘇書局刻本　二十册

340000－1841－0002895　606260

梁溪詩鈔五十八卷　（清）顧光旭輯　清宣統
三年（1911）文苑閣活字印本　二十四册

340000－1841－0002896　606261

國朝杭郡詩三輯一百卷　（清）丁申　（清）丁
丙編　清光緒十九年（1893）刻本　五十册

340000－1841－0002897　606263

國朝山左詩續鈔三十二卷　（清）張鵬展輯
清嘉慶十八年（1813）四照樓刻本　十二册

340000－1841－0002898　606275

西堂全集六十卷　（清）尤侗撰　清康熙二十
三年（1684）刻本　二十三册

340000－1841－0002899　606279

熊勿軒集六卷　（宋）熊禾撰　（清）張伯行訂
　清同治五年（1866）正誼書局刻本　一册

340000－1841－0002900　606286

十八家詩鈔二十八卷　（清）曾國藩纂　（清）
李鴻章審訂　清同治十三年（1874）湖南傳忠
書局刻本　二十八册

340000－1841－0002901　606288

輟耕筆記一卷敦復堂文集二卷輟耕消暑錄一
卷　（清）倪偉人撰　清光緒二十四年（1898）
刻本　一册

340000－1841－0002902　606293

盾鼻餘瀋不分卷　（清）左宗棠撰　（清）石本
清校　清光緒七年（1881）刻本　一册

340000－1841－0002903　606295

藕絲詞四卷　（清）汪淵撰　清光緒七年
（1881）茹古堂刻本　一册

340000－1841－0002904　606297

侯靖詞五種不分卷　（清）吳唐林輯　清光緒十一年(1885)杭州刻本　二冊

340000－1841－0002905　606298

五家宮詞不分卷　（明）毛晉輯　清同治十二年(1873)淮南書局刻本　一冊

340000－1841－0002906　606307

花間集十卷　（五代蜀）趙崇祚輯　清光緒十九年(1893)王氏四印齋影印本　一冊

340000－1841－0002907　606313

周濂溪先生全集十三卷　（宋）周敦頤撰（清）張伯行輯　清康熙四十七年(1708)福州正誼堂刻本　四冊

340000－1841－0002908　606338

中州名賢文表三十卷　（明）劉昌輯　清光緒三十年(1904)鴻文書局石印本　六冊

340000－1841－0002909　606339

續中州名賢文表六十八卷　（清）邵松年輯　清光緒三十年(1904)鴻文書局石印本　二十二冊

340000－1841－0002910　606348

皇朝古學類編十四卷　（清）姚燮輯　清光緒二十一年(1895)上海玉軸山房石印本　八冊

340000－1841－0002911　606350

國朝文錄八十二卷續編六十三卷附四卷（清）李祖陶輯　清道光十九年至同治七年(1839－1868)瑞州府鳳曦書館刻本　六十四冊

340000－1841－0002912　606359

乾坤正氣集二十卷　（清）顧沅輯　清同治六年(1867)皖江桌閣刻本　六冊

340000－1841－0002913　606364

宋六十名家詞不分卷　（明）毛晉輯　清光緒十四年(1888)錢塘刻本　二十八冊

340000－1841－0002914　606365

唐詩諧律二卷　（清）沈寶青撰　清光緒十六年(1890)溧陽沈氏刻本　二冊

340000－1841－0002915　606366

唐四家詩八卷　（清）汪立名輯　清康熙三十四年(1695)汪立名刻本　十六冊

340000－1841－0002916　606367

唐人萬首絕句選七卷　（宋）洪邁原本　（清）王士禛選本　清同治九年(1870)金陵書局刻本　二冊

340000－1841－0002917　606368

應試唐詩類釋十九卷　（清）臧岳編　清乾隆二十七年(1762)積秀堂刻本　八冊

340000－1841－0002918　606371

詩人玉屑二十卷　（宋）魏慶之編　清康熙處順堂刻本　十二冊

340000－1841－0002919　606372

國朝松江詩鈔六十四卷　（清）姜兆翀編　清嘉慶十四年(1809)刻本　二十二冊

340000－1841－0002920　606375

全唐詩九百卷目錄十二卷　（清）曹寅編（清）彭定求等輯　清康熙四十四年至四十六年(1705－1707)揚州詩局刻本　一百二十冊

340000－1841－0002921　606375－1

全唐詩九百卷目錄十二卷　（清）曹寅編（清）彭定求等輯　清康熙四十四年至四十六年(1705－1707)揚州詩局刻本　一百二十冊

340000－1841－0002922　606377

佩文齋詠物詩選四百八十六卷　（清）汪霦等輯　清康熙四十六年(1707)揚州書局刻本　六十四冊

340000－1841－0002923　606379

全上古三代秦漢三國六朝文七百四十六卷（清）嚴可均輯　清光緒二十年(1894)黃岡王毓藻刻本　一百冊

340000－1841－0002924　606382

國朝金陵詩徵四十八卷金陵詩徵四十四卷（清）朱緒曾編　清光緒十八年(1892)刻本　二十六冊

340000－1841－0002925　606383

金陵詩徵四十四卷國朝金陵續詩徵六卷
（清）朱緒曾編　清光緒二十年（1894）刻本
十六冊

340000－1841－0002926　606411
聲調譜匯刻五種四卷　（清）王祖源輯　清光
緒四川成都存古書局刻本　二冊

340000－1841－0002927　606417
文館詞林六卷　（唐）許敬宗等撰　清光緒十
九年（1893）景蘇園刻本　二冊

340000－1841－0002928　606421
唐宋八家文讀本三十卷　（清）沈德潛輯評
清乾隆十五年（1750）刻本　八冊

340000－1841－0002929　606422
唐宋八大家類選十四卷　（清）儲欣輯評　清
乾隆二十一年（1756）刻本　六冊

340000－1841－0002930　606423
春在堂褉文六編三十二卷附續編五卷　（清）
俞樾撰　清光緒三十一年（1905）刻本　二十
二冊

340000－1841－0002931　606424
小學弦歌八卷　（清）李元度輯　清光緒五年
（1879）刻本　四冊

340000－1841－0002932　606425
漢魏別解十六卷　（明）葉紹泰　（明）黃澍選
　明崇禎十一年（1638）香谷山房刻本　十
六冊

340000－1841－0002933　606432
皇朝經世文新增續編一百二十卷三編四十八
卷　（清）葛士濬輯　清光緒二十三年（1897）
上海掃葉山房鉛印本　三十冊

340000－1841－0002934　606433
皇朝經世文新編二十一卷　（清）麥仲華輯
清光緒二十七年（1901）上海日新社石印本
二十冊

340000－1841－0002935　606451
楹聯從話十二卷楹聯續話四卷　（清）梁章鉅
輯　（清）呂思湛重訂　清咸豐六年（1856）長

沙刻本　六冊

340000－1841－0002936　606456
異聞錄七卷　（清）孫洙輯　清道光十八年
（1838）述古堂刻本　四冊

340000－1841－0002937　606471
明三十家詩選初集八卷二集八卷　（清）汪端
輯　清同治十二年（1873）蘇州振新書社刻本
　八冊

340000－1841－0002938　606472
明詩綜一百卷　（清）朱彝尊編　（清）汪森輯
評　清康熙刻乾隆印本　三十二冊

340000－1841－0002939　606473
金詩選四卷　（清）顧奎光編　清乾隆十六年
（1751）刻本　二冊

340000－1841－0002940　606476
花宜館文略一卷詩鈔十六卷無腔村笛二卷
（清）吳振棫撰　清光緒二十六年（1900）刻本
　七冊

340000－1841－0002941　606477
高陶堂遺集八卷　（清）高心夔撰　清光緒八
年（1882）平湖朱氏刻本　四冊

340000－1841－0002942　606480
朱止泉先生文集八卷　（清）朱澤澐撰　清光
緒二十七年（1901）刻本　四冊

340000－1841－0002943　606481
是汝師齋遺詩一卷　（清）朱次琪撰　清光緒
十一年（1885）刻本　一冊

340000－1841－0002944　606483
白石山房集二十六卷　（清）李振裕撰　清康
熙二十五年（1686）香雪堂刻本　一冊　存五
卷(一至五)

340000－1841－0002945　606484
敬修堂詞賦課鈔十六卷　（清）胡敬輯　清同
治十一年（1872）山陰俞氏刻本　四冊　存十
三卷(一至十三)

340000－1841－0002946　606485
韞山堂詩文　（清）管世銘撰　清光緒六年

(1880)湖南書局刻本　　四冊

340000－1841－0002947　606485

韞山堂詩文　（清）管世銘撰　清光緒六年
(1880)湖南書局刻本　　四冊

340000－1841－0002948　606486

貴池二妙集五十一卷　（清）劉世珩編　（明）
吳應箕　（明）劉城撰　清光緒二十六年
(1900)貴池劉世珩唐石簃彙刻貴池先哲遺書
本　　十冊

340000－1841－0002949　606487

貴池二妙集五十一卷　（清）劉世珩編　（明）
吳應箕　（明）劉城撰　清光緒二十六年
(1900)貴池劉世珩唐石簃彙刻貴池先哲遺書
本　　十二冊

340000－1841－0002950　606488

貴池二妙集五十一卷　（清）劉世珩編　（明）
吳應箕　（明）劉城撰　清光緒二十六年
(1900)貴池劉世珩唐石簃彙刻貴池先哲遺書
本　　十二冊

340000－1841－0002951　606493

樂府詩集一百卷　（宋）郭茂倩輯　（宋）毛晉
可訂正　清同治十三年(1874)湖北崇文書局
刻本　　十三冊

340000－1841－0002952　606500

西堂全集三十二種一百三十八卷　（清）尤侗
撰　清康熙三十三年(1694)刻本　　三十冊

340000－1841－0002953　606502

郝文忠公集三十九卷　（元）郝經撰　（清）王
鏐編　清嘉慶三年(1798)刻本　　十冊

340000－1841－0002954　606505

皇朝經世文統編一百七卷　（清）潤甫輯　清
光緒二十七年(1901)上海寶善齋石印本　　五
十二冊

340000－1841－0002955　606506

皇朝經世文編一百二十卷　（清）賀長齡輯
（清）魏源編次　清光緒二十二年(1896)上海
掃葉山房鉛印本　　二十四冊

340000－1841－0002956　606508

皇朝經世文編一百二十卷　（清）賀長齡輯
清光緒二十一年(1895)積山書房石印本　　十
二冊

340000－1841－0002957　606509

皇朝經世文編一百二十卷　（清）賀長齡輯
清光緒十三年(1887)上海廣友宋齋鉛印本
二十三冊

340000－1841－0002958　606510

皇朝經世文編一百二十卷　（清）賀長齡輯
清鉛印本　　二十三冊　存一百十五卷(六至
一百二十)

340000－1841－0002959　606511

皇朝經世文三編八十卷　（清）陳忠倚輯　清
光緒二十八年(1902)上海書局石印本　　十
六冊

340000－1841－0002960　606512

增輯皇朝經濟文新編二十一卷　（清）袁仲華
輯　清光緒二十八年(1902)上海鑠石書局石
印本　　十六冊

340000－1841－0002961　606513

皇朝蓄艾文編八十卷　（清）于寶軒輯　清光
緒二十九年(1903)上海官書局鉛印本　　四
十冊

340000－1841－0002962　606514

寧都三魏全集八十三卷　（清）魏際瑞　（清）
魏禧　（清）魏禮撰　（清）林時益輯　（清）
謝庭綬重刊　清道光二十五年(1845)寧都謝
庭綬綏緶園書塾刻本　　四十八冊

340000－1841－0002963　606515

江蘇詩徵一百八十三卷　（清）王豫輯　清光
緒三十四年(1908)焦山詩徵閣刻本　　四十
八冊

340000－1841－0002964　606516

稗海四十八種二百八十八卷續集二十二種一
百六十一卷　（明）商濬撰　清康熙中振鷺堂
據明萬曆商氏原板重編補刻本　　八十冊

340000－1841－0002965　606519

歷代策論約編一卷補編一卷　（清）孫佩南撰
　　清光緒二十七年(1901)麗澤堂刻本　二冊

340000－1841－0002966　606521

重訂唐詩別裁集二十卷　（清）沈德潛編　清
乾隆二十八年(1763)教忠堂刻本　六冊

340000－1841－0002967　606522

宋詩略十八卷　（清）汪景龍　（清）姚壎輯
清乾隆三十五年(1770)嘉定姚氏竹雨山房刻
本　八冊

340000－1841－0002968　606530

海山書屋詩話十卷　（清）李文泰撰　清光緒
四年(1878)粵東羊城森寶閣鉛印本　五冊

340000－1841－0002969　606531

韞山堂時文初集一卷二集一卷三集一卷
（清）管世銘撰　清同治十二年(1873)陳氏小
字本　四冊

340000－1841－0002970　606534

四六叢話三十三卷附選詩叢話一卷　（清）孫
梅輯　清光緒七年(1881)蘇州刻本　十六冊

340000－1841－0002971　606538

樊山公牘三卷　樊增祥撰　清光緒二十年
(1894)刻本　二冊

340000－1841－0002972　606543

山曉閣選明文全集二十四卷　（清）孫琮選輯
　　清康熙十六年(1677)刻本　十二冊

340000－1841－0002973　606544

南游賸稿一卷　（清）張槐撰　清光緒二十八
年(1902)龍江張氏刻本　一冊

340000－1841－0002974　606545

南游賸稿一卷　（清）張槐撰　清光緒二十八
年(1902)龍江張氏刻本　一冊

340000－1841－0002975　606552

秋水軒尺牘四卷　（清）許思湄撰　（清）婁世
瑞注　清光緒十年(1884)蘇城管家園刻本
四冊

340000－1841－0002976　606553

皇朝中州文徵五十四卷　（清）蘇源生輯　清
道光二十三年(1843)刻本　二十八冊

340000－1841－0002977　606554

曾文正公家書十卷家訓二卷　（清）曾國藩撰
　　大事記四卷　清光緒五年(1879)傳忠書局
刻曾文正公全集本　十二冊

340000－1841－0002978　606572

唐宋十大家全集錄不分卷　（清）儲欣錄　清
光緒八年(1882)江蘇書局刻本　三十二冊

340000－1841－0002979　606579

御製詩注合編七十三卷　（清）高宗弘曆
（清）仁宗顒琰撰　清手抄本　四十四冊

340000－1841－0002980　606582

兩浙輶軒錄四十卷補遺十卷　（清）阮元等編
　　兩浙輶軒續錄五十四卷補遺六卷　（清）潘
衍桐訂　清光緒十六年(1890)浙江書局刻本
　　七十二冊

340000－1841－0002981　606583

兩浙輶軒錄四十卷補遺十卷　（清）阮元等編
　　兩浙輶軒續錄五十四卷補遺六卷　（清）潘
衍桐訂　清光緒十六年(1890)浙江書局刻本
　　六十冊

340000－1841－0002982　606584

兩浙輶軒錄四十卷補遺十卷　（清）阮元等編
　　兩浙輶軒續錄五十四卷補遺六卷　（清）潘
衍桐訂　清光緒十六年(1890)浙江書局刻本
　　三十二冊　存四十九卷(一至八、十二至二
十一、三十四至四十,補遺十卷;續錄十二至
十五、二十三至三十二)

340000－1841－0002983　606585

兩浙輶軒錄四十卷補遺十卷　（清）阮元等編
　　兩浙輶軒續錄五十四卷補遺六卷　（清）潘
衍桐訂　清光緒十六年(1890)浙江書局刻本
　　三十二冊　存四十七卷(一至四十七)

340000－1841－0002984　606600

國朝詠物詩鈔三十卷　（清）龔文藻輯　清道
光二十四年(1844)刻本　五冊　存十八卷
(一至九、二十二至三十)

340000 – 1841 – 0002985　606601

十杉亭貼體詩鈔五卷續編三卷 （清）吳楷撰
清道光三年(1823)刻本　四冊

340000 – 1841 – 0002986　606602

分類詩腋八卷 （清）李楨編　清嘉慶二十二
年(1817)刻本　二冊

340000 – 1841 – 0002987　606603

秦明詩課匯選四卷補遺一卷 （清）胡俊章等
輯　清光緒七年(1881)鉛印本　四冊

340000 – 1841 – 0002988　606604

宣南鴻雪集二卷 （清）潘曾瑩編　清同治十
年(1871)刻本　一冊

340000 – 1841 – 0002989　606605

壬寅闈藝代表集三卷 （清）徐少湖輯　清光
緒二十六年至二十八年(1900 – 1902)上海書
局石印本　一冊

340000 – 1841 – 0002990　606608

皇朝經世文編一百二十卷 （清）賀長齡輯
清刻本　九十六冊

340000 – 1841 – 0002991　606609

皇朝經世文續編一百二十卷 （清）盛康輯
清光緒二十三年(1897)武進盛氏思補樓刻本
八十冊

340000 – 1841 – 0002992　606610

皇朝經世文續編一百二十卷姓名總目二卷
(清)葛士濬輯　清光緒二十四年(1898)上海
宏文閣鉛印本　二十四冊

340000 – 1841 – 0002993　606611

皇朝經世文續編一百二十卷 （清）葛士濬輯
清光緒二十二年(1896)寶善書局石印本
二十冊

340000 – 1841 – 0002994　606612

皇朝經世文新增續編一百二十卷 （清）葛士
濬輯　清光緒二十三年(1897)上海掃葉山房
鉛印本　二十四冊

340000 – 1841 – 0002995　606616

曾文正公家書十卷 （清）曾國藩撰　清光緒

五年(1879)傳忠書局刻本　十冊

340000 – 1841 – 0002996　606621

千叟宴詩三十四卷首二卷 （清）高宗弘曆等
撰　清嘉慶元年(1796)内府刻本　三十六冊

340000 – 1841 – 0002997　606624

篋中詞六卷詞續四卷 （清）譚獻輯　清光緒
八年(1882)刻本　三冊

340000 – 1841 – 0002998　606629

讀雪山房唐詩鈔三十四卷 （清）管世銘輯
清光緒十二年(1886)湖北官書處刻本　十
二冊

340000 – 1841 – 0002999　606631

國朝文錄不分卷 （清）李祖陶輯　清道光十
九年(1839)瑞州府鳳儀書院刻本　二十三冊

340000 – 1841 – 0003000　606634

謝疊山先生集二卷陸稼書先生文集二卷
(宋)謝枋得　（清）陸隴其撰　清同治五年
(1866)正誼書局刻本　一冊

340000 – 1841 – 0003001　606637

啓禎宮詞二卷 （明）秦蘭徵　（清）王譽昌撰
清嘉慶十六年(1811)惜陰書局刻本　一冊

340000 – 1841 – 0003002　606641

藝概六卷 （清）劉熙載撰　清同治十二年
(1873)嶺南刻本　二冊

340000 – 1841 – 0003003　606656

四印齋所刻詞 （清）王鵬運輯　清光緒十四
年(1888)王氏家塾刻本　十六冊

340000 – 1841 – 0003004　606658

夢遊全集二十二卷 （明）釋德清撰　清宣統
二年(1910)刻本　二十二冊

340000 – 1841 – 0003005　606674

六十種曲一百二十卷 （明）毛晉輯　清道光
二十五年(1845)刻本　十二冊　存四十六卷
(一至六、二十五至二十六、四十三至五十、五
十三至五十八、七十一至七十四、七十七至八
十、九十一至九十八、一百三至一百八、一百
十一至一百十二)

340000－1841－0003006　606686

果報錄十二卷一百回　（清）陳蘭濤著　清光緒刻本　十二冊

340000－1841－0003007　606694

古謠諺一百卷　（清）杜文瀾編　清咸豐十一年(1861)曼陀羅華閣刻本　十六冊

340000－1841－0003008　606695

越諺三卷　（清）范寅編　清光緒八年(1882)刻本　三冊

340000－1841－0003009　606704

策對名文約選不分卷　（漢）董仲舒　（宋）蘇軾撰　清刻本　一冊

340000－1841－0003010　606705

唐宋八大家文選十九卷　（清）張伯行輯　清同治八年(1869)福州正誼書局刻本　四冊　存十二卷(一至十二)

340000－1841－0003011　606707

十五貫十六卷　（清）馬永清訂　清同治六年(1867)蓬溪書屋刻本　四冊

340000－1841－0003012　606711

孔尚任佚詩一卷　（清）孔尚任撰　（清）倪匡世選　清抄本　一冊

340000－1841－0003013　606714

聊齋志異新評十六卷　（清）蒲松齡撰　（清）王士正　（清）但明倫評　清道光二十二年(1842)廣順但氏刻本　十六冊

340000－1841－0003014　606742

元文類七十卷目錄三卷　（元）蘇天爵輯　明嘉靖十六年(1537)晉藩刻本　二十冊

340000－1841－0003015　606743

唐詩品匯九十卷拾遺十卷　（明）高棅輯　明萬曆東海屠隆刻本　二十四冊

340000－1841－0003016　606744

集錄真西山文章正宗三十卷　（宋）真德秀著　（明）孔天胤集錄　明嘉靖二十三年(1544)孔天胤刻本(首冊目錄抄配)　二十八冊

340000－1841－0003017　606746

蘇文忠詩合注五十卷　（宋）蘇軾撰　（清）馮應榴注　清同治九年(1870)刻本　十六冊

340000－1841－0003018　606747

陸放翁全集一百五十七卷　（宋）陸游撰　明末毛氏汲古閣刻本　三十四冊

340000－1841－0003019　606749

東坡先生全集七十五卷　（宋）蘇軾撰　東坡詩選十二卷　（宋）蘇軾撰　（明）譚元春輯　年譜一卷　（宋）王宗稷撰　明末文盛堂刻本　三十冊

340000－1841－0003020　606749

東坡先生全集七十五卷　（宋）蘇軾撰　明萬曆三十四年(1606)茅維刻本　三十

340000－1841－0003021　606751

重編東坡先生外集八十六卷　（宋）蘇軾撰　明萬曆三十六年(1608)康氏維揚府署刻本　二十四冊

340000－1841－0003022　606752

蘇文忠公策選十二卷　（宋）蘇軾撰　（明）茅坤　（明）鍾惺評　明天啟元年(1621)刻三色套印本　七冊

340000－1841－0003023　606753

宋大家蘇文定公文抄二十卷　（宋）蘇轍撰　（明）茅坤批評　明茅一桂刻本　八冊

340000－1841－0003024　606754

蘇老泉文集十三卷　（宋）蘇洵撰　（明）茅坤　（明）焦竑評述　明凌濛初刻朱墨套印本　七冊

340000－1841－0003025　606755

蘇老泉先生全集二十卷　（宋）蘇洵撰　附錄二卷　（宋）沈斐輯　清康熙三十七年(1698)吳郡邵氏刻本　三冊

340000－1841－0003026　606756

花庵絕妙詞選十卷　（宋）黃升輯　明常熟毛氏汲古閣刻本　六冊

340000－1841－0003027　606758

樂府詩集一百卷目錄二卷　（清）郭茂倩編

明崇禎海虞毛氏汲古閣刻本　十六冊

340000－1841－0003028　606759

伊川擊壤集二十卷　（宋）邵雍撰　明末刻本
八冊

340000－1841－0003029　606762

樂府詩集一百卷目錄二卷　（宋）郭茂倩編
明崇禎海虞毛氏汲古閣刻本　二十冊

340000－1841－0003030　606764

南朝宋文二十八卷　（明）張采輯　（明）陳子
龍參定　明崇禎十一年(1638)刻本　十冊

340000－1841－0003031　606765

國朝七名公尺牘八卷　（明）屠隆輯　明萬曆
三十一年(1603)文斐堂刻本　二冊　存一卷
（王鳳洲尺牘一卷）

340000－1841－0003032　606766

古文品外錄二十四卷　（明）陳繼儒選評　明
崇禎刻本　八冊

340000－1841－0003033　606767

新刊名世文宗三十卷　（明）胡時化輯　明萬
曆四年(1576)吳善言刻本　十二冊

340000－1841－0003034　606774

古逸書三十卷首一卷末一卷　（明）潘基慶輯
明萬曆三十九年(1611)刻本　十二冊

340000－1841－0003035　606775

新刊陳太史評選舉業捷徑古文爭奇十二卷
（明）陳仁錫評　（明）郭中志匯輯　明羊城周
道英校梓李少渠刻本　六冊

340000－1841－0003036　606776

文致不分卷　（明）劉士鏻輯　（明）閔無頗
（明）閔昭明增刪集評　明天啟元年(1621)吳
興閔元衢刻朱墨套印本　八冊

340000－1841－0003037　606777

太史楊升庵全集八十一卷目錄二卷　（明）楊
慎撰　（明）陳大科校　明萬曆十年(1582)成
都陳大科刻本　十六冊

340000－1841－0003038　606779

四明近體樂府十四卷附一卷　（清）袁鈞輯撰

清嘉慶二十三年(1818)抄本　七冊

340000－1841－0003039　606780

詠史新樂府一卷　（清）程變撰　清道光六年
(1826)浙江諸暨稿本　一冊

340000－1841－0003040　606781

宋四六精選不分卷　（清）彭元瑞編　（清）管
題鷹選　清乾隆五十五年(1790)抄本　四冊

340000－1841－0003041　606783

池上詩存不分卷　（清）章曼卿編　清道光至
咸豐稿本　八冊

340000－1841－0003042　606784

唐詩正聲二十二卷　（明）高棅輯　明萬曆延
陵吳琯西爽堂刻本　十冊

340000－1841－0003043　606786

楚辭十七卷　（漢）王逸注　（漢）陳深批點
明萬曆二十八年(1600)吳興凌氏刻朱墨套印
本　四冊

340000－1841－0003044　606787

陶靖節集十卷總論一卷　（晉）陶潛撰　明萬
曆十五年(1587)休陽程氏刻本　六冊

340000－1841－0003045　606788

文選六十卷　（南朝梁）昭明太子蕭統輯
（唐）李善注　明嘉靖元年(1522)汪諒刻本
六十冊

340000－1841－0003046　606789

文選纂注評林十二卷　（南朝梁）昭明太子蕭
統輯　（明）張鳳翼纂注　明萬曆刻本　十
二冊

340000－1841－0003047　606790

選賦六卷名人世次爵里一卷　（南朝梁）蕭統
輯　（明）郭正域評點　明凌氏鳳笙閣刻朱墨
套印本　六冊

340000－1841－0003048　606791

白氏文集七十一卷　（唐）白居易撰　明嘉靖
十七年(1538)伍忠光龍池草堂刻錢應龍重修
本　二十四冊

340000－1841－0003049　606792

柳文四十三卷別集二卷外集二卷附錄一卷
（唐）柳宗元撰　（唐）劉禹錫輯　（明）游居
敬校　清咸豐七年(1857)刻本　十六冊

340000－1841－0003050　606793－2

集千家注杜工部詩集二十卷文集二卷　（唐）
杜甫撰　明萬曆長洲許自昌校刻本　十二冊

340000－1841－0003051　606794

柳文七卷　（唐）柳宗元撰　（明）茅坤評　明
刻朱墨套印本　四冊

340000－1841－0003052　606795

唐大家韓文公文抄十六卷　（唐）韓愈撰
（明）茅坤批評　明萬曆七年(1579)歸安茅一
桂刻本　八冊

340000－1841－0003053　606796

陸宣公全集二十四卷　（唐）陸贄撰　（明）湯
賓尹評　明崇禎元年(1628)刻本　十二冊

340000－1841－0003054　606799

中州集十卷中州樂府一卷首一卷　（金）元好
問輯　明崇禎毛氏汲古閣刻本　十一冊

340000－1841－0003055　606805

御製詩二集九十卷　（清）高宗弘曆撰　清乾
隆二十四年(1759)內府刻本　四十冊

340000－1841－0003056　606809

西堂全集七十七卷　（清）尤侗撰　清康熙十
八年(1679)刻本　二十冊　存六十九卷(一
至四、七至十八、二十五至七十七)

340000－1841－0003057　606817

古文析義初編六卷　（清）林雲銘撰　（清）王
相注　清三讓堂刻本　六冊

340000－1841－0003058　606818

緝雅堂詩話二卷　（清）潘衍桐撰　清光緒十
七年(1891)杭州刻本　一冊

340000－1841－0003059　606825

第一才子書(四大奇書第一種三國志)六十回
（元）羅貫中撰　（清）毛宗崗評　清吉安英
德堂刻本　二十冊

340000－1841－0003060　606844

歷代宮閨文選二十六卷　（清）周壽昌輯
（清）許家怡重訂　清宣統三年(1911)上海群
學社鉛印本　六冊

340000－1841－0003061　606861

苕溪漁隱叢話一百卷前集六十卷後集四十卷
（宋）胡仔纂集　清乾隆六年(1741)耘經樓
刻本　八冊

340000－1841－0003062　606876

船山詩草二十卷　（清）張問陶撰　清宣統二
年(1910)上海掃葉山房石印本　六冊

340000－1841－0003063　606894

唐詩紀事八十一卷　（宋）計有功撰　明嘉靖
二十四年(1545)張子立刻本　三十二冊

340000－1841－0003064　606896

涵芬樓古今文鈔一百卷　（清）吳曾祺輯　清
宣統二年(1910)上海商務印書館鉛印本　一
百冊

340000－1841－0003065　606913

全唐詩九百卷　（清）曹寅等纂輯　清光緒石
印本　二十八冊　存二十九卷(三至三十一)

340000－1841－0003066　606915

吉齋集二十四卷　（宋）袁燮撰　清武英殿木
活字印本　十冊

340000－1841－0003067　606918

唐詩類抄八十卷　（清）董秉純輯　清抄本
十六冊

340000－1841－0003068　606924

惜抱先生尺牘八卷　（清）姚鼐撰　清宣統元
年(1909)小萬柳堂刻本　四冊

340000－1841－0003069　606940

北涇草堂外集三卷　（清）陳棟撰　清劍南室
刻本　一冊

340000－1841－0003070　606957

唐人五十家小集不分卷　（清）江標輯　清光
緒二十一年(1895)元和江氏靈鶼閣刻本　十
六冊

340000－1841－0003071　606961

杜韓詩句集韻三卷　（清）汪文柏輯　清光緒
八年(1882)姑蘇古香樓刻本　五冊

340000－1841－0003072　606966

曲園四書文不分卷　（清）俞樾撰　清光緒十
五年(1889)浙紹徐墨潤堂刻本　一冊

340000－1841－0003073　606967

紫陽書院課藝不分卷　（清）何家驄輯　清光
緒三年(1877)徽城乙照齋刻本　一冊

340000－1841－0003074　606968

仁在堂時藝辨附時藝課不分卷　（清）路德編
　清光緒十年(1884)上海江左書林刻本
二冊

340000－1841－0003075　606970

西臺集二十卷　（宋）畢仲游撰　（宋）繆晉校
　清乾隆武英殿木活字印本　六冊

340000－1841－0003076　606972

明詩紀事　（清）陳田輯　清光緒二十五年
(1899)刻本　三十一冊

340000－1841－0003077　607075

新評繡像紅樓夢全傳一百二十卷　（清）曹雪
芹撰　（清）高鶚續　（清）王希廉評　清光緒
三年(1877)雲居樓刻本　十八冊

340000－1841－0003078　607129

于湖小集六卷附金陵雜事詩一卷　（清）袁昶
撰　清光緒二十年(1894)水明樓刻本　六冊

340000－1841－0003079　607130

寒支初集十卷首一卷二集四卷　（清）李世熊
撰　（清）李向旻編　清同治十三年(1874)刻
本　十四冊

340000－1841－0003080　607132

江上小蓬萊吟舫詩存十八卷詩餘二卷　（清）
葉坤厚撰　清光緒九年(1883)陝西刻本　二
十冊

340000－1841－0003081　607133

沈歸愚詩文全集六十四卷　（清）沈德潛撰
清乾隆三十二年(1767)教忠堂刻本　二十冊

340000－1841－0003082　607134

近光集二十八卷　（清）汪士鋐輯　（清）徐修
仁等注　清康熙五十八年(1719)刻本　十
二冊

340000－1841－0003083　607135

國朝山左詩鈔六十卷　（清）盧見曾輯　清乾
隆二十三年(1758)雅雨堂刻本　二十冊

340000－1841－0003084　607135－1

國朝山左詩鈔六十卷　（清）盧見曾輯　清乾
隆二十三年(1758)雅雨堂刻本　二十冊

340000－1841－0003085　607137

耐菴詩存三卷文存六卷　（清）賀長齡撰　清
咸豐十一年(1861)杭州刻本　四冊

340000－1841－0003086　607140

眉綠樓詞不分卷　（清）顧文彬撰　清光緒十
年(1884)刻本　四冊

340000－1841－0003087　607142

繡像西廂記時藝雅趣藏書一卷　（清）錢書撰
　清康熙四十二年(1703)崇文堂刻朱墨套印
本　四冊

340000－1841－0003088　607142－1

繡像西廂記時藝雅趣藏書一卷　（清）錢書撰
　清康熙四十二年(1703)崇文堂刻朱墨套印
本　四冊

340000－1841－0003089　607146

嘯亭雜錄八卷續錄二卷　（清）昭槤撰　清光
緒六年(1880)九思堂刻本　十二冊

340000－1841－0003090　607161

奈何天傳奇二卷　（明）李漁撰　題（清）紫珍
道人批評　清刻笠翁十種曲本　一冊

340000－1841－0003091　607164

雙鳳奇緣傳二十卷　（□）□□撰　清刻本
六冊

340000－1841－0003092　607166

情史類略二十四卷　題（清）江南詹詹外史評
輯　清道光二十八年(1848)經國堂刻本　十
二冊

340000－1841－0003093　607169

欽定全唐文一千卷 （清）董誥纂修 清光緒
二十七年(1901)廣雅書局刻本 二百冊

340000－1841－0003094　607177
回文類聚四卷續編十卷織錦回文圖一卷
（宋）桑世昌編 （清）朱象賢續編 清康熙麟
玉堂刻本 四冊

340000－1841－0003095　607178
薈蕞編二十卷 （清）俞樾編 清光緒七年
(1881)上海申報館仿聚珍印本 八冊

340000－1841－0003096　607180
淮海集四十卷淮海後集附年譜九卷 （宋）秦
觀撰 （明）徐渭評 清同治十二年(1873)秦
氏家塾刻本 六冊

340000－1841－0003097　607212
角山樓蘇詩評注匯鈔二十卷附錄三卷 （宋）
蘇軾撰 （清）趙克宜輯 清咸豐二年(1852)
刻本 十二冊

340000－1841－0003098　607219
蔣氏四種 （清）蔣士銓撰 清乾隆蔣氏紅雪
樓刻本(評選四六法海補配清同治十年歲園
刻本) 三十八冊

340000－1841－0003099　607320
史忠正公集六卷 （明）史可法撰 清道光三
十年(1850)六安典室刻本 四冊

340000－1841－0003100　607354
汲古堂集二十八卷 （明）何白撰 清道光十
六年(1836)刻本 八冊

340000－1841－0003101　607365
靜志居詩話二十四卷 （清）朱彝尊撰 （清）
姚柳依輯 清嘉慶二十四年(1819)刻本 十
四冊

340000－1841－0003102　607374
劉孟涂集四十四卷 （清）劉開撰 清道光六
年(1826)姚氏檗山草堂刻本 八冊

340000－1841－0003103　607374－1
劉孟涂先生遺集二卷 （清）劉開撰 清光緒
十五年(1889)桐城劉氏刻本 一冊

340000－1841－0003104　607379
養正書屋全集定本四十卷 （清）宣宗旻寧撰
清道光二年(1822)內府刻本 二十四冊

340000－1841－0003105　607380
歷朝詩軌四十卷 （清）沈楫輯選 清嘉慶二
十四年(1819)停雲館刻本 十七冊

340000－1841－0003106　607381
而菴說唐詩二十二卷首一卷 （清）徐增撰
清乾隆二十三年(1758)文茂堂刻本 十冊

340000－1841－0003107　607382
李太白文集三十六卷 （唐）李白撰 （清）王
琦輯注 清乾隆二十四年(1759)寶笏樓刻本
二十冊

340000－1841－0003108　607384
東園詩鈔十二卷 （清）凌泰封撰 清光緒十
六年(1890)刻本 二冊

340000－1841－0003109　607386
鵬南詩鈔前編十卷 （明）胡嗣運編 清光緒
刻本 一冊

340000－1841－0003110　607387
鵬南詩鈔前編十卷 （明）胡嗣運編 清光緒
刻本 一冊

340000－1841－0003111　607388
吳學士文集四卷詩集五卷 （清）吳焯著 清
光緒八年(1882)江寧藩署刻本 六冊

340000－1841－0003112　607389
輟耕吟稿五卷 （清）倪偉人撰 清光緒十六
年(1890)章安官舍朱印本 二冊

340000－1841－0003113　607390
白耷山人詩集十卷文集二卷 （清）閻爾梅撰
清順治十八年(1661)豹韋堂刻本 四冊

340000－1841－0003114　607391
白華絳柎閣詩集十卷 （清）李慈銘撰 清光
緒十七年(1891)越縵堂刻本 六冊

340000－1841－0003115　607392
曾大仆左夫人詩稿合刻十二卷 （清）曾詠
（清）左錫嘉撰 清光緒十七年(1891)定襄官

署刻本　七冊

340000－1841－0003116　607396

雲峰胡先生文集十卷　（元）胡炳文撰　清道
光刻本　二冊

340000－1841－0003117　607398

曹集詮評十卷　（三國魏）曹植著　（清）丁晏
編　清同治十一年(1872)金陵書局刻本
二冊

340000－1841－0003118　607399

才調集補注十卷　（三國蜀）韋縠編　（清）殷
元勛箋注　清光緒二十年(1894)江蘇書局刻
本　四冊

340000－1841－0003119　607402

悔翁詩抄十五卷補遺一卷詞抄五卷筆記六卷
　（清）王士鋒撰　清光緒十年(1884)合肥張
氏味古齋刻本　四冊

340000－1841－0003120　607403

養知書屋詩集十五卷　（清）郭嵩燾撰　清光
緒十八年(1892)刻本　四冊

340000－1841－0003121　607404

求自得之室文鈔十二卷　（清）吳嘉賓撰　清
同治五年(1866)廣州富文齋刻本　五冊

340000－1841－0003122　607405

雙藤書屋詩集十二卷　（清）何道生撰　肢訪
遺稿二卷　（清）何熙績撰　雙藤書屋試帖二
卷　（清）何道生撰　退學詩齋詩集五卷
(清)何耿繩撰　清道光元年(1821)刻本
五冊

340000－1841－0003123　607406

饅飢亭集三十二卷後集十二卷　（清）祁寯藻
撰　清咸豐七年(1857)刻本　六冊

340000－1841－0003124　607408

紫陽家塾詩鈔二十四卷　（清）朱琦編　清光
緒十八年(1892)秋樹山房刻本　六冊

340000－1841－0003125　607409

詳注七家詩七卷　（清）張熙宇評選　（清）石
暉甲箋注　清光緒十八年(1892)上海廣百宋

齋鉛印本　四冊

340000－1841－0003126　607410

賦鈔箋略十五卷　（清）雷琳　（清）張杏濱箋
清光緒元年(1875)上洋掃葉山房石印本
八冊

340000－1841－0003127　607411

賦話十二卷　（清）李調元撰　清乾隆四十三
年(1778)刻本　四冊

340000－1841－0003128　607412

武定詩續鈔二十四卷　（清）李佐賢編　清同
治六年(1867)刻本　八冊

340000－1841－0003129　607413

漁洋詩話三卷　（清）王士禛撰　清雍正三年
(1725)刻本　一冊

340000－1841－0003130　607414

涌翠山房文集四卷　（清）高延第撰　清光緒
十四年(1888)刻本　四冊

340000－1841－0003131　607416

昌黎先生詩集注十一卷　（唐）韓愈撰　（清）
朱彝尊　（清）何焯評　（清）顧嗣立集注　清
光緒九年(1883)廣州翰墨園刻印本　四冊

340000－1841－0003132　607417

後山集二十四卷　（宋）陳師道撰　清光緒十
一年(1885)番禺陶氏愛廬刻本　六冊

340000－1841－0003133　607418

南軒文集四十四卷　（宋）張栻撰　清咸豐四
年(1854)綿邑南軒祠刻本　十冊

340000－1841－0003134　607424

本事詩十二卷　（清）徐釚編　清乾隆二十二
年(1757)汪氏半松書屋刻本　六冊

340000－1841－0003135　607425

唐詩解五十卷　（明）唐汝詢選釋　明萬曆四
十三年(1615)廣陵楊鶴刻本　二十四冊

340000－1841－0003136　607428

尊聞居士集八卷　（清）羅有高撰　（清）彭紹
升錄　清光緒八年(1882)刻本　二冊

340000－1841－0003137　607429

津門徵獻詩八卷　（清）華鼎元撰　清光緒十二年（1886）蘇城郡廟東首謝文翰齋刻本　四冊

340000－1841－0003138　607430

枬湖文集十二卷　（清）吳敏樹撰　清光緒十九年（1893）思賢講舍刻本　四冊

340000－1841－0003139　607433

香樹齋詩集十八卷　（清）錢陳群撰　清乾隆十六年（1751）刻本　六冊

340000－1841－0003140　607434

通甫類稿四卷續編二卷詩存四卷詩存之餘二卷　（清）魯一同撰　清咸豐九年（1859）刻本　六冊

340000－1841－0003141　607435

仲寶詩存二卷類稿一卷　（清）魯一貞撰　清光緒刻本　二冊

340000－1841－0003142　607440

黃葉村莊詩集八卷黃葉村莊續集一卷黃葉村莊後集一卷　（清）吳之振撰　清光緒四年（1878）刻本　四冊

340000－1841－0003143　607441

可泉擬涯翁擬古樂府二卷　（明）胡纘宗撰　（明）胡統宗注　（明）張光孝評　明嘉靖三十六年（1557）汪瀚刻本　二冊

340000－1841－0003144　607444

海秋詩集二十七卷後集一卷　（清）湯鵬撰　清道光十八年至同治十二年（1838－1873）刻本　十冊

340000－1841－0003145　607445

天傭子全集十卷　（明）艾南英撰　清道光十六年（1836）刻本　十冊

340000－1841－0003146　607452

蔗夢詞二卷　（清）郭麐撰　清嘉慶八年（1803）刻本　二冊

340000－1841－0003147　607454

海峰詩集十卷　（清）劉大櫆撰　清光緒二十五年（1899）刻本　二冊

340000－1841－0003148　607456

紫石泉山房文集十二卷詩抄三卷　（清）吳定撰　清光緒十三年（1887）刻本　六冊

340000－1841－0003149　607457

紫石泉山房文集十二卷詩抄三卷　（清）吳定撰　清光緒十三年（1887）刻本　二冊

340000－1841－0003150　607460

牧齋初學集詩注二十卷　（清）錢謙益撰　（清）錢曾箋注　清康熙玉詔堂刻本　六冊

340000－1841－0003151　607464

儆居集二十二卷　（清）黃式三撰　清光緒十四年（1888）刻儆居遺書本　八冊

340000－1841－0003152　607465

多歲堂古詩存八卷　（清）成書輯評　清道光十一年（1831）刻本　四冊

340000－1841－0003153　607472

古文詞略讀本二十四卷　（清）梅曾亮輯　清光緒三十三年（1907）陝西學務公所圖書局鉛印本　四冊

340000－1841－0003154　607473

松陵文錄二十四卷　（清）淩淦輯　清同治十三年（1874）刻本　十二冊

340000－1841－0003155　607474

杜詩偶評四卷　（唐）杜甫撰　（清）沈德潛評　清乾隆十二年（1747）賦閒草堂刻本　四冊

340000－1841－0003156　607475

杜詩偶評四卷　（唐）杜甫撰　（清）沈德潛評　清乾隆十二年（1747）賦閒草堂刻本　二冊

340000－1841－0003157　607482

范伯子詩集十九卷　（清）范當世撰　清光緒三十四年（1908）刻本　四冊

340000－1841－0003158　607485

曝書亭集詩箋注十二卷　（清）朱彝尊撰　（清）江浩然箋注　清乾隆二十七年（1762）惇裕堂刻本　六冊

340000－1841－0003159　607486

天韻堂詩存八卷　（清）徐維城撰　晚香閣詩鈔附詩餘二卷　（清）朱清遠撰　海天萍寄賸草一卷　（清）徐彬撰　三秀齋詩鈔二卷詞鈔一卷　（清）鮑之芬撰　清光緒四年（1878）貴陽刻本　四冊

340000－1841－0003160　607489

後湘續集七卷東溟奏稿二卷　（清）姚瑩著　清道光二十九年（1849）刻本　二冊

340000－1841－0003161　607490

李長吉歌詩四卷外集一卷首一卷　（唐）李賀著　（清）王琦匯　清光緒四年（1878）宏達堂刻本　四冊

340000－1841－0003162　607496

楚辭評注十卷　（清）王萌撰　清乾隆三十五年（1770）致和堂刻本　四冊

340000－1841－0003163　607497－1

方孩未先生全集十六卷　（明）方震孺撰　（清）孫克依參閱　（清）李兆洛編輯　（清）周大槐訂正　清同治七年（1868）樹德堂刻本　五冊

340000－1841－0003164　607497

方孩未先生集十六卷　（明）方震孺撰　清嘉慶二十二年（1817）樹清堂刻本　六冊

340000－1841－0003165　607500

晚香亭詩鈔不分卷　（清）蔡邦甸撰　清光緒十八年（1892）天津石印本　四冊

340000－1841－0003166　607502

澹靜齋全集十六卷　（清）龔景瀚撰　清道光六年（1826）刻本　六冊

340000－1841－0003167　607504

裴光祿遺集八卷　（清）裴蔭森撰　清宣統三年（1911）刻本　二冊

340000－1841－0003168　607505

雪門詩草十四卷　（清）許瑤光撰　清同治十三年（1874）刻本　六冊

340000－1841－0003169　607508

向花亭詩初集八卷外集二卷　（清）張敏求著　清同治十二年（1873）刻本　四冊

340000－1841－0003170　607511

霍林山人詩集五卷　（清）吳文溥　（清）戴經撰　清乾隆三十六年（1771）研山堂寫刻本　四冊

340000－1841－0003171　607512

二谷山人文集十卷　（明）侯一元撰　清光緒十七年（1891）刻本　六冊

340000－1841－0003172　607513

松風閣詩鈔二十六卷　（清）彭蘊章撰　清道光二十六年（1846）刻本　八冊

340000－1841－0003173　607514

柏溪詩鈔二卷　（清）張同準撰　清光緒十八年（1892）刻本　二冊

340000－1841－0003174　607516

白田風雅二十四卷　（清）朱彬輯　清光緒十二年（1886）金陵刻本　四冊

340000－1841－0003175　607517

國朝天臺詩存十四卷　（清）金文田編　清光緒三十四年（1908）鉛印本　四冊

340000－1841－0003176　607518

黔詩紀略後編三十卷紀略補三卷　（清）陳田編　清宣統三年（1911）北京石氏刻本　八冊

340000－1841－0003177　607522

拜經樓詩集十二卷續編四卷萬花漁唱一卷遺稿一卷　（清）吳騫著　清嘉慶十七年（1812）刻本　四冊

340000－1841－0003178　607523

古香凹詩餘二卷　（清）方濬頤撰　清光緒十年（1884）揚州刻本　二冊

340000－1841－0003179　607524

補籬遺稿八卷　（清）姚福均撰　（清）王伊編　清光緒三十一年（1905）鉛印本　四冊

340000－1841－0003180　607525

蓮溪吟稿八卷蓮溪吟稿續刻三卷蓮溪先生文存二卷　（清）沈濂撰　清光緒十七年（1891）

刻本　四冊

340000－1841－0003181　607529

求闕齋文鈔不分卷　（清）曾國藩撰　（清）方宗城編　清同治十一年(1872)刻本　二冊

340000－1841－0003182　607533

元詩選初集一百十四卷首一卷二集一百三卷三集一百三卷　（清）顧嗣立編　清康熙三十三年至五十九年(1694－1720)長洲顧氏秀野草堂刻本　四十冊

340000－1841－0003183　607534

笠翁一家言全集(詩文集)八卷　（清）李漁撰　清雍正八年(1730)芥子園刻本　十冊

340000－1841－0003184　607535

笠翁十種曲(傳奇)　（清）李漁撰　清康熙七年(1668)刻本　二十冊

340000－1841－0003185　607536

詩法火傳左編十六卷　（清）馬上巘輯　清順治十八年(1661)古吳服古堂刻本　八冊

340000－1841－0003186　607538

古詩賞析二十二卷　（清）張玉穀輯解　清光緒十三年(1887)刻本　六冊

340000－1841－0003187　607539

味經山館文鈔四卷　（清）戴鈞衡撰　清咸豐三年(1853)刻本　二冊

340000－1841－0003188　607549

古文賞音十二卷　（清）謝有輝輯　清康熙四十六年(1707)師儉閣刻本　十冊

340000－1841－0003189　607552

晚村先生八家古文精選八卷　（清）呂留良輯　（清）呂葆中批點　清康熙四十三年(1704)呂氏家塾刻本　六冊

340000－1841－0003190　607553

賴古堂尺牘新鈔三選結隣集十五卷　（清）周在浚等編　清道光六年(1826)刻本　八冊存八卷(一至八)

340000－1841－0003191　607554

唐詩拾遺十卷　（明）高棅編輯　（明）張恂重訂　明萬曆張恂刻本　四冊

340000－1841－0003192　607556

五湖漁莊圖題詞四卷附太湖竹枝詞二卷　（清）葉承桂撰　清咸豐三年(1853)刻本　三冊

340000－1841－0003193　607560

飛龍全傳六十回　（明）吳璿編　清乾隆三十三年(1768)文德堂刻本　十六冊

340000－1841－0003194　607561

西游真詮一百回　（清）陳士斌撰　清乾隆四十七年(1782)敦化堂刻本　二十冊

340000－1841－0003195　607562

玉茗堂批點南北宋志傳二十卷　（明）熊大木撰　題（明）研石山樵訂正　清道光經國堂刻本　十冊

340000－1841－0003196　607563

補天石傳奇八卷　（清）周文泉填詞　（清）譚光祜正譜　清道光十年至十七年(1830－1837)靜遠草堂刻本　八冊

340000－1841－0003197　607570

古微堂內集三卷外集七卷　（清）魏源撰　清光緒四年(1878)淮南書局刻本　四冊

340000－1841－0003198　607571

表異錄二十卷　（明）王志堅輯　清康熙四十七年(1708)最宜草堂刻本　二冊

340000－1841－0003199　607580

賭棋山莊集三十一卷　（清）謝章鋌撰　清光緒十年(1884)南昌彀盦刻本　十四冊

340000－1841－0003200　607586

新刊繡像續永慶昇平全傳二十三卷　（清）郭廣瑞輯　清光緒二十年(1894)刻本　二十四冊

340000－1841－0003201　607590

清尊集十六卷　（清）汪遠孫編輯　清道光十九年(1839)錢唐汪氏振綺堂刻本　六冊

340000－1841－0003202　607730

宋元明詩約鈔二卷　（清）朱梓編輯　清光緒

152

十五年(1889)刻本　二冊

340000－1841－0003203　607730

宋元明詩約鈔二卷　(清)朱梓編輯　清光緒十五年(1889)刻本　二冊

340000－1841－0003204　607737

滄溟詩集十四卷　(明)李攀龍撰　清光緒二十一年(1895)張氏湘雨樓刻本　四冊

340000－1841－0003205　607754

南菁講舍文集六卷書院文集一卷　(清)黃以周撰　清光緒十五年(1889)刻本　四冊

340000－1841－0003206　607768

樸巢詩選二卷　(清)冒襄撰　(清)張明弼(清)杜濬評　清光緒二十年(1894)刻本　二冊

340000－1841－0003207　607773

藏山閣集二十四卷　(清)錢澄之撰　清光緒三十四年(1908)龍潭室主鉛印本　四冊

340000－1841－0003208　607785

再生緣二十卷　(清)陳端生撰　清咸豐二年(1852)刻本　二十冊

340000－1841－0003209　607832

霜紅龕集四十卷附錄三卷年譜一卷　(清)傅山撰　(清)丁寶銓輯　清宣統三年(1911)山陽丁氏刻本　十二冊

340000－1841－0003210　607833

李空同詩集三十三卷附錄一卷　(明)李夢陽撰　清宣統二年(1910)掃葉山房石印本　十冊

340000－1841－0003211　607844

紀文達公遺集十一卷首一卷　(清)紀昀撰　(清)孫樹馨輯　清宣統二年(1910)石印本　八冊

340000－1841－0003212　607845

同人詩錄初編十卷　(清)劉繹等撰　清同治十一年(1872)北京娜嬛別館刻本　六冊

340000－1841－0003213　607877

史梅叔詩十二卷　(清)史密撰　(清)文康選

清道光十五年(1835)京都光華齋刻本四冊

340000－1841－0003214　607878

傅鶉觚集六卷　(晉)傅玄撰　清光緒二年(1876)廣州書局刻本　一冊

340000－1841－0003215　607883

蘀石齋詩集四十卷　(清)錢載撰　清乾隆五十三年(1788)刻本　六冊

340000－1841－0003216　607921

帶經堂詩話三十卷　(清)王士禎撰　(清)張宗橚輯　清同治十二年(1873)廣州藏脩堂刻本　十冊

340000－1841－0003217　607922

貴池二妙集五十一卷　(清)劉世珩編　(明)吳應箕　(明)劉城撰　清光緒二十六年(1900)貴池劉世珩唐石簃彙刻貴池先哲遺書本　十冊

340000－1841－0003218　607924

湖海樓全集五十一卷　(清)陳維崧著　清光緒十七年至十九年(1891－1893)弇山鐸署刻本　十六冊

340000－1841－0003219　607943

拙軒集六卷　(清)金王寂撰　清乾隆四十一年(1776)武英殿木活字印本　四冊

340000－1841－0003220　607944

瓶花齋集十卷　(明)袁宏道撰　清宣統三年(1911)抱殘守缺齋影印本　二幅

340000－1841－0003221　607968

癸巳存稿十五卷　(清)俞正燮撰　清光緒十年(1884)刻本　四冊

340000－1841－0003222　607974

明詩綜一百卷　(清)朱彝尊輯　(清)汪森輯評　清康熙四十四年(1705)刻本　三十二冊

340000－1841－0003223　608041

方正學先生遜志齋集二十四卷首一卷附外紀一卷拾補一卷　(明)方孝孺撰　(清)趙予信重輯　清康熙三十七年(1698)刻本　二十冊

340000－1841－0003224　608050

容齋千首詩　（清）李天馥撰　清光緒十二年(1886)鉛印本　六冊

340000－1841－0003225　608053

習苦齋詩集八卷文集四卷　（清）戴熙撰　清同治六年(1867)刻本　四冊

340000－1841－0003226　608062

八代詩揆五卷　（清）陸奎勛輯　清康熙五十一年(1712)刻本　一冊

340000－1841－0003227　608065

賴古堂尺牘新鈔三選結隣集十五卷　（清）周亮工輯　（清）周在梁　（清）周在浚　（清）周在延鈔　清道光六年(1826)江西省城乙照齋貢玉刻本　六冊

340000－1841－0003228　608069

詞鏡平仄圖譜附詞論不分卷　（清）賴損菴撰　（清）查隨菴輯　清嘉慶十五年(1810)刻朱墨套印本　四冊

340000－1841－0003229　608070

繡像風箏誤傳八卷　（□）□□撰　清嘉慶十五年(1810)刻本　八冊

340000－1841－0003230　608072

魏季子文集十六卷　（清）魏禮撰　清康熙十年(1671)刻本　二冊

340000－1841－0003231　608076

陋軒詩集十二卷陋軒詩續二卷　（清）吳嘉紀撰　清道光二十年(1840)泰州夏氏刻本　四冊

340000－1841－0003232　608089

秋江集注六卷　（清）黃任撰　（清）王元麟注　清道光二十三年(1843)東山家塾刻本　六冊

340000－1841－0003233　608093

南宋雜事詩七卷　（清）沈嘉轍等撰　清同治十一年(1872)淮南書局刻本　四冊

340000－1841－0003234　608095

國朝名人書札三卷　（清）顧炎武撰　清宣統

三年(1911)上海棋盤街文明書局鉛印本　三冊

340000－1841－0003235　608101

異方便淨土傳燈歸元鏡三祖實錄二卷四十二出　（清）釋智達撰　（清）德日錄　清乾隆四十九年(1784)刻本　二冊

340000－1841－0003236　608103

如是山房增訂金批西廂六卷　（元）王實甫撰　（清）金聖嘆評　清光緒二年(1876)如是山房刻朱墨套印本　六冊

340000－1841－0003237　608105

雨材詩話十六卷　（清）李調元撰　清九經堂刻本　八冊

340000－1841－0003238　608109

小亭初集六卷　（清）程際雲撰　清同治七年(1868)刻本　二冊

340000－1841－0003239　608137

笑庵存稿不分卷　（清）鄭溥撰　清光緒二十九年(1903)黃海山人刻本　一冊

340000－1841－0003240　608148

昌黎先生集四十卷遺文一卷　（唐）韓愈著（唐）李漢編　清同治九年(1870)述古堂刻本　六冊

340000－1841－0003241　608171

明季新樂府二卷　（清）胡介祉撰　清宣統元年(1909)鉛印本　二冊

340000－1841－0003242　608180

古文講授談二卷　（清）尚秉和輯　清宣統二年(1910)京師京華印書局鉛印本　二冊

340000－1841－0003243　608184

西廬文集四卷　（清）張雋撰　清宣統二年(1910)上海國學扶輪社鉛印本　二冊

340000－1841－0003244　608185

金荃集七卷別集一卷　（唐）溫庭筠撰　香籢集一卷　（唐）韓偓撰　明末毛氏汲古閣刻本　二冊

340000－1841－0003245　608187

海峰先生詩六卷　（清）劉大櫆撰　（清）徐宗亮重編校　清光緒二十五年(1899)刻本　二冊

340000－1841－0003246　608204

啓禎宮詞二卷　（明）秦蘭徵　（清）王譽昌撰　清嘉慶十六年(1811)刻本　三冊

340000－1841－0003247　608205

龔安節公野古集三卷　（明）龔詡撰　清光緒二十八年(1902)新陽趙氏刻本　一冊

340000－1841－0003248　608207

紅樓夢評贊三卷　（清）王雪香撰　清光緒二年(1876)滬上刻本　二冊

340000－1841－0003249　608221

粵西詞見二卷　況周儀撰　清光緒二十三年(1897)刻本　一冊

340000－1841－0003250　608222

讀雪齋詩集九卷　（清）孫文川撰　清光緒八年(1882)刻本　二冊

340000－1841－0003251　608236

變雅堂遺集八卷詩集十卷附錄二卷　（清）杜濬撰　清光緒二十年(1894)刻本　六冊

340000－1841－0003252　608239

麝塵蓮寸集四卷補遺一卷　（清）汪淵撰　清光緒十六年(1890)染翰齋刻本　二冊

340000－1841－0003253　608244

石城七子詩鈔七種十四卷　（清）翁長森輯　清光緒十六年(1890)刻本　三冊

340000－1841－0003254　608246

有不為齋集六卷　（清）端木埰撰　清宣統三年(1911)刻本　二冊

340000－1841－0003255　608250

檉寮先生全集四十二卷　（清）姚椿撰　清道光十三年(1833)刻本　七冊　存二十四卷（一至二十四）

340000－1841－0003256　608251

江檻集四卷　（元）潘伯修撰　（清）陳樹鈞編　適閩詩草　（清）江左撰　（清）陳樹鈞校勘

清宣統二年(1910)太平陳氏鉛印本　一冊

340000－1841－0003257　608256

新刻續千家詩二卷　題（清）晦齋學人輯　清光緒八年(1882)樊川鎮文星堂刻本　一冊

340000－1841－0003258　608259

月午樓古詩十九首詳解二卷　（清）饒學斌撰　清光緒元年(1875)無諸城刻本　二冊

340000－1841－0003259　608264

藝風堂文集八卷續集八卷　繆荃孫撰　清光緒二十七年(1901)刻宣統二年(1910)印本　八冊

340000－1841－0003260　608266

才子西廂文鈔一卷　（清）張問陶輯　清刻本　一冊

340000－1841－0003261　608270

明張忠烈公遺集不分卷　（明）張同敞撰　浩氣吟　（明）張同敞　（明）瞿式耜撰　清光緒二十七年(1901)刻本　一冊

340000－1841－0003262　608277

圭盦詩錄一卷　（清）吳觀禮撰　清光緒五年(1879)賷齋刻本　一冊

340000－1841－0003263　608282

越縵堂駢體文四卷附散體文一卷　（清）李慈銘撰　清光緒二十三年(1897)刻本　四冊

340000－1841－0003264　608290

歠古堂詩集八卷　（清）蔣敦復撰　清宣統三年(1911)廣益書局石印本　二冊

340000－1841－0003265　608304

國朝文粹二卷　（清）錢祥保輯　清宣統元年(1909)鉛印本　一冊

340000－1841－0003266　608317

念宛齋詞鈔一卷　（清）左輔撰　海漚漁唱一卷　（清）吳豐本撰　雲起軒詞鈔一卷　（清）文廷式撰　新聲譜一卷　（清）朱和義輯　清宣統元年(1909)南陵徐乃昌刻本　一冊

340000－1841－0003267　608319

昭代名人尺牘小傳二十四卷　（清）吳修輯

清光緒七年(1881)刻本 二冊

340000－1841－0003268 608321
點勘記二卷附省堂筆記 (清)歐陽泉撰 清光緒四年(1878)上海申報館鉛印本 二冊

340000－1841－0003269 608322
清詩鈔一卷 (清)宋琬等撰 清抄本 一冊

340000－1841－0003270 608323
增注韻蘭賦鈔初集八卷 (清)陳雪槎等輯注 清嘉慶二十四年(1819)愛日堂刻本 二冊 存三卷(一至二、五)

340000－1841－0003271 608326
海藏樓詩八卷 (清)鄭孝胥撰 清光緒三十二年(1906)鉛印本 一冊

340000－1841－0003272 608340
盾鼻餘瀋不分卷 (清)左宗棠撰 清光緒八年(1882)長沙柳葆元刻本 一冊

340000－1841－0003273 608341
黃嬭餘話八卷 (清)陳錫路撰 清光緒二年(1876)刻本 四冊

340000－1841－0003274 608349
說鈴鈔八卷 (清)吳震方輯 (清)華繼刪訂 清乾隆十八年(1753)保元堂刻本 三冊 存六卷(一至二、五至八)

340000－1841－0003275 608350
韓五泉詩四卷附朝邑縣志二卷 (明)韓邦靖撰 韓安人遺詩一卷 (明)韓屈氏撰 韓五泉附錄二卷 (明)王九思撰 明萬曆四十年(1612)刻本 三冊

340000－1841－0003276 608358
有正味齋詩集十六卷續集八卷外集五卷駢體文十卷 (清)吳錫麒撰 清嘉慶十三年(1808)刻本 八冊

340000－1841－0003277 608362
古文淵鑑六十四卷 (清)徐乾學編注 清道光刻五色套印本 九冊 存二十五卷(一至十、十四至十五、二十八至三十二、四十至四十二、四十五至四十六、五十九至六十一)

340000－1841－0003278 608363
唐四家詁集二十卷王集四卷孟集二卷韓集十卷柳集四卷 (唐)王維 (唐)孟浩然等撰 清光緒十三年(1887)湖北官書處刻本 五冊

340000－1841－0003279 608373
疆邨詞二卷 (清)朱祖謀撰 清光緒三十一年(1905)刻本 一冊

340000－1841－0003280 608416
湖海文傳七十五卷 (清)王昶輯 清同治五年(1866)青浦刻本 十六冊

340000－1841－0003281 608417
湖海詩傳四十六卷 (清)王昶輯 清同治四年(1865)綠蔭堂刻本 十六冊

340000－1841－0003282 608420
明張文忠公全集四十八卷 (明)張居正撰 清光緒二十七年(1901)紅藤碧樹山館刻本 十六冊

340000－1841－0003283 608426
近光集二十八卷 (清)汪士鋐輯 (清)徐修仁等注 清康熙五十八年(1719)刻本 八冊

340000－1841－0003284 608429
善卷堂四六十卷 (清)陸繁紹撰 (清)吳自高注 清乾隆三十五年(1770)亦園刻本 六冊

340000－1841－0003285 608432
國朝畿輔詩傳六十卷 (清)陶樑輯 清道光十九年(1839)刻本 十六冊

340000－1841－0003286 608433
重論文齋筆錄十二卷 (清)王端履撰 清光緒十七年(1891)會稽徐氏刻本 五冊

340000－1841－0003287 608446
國朝詩別裁集三十六卷 (清)沈德潛輯 清乾隆二十四年(1759)刻本 十二冊

340000－1841－0003288 608449
蘇黃門龍川別志二卷澠水燕談錄十卷 (宋)蘇轍 (宋)王辟之撰 明萬曆商氏半埜堂刻本 二冊

340000－1841－0003289　608452

學海堂初集十六卷　（清）阮元輯　學海堂二集二十二卷　（清）吳蘭修輯　學海堂三集二十四卷　（清）張維屏輯　學海堂四集二十八卷　（清）金錫齡輯　清道光五年至光緒十二年(1825－1886)啟秀山房刻本　四十冊

340000－1841－0003290　608457

陶淵明文集十卷　（晉）陶潛撰　清康熙三十三年(1694)毛氏汲古閣寫刻本　三冊

340000－1841－0003291　608460

范忠宣公集二十卷奏議二卷遺文一卷附錄一卷補編一卷　（宋）范純仁撰　清康熙四十六年(1707)范氏歲寒堂合刻二范集本　六冊

340000－1841－0003292　608475

九僧詩不分卷　（唐）釋希晝撰　清道光十五年(1835)刻本　一冊

340000－1841－0003293　608479

定香亭筆談四卷　（清）阮元撰　清嘉慶五年(1800)刻本　四冊

340000－1841－0003294　608485

大雲山房文稿初集四卷二集四卷言事二卷補編一卷　（清）惲敬撰　清光緒十年(1884)刻本　十冊

340000－1841－0003295　608486

唐人三家集二十八卷　（清）秦恩復輯　清道光十年(1830)江都石研齋刻本　四冊

340000－1841－0003296　608490

秋江先生江泠閣詩集十二卷秋江先生江泠閣詩集續編十二卷秋江泠閣文集正編四卷　（清）冷士嵋撰　清道光二十八年(1848)刻本　六冊

340000－1841－0003297　608494

鈍翁文集十六卷　（清）汪琬撰　清宣統二年(1910)國學扶輪社石印本　八冊

340000－1841－0003298　608496

雙藤書屋詩集十二卷　（清）何道生撰　月波舫遺稿二卷　（清）何熙績撰　清道光九年(1829)刻本　四冊

340000－1841－0003299　608497

恕谷後集十三卷　（清）李塨撰　清光緒七年(1881)刻本　四冊

340000－1841－0003300　608500

賭棋山莊詩集十四卷　（清）謝章鋌撰　清光緒十四年(1888)福州刻本　四冊

340000－1841－0003301　608502

雙溪倡和詩六卷　（清）徐倬輯　清光緒二十四年(1898)壺廬刻本　二冊

340000－1841－0003302　608503

道鄉公文集四十卷補遺一卷附錄一卷　（宋）鄒浩撰　清光緒八年(1882)蘇州嘉魚坊西寶華山房刻本　十二冊

340000－1841－0003303　608504

知白齋詩鈔五卷雙橋小築詞鈔六卷詞存集餘兩卷　（清）江人鏡撰　清光緒十九年(1893)刻本　四冊

340000－1841－0003304　608505

漁洋山人文略十四卷　（清）王士禛撰　清康熙三十四年(1695)刻本　七冊

340000－1841－0003305　608506

拙修集十卷　（清）吳廷棟撰　清同治十年(1871)六安涂氏求我齋刻本　四冊

340000－1841－0003306　608510

紅豆樹館詩稿十四卷詞八卷補遺一卷　（清）陶樑撰　清咸豐七年(1857)刻本　四冊

340000－1841－0003307　608511

柏梘山房集三十一卷　（清）梅曾亮撰　清咸豐六年(1856)刻本　八冊

340000－1841－0003308　608513

三漁堂文集十二卷　（清）陸隴其撰　外集六卷首奏疏一卷　（明）陸宸征等輯　行狀一卷崇祀錄一卷　（清）柯崇樸等撰　清康熙四十年(1701)掃葉山房刻本　八冊

340000－1841－0003309　608515

彭城集四十卷　（宋）劉攽撰　清乾隆武英殿

木活字印本　　九冊

340000－1841－0003310　　608516

寒支初集十卷首一卷　（清）李世熊撰　（清）李向旻編　清同治十三年(1874)刻本　　十冊

340000－1841－0003311　　608517

壯悔堂文集十卷遺稿一卷回憶堂詩集六卷　(清)侯方域撰　（清）賈開宗等輯　清順治十三年(1656)刻本　　十冊

340000－1841－0003312　　608518

檉華館文集六卷檉華館駢體文一卷詩集四卷雜錄一卷　（清）陸德撰　清光緒七年(1881)解梁書院刻本　　十冊

340000－1841－0003313　　608519

明道書院鈔存續編四卷晚悔菴詩草一卷　(清)黃舒昺撰　清光緒二十五年(1899)刻本　　二冊

340000－1841－0003314　　608520

白田草堂存稿二十四卷附崇祀鄉賢祠錄一卷行狀一卷　（清）王懋竑　（清）王箴聽撰　清乾隆二十七年(1762)刻本　　六冊

340000－1841－0003315　　608522

蘀石齋詩集四十九卷　（清）錢載撰　清光緒刻本　　六冊

340000－1841－0003316　　608523

小謨觴館集十八卷　（清）彭兆蓀撰　清嘉慶十一年(1806)韓江寓舍刻本　　四冊

340000－1841－0003317　　608525

太鶴山人集十三卷　（清）端木國瑚撰　清道光二十年(1840)瑞安洪氏刻本　　六冊

340000－1841－0003318　　608526

寒松堂全集十二卷寒松老人年譜一卷　（清）魏象樞撰　（清）魏象樞述　（清）魏學誠等錄　清嘉慶十六年(1811)刻本　　十四冊

340000－1841－0003319　　608527

寒松堂全集十二卷　（清）魏象樞撰　清康熙四十七年(1708)刻本　　十二冊

340000－1841－0003320　　608528

寫韻軒小稿二卷　（清）曹貞秀撰　波餘遺稿不分卷　（清）王翼孫撰　波餘遺稿附錄二卷　（清）秦瀛等撰　清嘉慶九年(1804)刻本　四冊

340000－1841－0003321　　608529

二知軒詩鈔十四卷　（清）方濬頤撰　清同治五年(1866)刻本　　六冊

340000－1841－0003322　　608531

琴隱園詩集三十六卷詞集四卷　（清）湯貽汾撰　清光緒元年(1875)刻本　　八冊

340000－1841－0003323　　608532

漆室吟八卷　（清）王柏心撰　清咸豐七年(1857)刻本　　二冊

340000－1841－0003324　　608533

宋宗忠簡文公文集四卷首一卷補遺一卷遺事二卷　（宋）宗澤撰　（清）賀瑞麟輯　岳忠武王文集八卷首一卷末一卷　（宋）岳飛撰　（清）賀瑞麟輯　清同治十二年(1873)傳經堂刻西京清麓叢書四忠集本　　八冊

340000－1841－0003325　　608534

八家四六文注八卷　（清）吳鼒輯　（清）許貞幹注　清光緒十七年(1891)刻本　　十六冊

340000－1841－0003326　　608535

茗柯文五卷　（清）張惠言撰　清光緒七年(1881)刻本　　二冊

340000－1841－0003327　　608536

袁文箋正十六卷補注一卷　（清）袁枚撰　（清）石韞玉箋　清光緒八年(1882)汗青簃刻本　　八冊

340000－1841－0003328　　608537

有正味齋駢體文二十四卷　（清）吳錫麟著　(清)王廣業箋注　清咸豐十年(1860)青箱塾刻本　　六冊

340000－1841－0003329　　608538

有正味齋駢體文二十四卷　（清）吳錫麟著　(清)王廣業箋注　清咸豐十年(1860)刻本　　八冊

340000－1841－0003330　608540

蘇盦文錄二卷駢文錄五卷詩錄八卷詞錄不分卷　（清）楊葆光撰　清光緒九年(1883)杭州刻本　四冊

340000－1841－0003331　608548

徐孝穆全集附本傳六卷　（南朝陳）徐陵撰（清）吳兆宜箋注　清嘉慶十九年(1814)困學書屋刻本　六冊

340000－1841－0003332　608549

安陽集五十卷附家傳別錄遺事　（宋）韓琦撰　清咸豐刻本　十冊

340000－1841－0003333　608551

楊園先生全集五十六卷　（清）張履祥撰（清）姚璉輯　（清）萬斛泉編　清同治十一年(1872)江蘇書局刻本　十六冊

340000－1841－0003334　608552

寧都三魏全集八十三卷首一卷　（清）魏際瑞（清）魏禧　（清）魏禮撰　（清）林時益輯（清）謝庭綬重刊　清道光二十五年(1845)寧都謝庭綬綏園書塾刻本　四十九冊

340000－1841－0003335　608554

劉孟涂集四十四卷　（清）劉開撰　清道光六年(1826)姚氏檗山草堂刻本　八冊

340000－1841－0003336　608555

馬氏詩鈔七十卷　（清）馬懋功輯　清道光十六年(1836)可久處齋刻本　十冊

340000－1841－0003337　608571

姚鏡塘先生全集十卷　（清）姚學塽撰　清光緒九年(1883)刻本　四冊　缺三卷(一至三)

340000－1841－0003338　608573

漸西村人初集二十四卷　（清）袁昶撰　清光緒二十年(1894)避舍葊公堂刻本　二冊

340000－1841－0003339　608574

經德堂文內集四卷外集二卷別集二卷浣月山房詩內集三卷別集一卷外集一卷漢南春柳詞鈔一卷　（清）龍啟瑞撰　**梅神吟館詩草不分卷**　（清）何慧生撰　清光緒四年(1878)龍繼棟京師刻本　七冊

340000－1841－0003340　608576

大雲山房文稿初集四卷二集四卷　（清）惲敬撰　清光緒十四年(1888)刻本　八冊

340000－1841－0003341　608596

袁文箋正十六卷補注一卷　（清）袁枚著（清）石韞玉箋　清同治四年(1865)松壽山房刻本　六冊

340000－1841－0003342　608597

楊龜山集六卷　（宋）楊時撰　（清）張伯行訂　清同治五年(1866)福州正誼書局刻本二冊

340000－1841－0003343　608602

船山詩草二十卷　（清）張問陶撰　清宣統二年(1910)上海掃葉山房石印本　六冊

340000－1841－0003344　608603

牧齋全集一百六十三卷　（清）錢謙益撰　清宣統二年(1910)邃漢齋鉛印本　四十冊

340000－1841－0003345　608615

汪悔翁詩續鈔不分卷　（清）王士鋒撰　清同治四年(1865)鄧氏豐寶堂影印本　一冊

340000－1841－0003346　608625

癸巳存稿十五卷　（清）俞正燮撰　清光緒十年(1884)刻本　六冊

340000－1841－0003347　608631

思辨錄輯要前集二十二卷後集十三卷　（明）陸世儀撰　清同治十三年(1874)培德會鉛印本　八冊

340000－1841－0003348　608660

汪梅村先生文集十二卷文外集一卷詩鈔十五卷補遺一卷詞五卷筆記六卷　（清）王士鋒撰　清光緒七年(1881)合肥味古齋刻本　十二冊

340000－1841－0003349　608672

三十家詩鈔六卷　（清）曾國藩纂　（清）王定安增輯　清同治十三年(1874)傳忠書局刻本　六冊

340000－1841－0003350　608673

戴東原集十二卷年譜一卷札記一卷　（清）戴震撰　清宣統二年(1910)渭南嚴氏考義家塾刻本　六冊

340000－1841－0003351　608674

知白齋詩鈔五卷雙橋小筑詞鈔六卷詞存集餘兩卷　（清）江人鏡撰　清光緒二十三年(1897)刻本　四冊

340000－1841－0003352　608677

秦漢文鈔十二卷　（明）馮有翼輯　（明）汪德元訂　明萬曆吳縣閶門葉瞻泉刻本　四冊

340000－1841－0003353　608680

六朝文絜四卷　（清）許槤輯　清光緒三年(1877)刻朱墨套印本　四冊

340000－1841－0003354　608681

養一齋文集二十卷詩集四卷賦一卷詩餘一卷　（清）李兆洛撰　清光緒八年(1882)江陰曹氏刻本　十冊

340000－1841－0003355　608692

鳴原堂論文二卷　（清）曾國藩輯　（清）曾國荃訂　清同治十二年(1873)勵志齋刻本　二冊

340000－1841－0003356　608694

黃忠端公集六卷　（明）黃尊素撰　清光緒十三年(1887)姚江黃氏刻本　一冊

340000－1841－0003357　608697

海峰先生文十卷詩六卷　（清）劉大櫆撰　（清）徐宗亮編校　清同治十三年(1874)刻本　四冊　存十卷(文十卷)

340000－1841－0003358　608698

呂新吾先生遺集二十卷　（明）呂坤撰　清嘉慶二年(1797)寧陵呂氏刻本　十五冊

340000－1841－0003359　608699

昌黎先生詩集注十一卷　（唐）韓愈撰　（清）朱彝尊　（清）何焯評　（清）顧嗣立集注　清道光十六年(1836)膺德堂刻朱墨套印本　八冊

340000－1841－0003360　608702

明文才調集不分卷　（清）許振褘輯　清光緒十九年(1893)刻本　六冊

340000－1841－0003361　608707

文心雕龍十卷　（南朝梁）劉勰撰　（清）黃叔琳注　（清）紀昀評　清乾隆三年(1738)成都勵志勉學講舍刻本　四冊

340000－1841－0003362　608715

巢經巢遺文五卷臬氏為鍾圖說一卷巢經巢詩鈔後集四卷　（清）鄭珍撰　清光緒十九年至二十年(1893－1894)貴筑高氏資州官署刻本　四冊

340000－1841－0003363　608717

象山先生全集三十六卷　（宋）陸九淵撰　（清）李紱編　清宣統二年(1910)江左書林石印本　七冊　存三十五卷(一至三十四、三十六)

340000－1841－0003364　608754

文選六十卷　（南朝梁）昭明太子蕭統輯　（唐）李善注　同治八年(1869)萃文堂刻本　二十四冊

340000－1841－0003365　608761

倭文端公遺書八卷首二卷末一卷　（清）倭仁撰　清光緒元年(1875)六安涂氏求我齋刻本　四冊

340000－1841－0003366　608765

珍藝宦詩鈔二卷珍藝宦文鈔七卷　（清）莊述祖撰　清嘉慶至道光武進莊氏脊令舫刻本　四冊　存七卷(詩鈔二卷、文鈔一至五)

340000－1841－0003367　608766

柈湖文集十二卷　（清）吳敏樹撰　清光緒十九年(1893)思賢講舍刻本　四冊

340000－1841－0003368　608768

忠雅堂詩集二十七卷忠雅堂詞集二卷忠雅堂詩集補遺二卷　（清）蔣士銓撰　清嘉慶二十二年(1817)藏園刻本　十冊

340000－1841－0003369　608768

忠雅堂詩集二十七卷忠雅堂詞集二卷忠雅堂詩集補遺二卷　（清）蔣士銓撰　清道光二十三年(1843)刻本　八冊

340000－1841－0003370　608769

吳詩集覽二十卷　（清）吳偉業撰　（清）靳榮藩輯　清乾隆四十年(1775)凌雲亭刻本　十六冊

340000－1841－0003371　608774

歸餘鈔四卷明文鈔不分卷　（清）高山唐輯
國朝文鈔五編不分卷附論文不分卷　（清）高山唐輯　清乾隆五十一年至五十三年(1786－1788)廣郡永邑培元堂刻本　五十三冊

340000－1841－0003372　608786

太史升庵全集八十一卷目錄二卷　（明）楊慎撰　清乾隆六十年(1795)貴州新都周參元刻本　二十二冊

340000－1841－0003373　608807

五百家注音辯韓昌黎先生文集四十卷　（唐）韓愈撰　（宋）魏仲舉編　清乾隆四十九年(1784)刻本　十二冊

340000－1841－0003374　608812

皇朝經世文三編八十卷　（清）陳忠倚輯　清光緒二十四年(1898)上海寶文書局石印本　十六冊

340000－1841－0003375　608814

皇朝經世文新編三十二卷　（清）麥仲華輯　清光緒二十七年(1901)上海書局石印本　十六冊

340000－1841－0003376　608815

皇朝經世文續編一百二十卷　（清）葛士濬輯　清光緒十四年(1888)上海圖書集成局鉛印本　三十二冊

340000－1841－0003377　608820

皇朝經世文編一百二十卷姓名總目二卷（清）賀長齡輯　清光緒十三年(1887)上海廣百宋齋鉛印本　二十四冊

340000－1841－0003378　608822

變雅堂遺集八卷詩集十卷附錄二卷　（清）杜濬撰　清光緒二十年(1894)刻本　六冊

340000－1841－0003379　608843

游定夫先生集八卷　（宋）游酢撰　（清）方宗誠校注　清同治六年(1867)和州官舍刻本　二冊

340000－1841－0003380　608852

東晉志傳八卷西晉志傳四卷　（□）□□撰　題(明)陳氏尺蠖齋評注　清敦仁堂刻本　十冊

340000－1841－0003381　608943

陳迦陵文集六卷儷體文集十卷　（清）陳維崧撰　清康熙二十九年(1690)患立堂刻本　六冊

340000－1841－0003382　608978

戴書圖詩不分卷　（清）王士禛等撰　清康熙刻王漁洋遺書本　一冊

340000－1841－0003383　608980

盛湖詩萃十二卷　（清）王鯤編　清咸豐四年(1854)刻本　二冊　存八卷(一至八)

340000－1841－0003384　608981

西泠酬唱二集五卷　（清）秦緗業編　清光緒五年(1879)刻本　二冊

340000－1841－0003385　608984

淮南詩鈔二卷　（清）張鴻烈撰　清康熙慎德堂刻本　一冊

340000－1841－0003386　608985

竹居錄不分卷　（清）張士珩輯　清光緒二十三年(1897)竹居刻本(朱印)　一冊

340000－1841－0003387　608994

永明石屋幻居詩　（宋）釋永明等撰　清光緒十一年(1885)江北刻經處刻本　一冊

340000－1841－0003388　609001

增訂一夕話新集六卷　（清）咄咄夫撰　清嘉慶文秀堂刻本　四冊

340000－1841－0003389　609003

笠澤叢書補遺續補遺四卷　（唐）陸龜蒙著

清道光蘇州振新書社刻本　二册

340000－1841－0003390　609006

繪圖繪芳錄八卷　題(清)西泠野樵撰　清光緒二十年(1894)上海書局鉛印本　八册

340000－1841－0003391　609025

國朝駢體正宗十二卷　(清)曾燠輯　清嘉慶十一年(1806)賞雨茅屋刻本　三册

340000－1841－0003392　609031

宋王忠文公全集五十卷　(宋)王十朋撰　(清)唐傳鉎編　(清)楊森秀校　清同治十年(1871)刻本　三册　存十一卷(一至十一)

340000－1841－0003393　609034

惕甫未定稿二十六卷　(清)王芑孫撰　清嘉慶九年(1804)刻本　八册　存十五卷(八至二十二)

340000－1841－0003394　609036

嘉祐集三十卷　(宋)蘇洵撰　清道光十二年(1832)眉山三蘇祠刻本　三册　存十六卷(五至二十)

340000－1841－0003395　609043

歷代名賢書札八卷　(明)蕭士珂輯　清光緒二十二年(1896)學古齋石印本　八册

340000－1841－0003396　609044

古一遺集六卷　(明)桂大璉撰　清光緒三十四年(1908)宜春閣鉛印本　一册

340000－1841－0003397　609045

敦復齋文集八卷　(清)陸世恩撰　清光緒三十二年(1906)大通醉墨莊刻本　一册　存五卷(四至八)

340000－1841－0003398　609061

雙白燕堂外集八卷　(清)陸耀遹撰　清光緒四年(1878)刻本　一册　存四卷(一至四)

340000－1841－0003399　609065

藝風堂文漫存(辛壬稿)三卷　繆荃孫撰　清宣統刻本　一册

340000－1841－0003400　609066

冰梅詞一刻不分卷　(清)夏文燾輯　清光緒

二十八年(1902)刻本　一册

340000－1841－0003401　609072

望溪先生文集十八卷　(清)方苞撰　清咸豐六年(1856)味經山館刻本　四册　存十一卷(一至十一)

340000－1841－0003402　609078

桐陰清話八卷　(清)倪鴻撰　清同治十三年(1874)刻本　二册

340000－1841－0003403　609083

格致課藝彙編十三卷　(清)王韜編　清光緒上海書局石印本　六册　存六卷(五至七、十一至十三)

340000－1841－0003404　609084

五祖黃梅寶卷一卷　(□)□□撰　清光緒元年(1875)寧波大酉山房刻本　一册

340000－1841－0003405　609109

江南鄉試硃卷不分卷(光緒己卯科)　(清)鄭恭撰　清光緒五年(1879)黔城藜照堂刻本　一册

340000－1841－0003406　609110

江南鄉試硃卷不分卷(光緒己卯科)　(清)鄭恭撰　清光緒五年(1879)黔城藜照堂刻本　一册

340000－1841－0003407　609112

江南鄉試硃卷不分卷(光緒癸巳恩科)　(清)張正蒙撰　清光緒十九年(1893)刻本　一册

340000－1841－0003408　609120

白嶽盦詩話二卷　(清)余枺撰　清宣統三年(1911)上海國學扶輪社鉛印本　一册

340000－1841－0003409　609121

陳迦陵文集六卷儷體文集十卷詞全集三十卷　(清)陳維崧撰　清康熙二十九年(1690)患立堂刻本　七册

340000－1841－0003410　609126

懷麓堂集一百卷　(明)李東陽撰　清嘉慶八年(1803)刻本　二十册

340000－1841－0003411　600894

紫文閣重訂幼學須知句解四卷首一卷　（清）
程登吉撰　（清）錢元龍校　清光緒十二年
(1886)上洋江左書林刻本　四冊

340000－1841－0003412　600945－1

朱氏群書六種二十五卷　（清）朱駿聲撰　清
光緒八年(1882)臨嘯閣刻本　三冊

340000－1841－0003413　601021

太平御覽一千卷　（宋）李昉等撰　清嘉慶十
四年(1809)昭文張氏從善堂刻本　九十六冊

340000－1841－0003414　601029

經世八編類纂二百八十五卷六經圖六卷地類
圖二卷　（明）陳仁錫編　明天啟六年(1626)
刻本　六十一冊

340000－1841－0003415　601283

增補事類統編(增補事類賦統編)九十三卷
(清)黃葆真輯　清光緒九年(1883)谷經國堂
刻本　四十八冊

340000－1841－0003416　601284

增補事類統編(精刻增補事類統編)九十三卷
　（清）黃葆真輯　清道光二十九年(1849)長
沙周氏愉古山齋刻本　四十七冊

340000－1841－0003417　601285

增補事類統編(增補事類賦統編)九十三卷
(清)黃葆真輯　清道光二十九年(1849)丹陽
黃氏文富堂刻本　四十六冊

340000－1841－0003418　601288

增補事類統編(增補事類賦統編)九十三卷
(清)黃葆真輯　清光緒十四年(1888)上海積
山書局石印本　十二冊

340000－1841－0003419　601289

增補事類統編(增補事類賦統編)九十三卷
(清)黃葆真輯　清光緒十四年(1888)上海積
山書局石印本　十二冊

340000－1841－0003420　601294

淵鑑類函四百五十卷　（清）張英輯　清光緒
上海同文書局石印本　六十冊

340000－1841－0003421　601322

卓氏藻林八卷　（明）卓明卿編　清道光二十
七年(1847)刻本　八冊

340000－1841－0003422　601323

壹是紀始補遺二十三卷　（清）魏崧撰　清光
緒十七年(1891)刻本　六冊

340000－1841－0003423　601336

讀書敏求記四卷　（清）錢曾撰　清雍正四年
(1726)吳興趙孟升松雪齋刻本　四冊

340000－1841－0003424　601337

讀書敏求記四卷　（清）錢曾撰　清雍正四年
(1726)吳興趙孟升松雪齋刻本　四冊

340000－1841－0003425　601356

邵亭知見傳本書目十六卷　（清）莫友芝撰
清宣統元年(1909)北京德興室鉛印本　十冊

340000－1841－0003426　601357

直齋書錄解題二十二卷　（宋）陳振孫撰　清
乾隆武英殿木活字印本　十冊

340000－1841－0003427　601359

直齋書祿解題二十二卷　（宋）陳振孫撰　清
光緒九年(1883)江蘇書局刻本　六冊

340000－1841－0003428　601360

藝風藏書記八卷　繆荃孫撰　清光緒二十六
年(1900)繆氏刻本　二冊

340000－1841－0003429　601407

古今偽書考不分卷　（清）姚際恒撰　清光緒
蘇州文學山房鉛印本　一冊

340000－1841－0003430　601478

北堂書鈔一百六十卷　（隋）虞世南撰　（清）
孔廣陶校注　清光緒十四年(1888)南海孔氏
三十三萬卷堂刻本　二十冊

340000－1841－0003431　601480

四書五經類典集成二十八卷　（清）戴兆春編
　清光緒十四年(1888)上海同文書局石印本
二十冊

340000－1841－0003432　601486

初學記三十卷　（唐）徐堅等撰　附校勘　清
嘉慶十四年(1809)昭文張氏從善堂刻本　十

二冊

340000－1841－0003433　601487

策府統宗六十五卷　（清）劉昌齡編　清光緒
十四年(1888)上海同文書局石印本　十九冊

340000－1841－0003434　601494

玉海二百卷附辭學指南四卷詩攷一卷詩地理
攷六卷漢藝文志攷證十卷通鑑地理通釋十四
卷漢制攷四卷踐阼篇集解一卷急就篇補注四
卷姓氏急就篇二卷小學紺珠十卷六經天文編
二卷周易鄭康成注一卷周書王會補注一卷通
鑑答問五卷　（宋）王應麟撰　（清）浙江書局
校　王深寧(應麟)先生年譜一卷　（清）張大
昌輯　校補玉海瑣記二卷　（清）張大昌撰
清光緒九年(1883)浙江書局刻本　一百二十
一冊

340000－1841－0003435　601497

經學通纂五十六卷　（清）吳穎炎撰　清光緒
十四年(1888)上海點石齋石印本　八十冊

340000－1841－0003436　601511

留真譜初編二十二卷　（明）楊守敬編　清光
緒二十七年(1901)觀海堂影印本　十二冊

340000－1841－0003437　601575

日知錄三十二卷日知錄之餘四卷　（清）顧炎
武撰　清乾隆六十年(1795)刻本　十六冊

340000－1841－0003438　602419

經義考二百九十八卷目錄二卷　（清）朱彝尊
撰　（清）盧見曾輯　（清）李濤校　清乾隆二
十年(1755)山東德州盧見曾刻本　六十冊

340000－1841－0003439　603738

外交報　（□）□□撰　清光緒二十八年至二
十九年(1902－1903)上海商務印書館鉛印本
十冊

340000－1841－0003440　603945

古學萬花谷八卷附全浙名勝摘要　（清）□□
撰　清刻本　八冊

340000－1841－0003441　603953

東塾讀書記十五卷　（清）陳澧撰　清光緒廣

東鎔經鑄史齋刻本　五冊

340000－1841－0003442　603956

東塾讀書記十五卷　（清）陳澧撰　清光緒廣
東刻本　一冊

340000－1841－0003443　603960

十駕齋養新錄二十卷餘錄三卷　（清）錢大昕
撰　清光緒二年(1876)浙江書局刻本　八冊

340000－1841－0003444　604012

冷廬雜識八卷　（清）陸以湉撰　清咸豐六年
(1856)刻本　八冊

340000－1841－0003445　604027

讀書雜志八十二卷餘編二卷　（清）王念孫撰
清同治九年(1870)金陵書局刻本　二十冊

340000－1841－0003446　604042

小知錄十二卷　（清）陸鳳藻輯　清同治十二
年(1873)淮南書局刻本　六冊

340000－1841－0003447　604064

庸閒齋筆記十二卷　（清）陳其元撰　清宣統
三年(1911)上海掃葉山房石印本　四冊

340000－1841－0003448　604070

履園叢話二十四卷　（清）錢泳輯　清道光五
年(1825)虞山錢氏述德堂刻本　八冊

340000－1841－0003449　604097

群書疑辨十二卷　（清）萬斯同編　清嘉慶十
一年(1806)刻本　六冊

340000－1841－0003450　604120

鷗陂漁話六卷　（清）葉廷琯撰　清同治九年
(1870)謝文翰齋刻本　二冊

340000－1841－0003451　604161

繡像三國志演義六十卷　（元）羅貫中撰
（清）毛宗崗評　清咸豐三年(1853)常熟顧氏
小石山房刻本　十六冊

340000－1841－0003452　604315

對類二十卷　（明）朱勿齋撰　明萬曆二十三
年(1595)新安吳勉學刻本　七冊

340000－1841－0003453　604422

李氏蒙求補注六卷　（晉）李瀚撰　（清）金三俊輯注　清乾隆四十八年(1783)刻本　三冊

340000－1841－0003454　604425

養古齋叢錄三十卷　（清）吳振棫纂　清光緒二十二年(1896)刻本　八冊

340000－1841－0003455　604473

昭代叢書乙集四十種四十卷　（清）張潮輯　清刻本　十二冊

340000－1841－0003456　604565

萬國公報　（清）林樂知編　清光緒二十一年至二十九年(1895－1903)上海美華書局鉛印本　十三冊

340000－1841－0003457　605313

山門新語五種四卷　（清）周贇撰　清光緒三十二年(1906)刻本　四冊

340000－1841－0003458　605427

學友堂日記　（清）雷浚輯　（清）吳履剛編　清光緒十六年至二十二年(1890－1896)刻本　二十六冊

340000－1841－0003459　605517

唐駢體文鈔十七卷　（清）陳均輯　清同治十三年(1874)刻本　四冊

340000－1841－0003460　605563

藝苑叢話十六卷　（清）陳琰撰　清宣統三年(1911)上海六藝書局石印本　四冊

340000－1841－0003461　605645

群書拾補初編三十七種不分卷　（清）盧文弨撰　清光緒十三年(1887)上海蜚英館石印本　七冊

340000－1841－0003462　605753

龍威秘書　（清）馬俊良輯　清初世德堂刻本　七十二冊

340000－1841－0003463　605759

檀几叢書五十卷二集五十卷餘集二卷　（清）王晫　（清）張潮輯　清康熙三十四年(1695)新安張氏霞舉堂刻本　十二冊

340000－1841－0003464　605760

檀几叢書五十卷二集五十卷餘集二卷　（清）王晫　（清）張潮輯　清康熙三十四年(1695)新安張氏霞舉堂刻本　六冊

340000－1841－0003465　606029

居易金箴二卷　（清）潘奕雋撰　清同治七年(1868)刻本　一冊

340000－1841－0003466　606030

養一齋劄記九卷　（清）潘德輿撰　清同治十一年(1872)刻本　一冊

340000－1841－0003467　606255

古今類傳　（清）董穀士　（清）董炳文輯　清康熙三十一年(1692)未學齋刻本　四冊　存四卷(一至四)

340000－1841－0003468　606274

義門讀書記五十八卷　（清）何焯撰　清光緒六年(1880)刻本　八冊

340000－1841－0003469　606289

課徒試帖二卷　（清）倪偉人撰　清光緒二十四年(1898)刻本　一冊

340000－1841－0003470　606349

無邪堂答問五卷　（清）朱一新撰　清光緒二十二年(1896)上海鴻寶齋石印本　三冊　存三卷(一、三、五)

340000－1841－0003471　606430

茶香室叢鈔二十三卷續鈔二十五卷　（清）俞樾撰　清光緒九年(1883)刻本　十冊

340000－1841－0003472　606447

因樹屋書影十卷　（清）周亮工撰　清光緒士林精舍石印本　六冊

340000－1841－0003473　606490

秘書二十一種九十四卷　（清）汪士漢輯　清嘉慶九年(1804)新安汪氏刻本　十冊

340000－1841－0003474　606646

經典四種十五卷　（□）□□撰　清咸豐元年(1851)刻本　八冊

340000－1841－0003475　606807

重訂袁了凡注釋群書備考八卷　（明）袁黃撰

（明）袁儼注　清康熙二年（1663）吳門鳴鳳堂刻本　八冊

340000－1841－0003476　606812

匏瓜錄十卷　（清）芮長恤撰　清光緒十三年（1887）刻本　六冊

340000－1841－0003477　606813

廣事類賦四十卷　（清）華希閔撰　清康熙三十八年（1699）劍光閣刻本　六冊

340000－1841－0003478　606821

事類統編九十三卷　（清）林意誠輯　清道光二十年（1840）南海味經堂林氏匯刻本　三十九冊

340000－1841－0003479　606822

重訂事類賦三十卷　（宋）吳淑撰　（明）華麟祥填詞　重訂廣事類賦四十卷　（清）華希閔撰　（清）華希閔重訂　清嘉慶十三年（1808）劍光閣刻本　十冊

340000－1841－0003480　606823

廣事類賦三十二卷　（清）吳世旃撰　清嘉慶十三年（1808）刻本　八冊

340000－1841－0003481　606917

欽定四庫全書簡明目錄二十卷　（清）紀昀等撰　清嘉慶四明盧氏抱經樓鈔本　六冊

340000－1841－0003482　606924

惜抱軒先生尺牘八卷　（清）姚鼐撰　清宣統元年（1909）小萬柳堂刻本　四冊

340000－1841－0003483　607172

甕牖閑評八卷　（宋）袁文撰　清乾隆武英殿木活字印本　四冊

340000－1841－0003484　607479

吹網錄六卷鷗陂漁話六卷　（清）葉廷琯撰　清同治九年（1870）刻本　四冊

340000－1841－0003485　607729

輶軒語不分卷　（清）張之洞撰　清光緒四年（1878）潘氏敏德堂刻本　二冊

340000－1841－0003486　607940

藏書紀事詩七卷　葉昌熾撰　清宣統二年

（1910）長洲葉氏刻本　六冊

340000－1841－0003487　608196

札迻十二卷　（清）孫詒讓撰　清光緒二十年（1894）刻本　四冊

340000－1841－0003488　608311

蕉軒隨錄十二卷續錄二卷　（清）方濬師撰　清同治十一年（1872）退一步齋刻本　十四冊

340000－1841－0003489　608333

讀書雜釋十四卷　（清）徐鼒撰　清光緒十二年（1886）扶桑使廨鉛印本　二冊

340000－1841－0003490　608463

退庵隨筆二十卷　（清）梁章鉅撰　清道光十六年（1836）陝西李廷錫刻本　六冊

340000－1841－0003491　608465

巾經纂二十卷　（清）宋宗元撰　清光緒二十三年（1897）新化三味書室刻本　六冊

340000－1841－0003492　608474

匏瓜錄十卷　（清）芮長恤撰　清光緒十年（1884）昆陵懷永堂惲氏刻本　四冊

340000－1841－0003493　608483

新義錄一百卷首一卷　（清）孫壁文撰　清光緒十年（1884）刻本　四十冊

340000－1841－0003494　608577

廣事類賦四十卷　（清）華希閔撰　清康熙三十八年（1699）會成堂刻本　十冊

340000－1841－0003495　608600

群書拾補初編三十七種不分卷　（清）盧文弨撰　清光緒十三年（1887）上海蜚英館石印本　八冊

340000－1841－0003496　608606

惜抱軒遺書三種十二卷　（清）姚鼐撰　清光緒五年（1879）桐城徐氏刻本　三冊　存八卷（尺牘補編一至二、書錄一至四、莊子章義一至二）

340000－1841－0003497　608665

古今偽書考一卷　（清）姚際恒撰　清光緒二十年（1894）廣州雅雨堂刻本　一冊

340000－1841－0003498　608726

微波榭叢書　（清）孫繼涵輯　清乾隆四十三年(1778)微波榭刻本　二十二冊

340000－1841－0003499　608737

庸書內外篇四卷　（清）陳熾撰　清光緒二十二年(1896)上海掃葉山房石印本　二冊

340000－1841－0003500　608789

東塾讀書記十五卷　（清）陳澧撰　清光緒二十七年(1901)大泉書局刻本　六冊

340000－1841－0003501　608796

普通百科新大辭典　（清）黃摩西編　清宣統三年(1911)上海國學扶輪社鉛印本　十五冊

340000－1841－0003502　608800

時務通考三十一卷首一卷　（清）王奇英纂　清光緒二十三年(1897)上海點石齋石印本　四十冊

340000－1841－0003503　608828

述記二卷　（清）任兆麟撰　清乾隆五十二年(1787)映雪草堂刻本　六冊

340000－1841－0003504　609007

詩句題解韻編四集十二卷　（清）倪承瓚輯　清光緒元年(1875)鉛印本　十二冊

340000－1841－0003505　609008

橋西雜紀不分卷　（清）葉名澧撰　清同治十年(1871)滂喜齋刻本　一冊

340000－1841－0003506　604598

實學報　（清）實學報編　清光緒二十三年(1897)上海實學報館石印本　四冊

340000－1841－0003507　605618

壬寅新民叢報全編二十五卷　（清）梁啟超編　清光緒二十九年(1903)維新室石印本　十六冊

340000－1841－0003508　607058

安徽白話報　（清）安徽白話報編　清光緒三十四年(1908)上海鉛印本　三冊

340000－1841－0003509　607059

湘學新報　（清）湘學新報編輯部編　清光緒二十三年(1897)長沙萃文堂刻本　三冊

340000－1841－0003510　607074

農學報　（清）江南農學會輯　清光緒二十三年至二十七年(1897－1901)江南總農會石印本　九十二冊

340000－1841－0003511　607322

國粹學報　（清）鄧實編　清光緒三十四年(1908)上海國粹學報館鉛印本　二十冊

書名筆畫字頭索引

六畫

七畫

八畫

九畫

十三畫

十四畫

十七畫

十八畫

十九畫

書名筆畫索引

一畫

二畫

三畫

四畫

186

187

188

六畫

七畫

197

十畫

213

十三畫

十四畫

十五畫

220

十七畫

十八畫

十九畫

227

228